ŒUVRES

DU

R. P. HENRI-DOMINIQUE LACORDAIRE

DE L'ORDRE DES FRÈRES PRÊCHEURS

—

TOME VII

PROPRIÉTÉ

ŒUVRES
PHILOSOPHIQUES
ET
POLITIQUES

PAR

LE R. P. HENRI-DOMINIQUE LACORDAIRE

DES FRÈRES PRÊCHEURS
MEMBRE DE L'ACADÉMIE FRANÇAISE

PARIS
LIBRAIRIE POUSSIELGUE FRÈRES
RUE CASSETTE, 27

1872

CONSIDÉRATIONS

SUR LE

SYSTÈME PHILOSOPHIQUE

DE M. DE LA MENNAIS

AVERTISSEMENT

Cet écrit fut publié en 1834, après l'apparition des *Paroles d'un Croyant*. Je le réimprime tel qu'il fut alors donné au public, sauf que j'ai abrégé, au chapitre III, une longue citation de saint Augustin, et que j'ai retranché, au chapitre XI, un paragraphe où il était dit que le christianisme, avant Jésus-Christ, avait été à l'état protestant, ce que je crois une erreur. La discussion sur le système philosophique de M. de la Mennais est sans doute éteinte pour jamais; cependant ceux qui liront les réflexions qu'il m'avait inspirées dans un moment bien douloureux y trouveront peut-être quelque intérêt historique, et ils y découvriront sans peine des pensées qui depuis ont servi de base à la doctrine développée dans mes Conférences, dont cet opuscule est comme le péristyle.

PRÉFACE

Il y a trente-quatre ans, l'Église de France ne présentait plus aux anges et aux hommes qu'une vaste ruine. Les reliques de sa hiérarchie, moissonnée par une révolution qui n'avait fait grâce à aucune vertu, erraient pour la plupart dans l'exil; ses temples étaient abandonnés à des usages profanes, d'autres abattus, d'autres fermés et vides, d'autres consacrés à ce schisme qu'avaient commencé, sous Louis XIV, des hommes célèbres, et qui, grossi par la peur au pied des échafauds, convoitait l'héritage sanglant des saints. Les monastères dont elle avait peuplé les villes et les solitudes, subissant à peu près le même sort, étaient devenus des manufactures, des fermes, des prisons, ou des lieux inhabités. Rien ne lui restait du patrimoine qu'elle avait acquis par des siècles de charité; et, stérile elle-même, on ne lui voyait pas produire.

près de l'autel renversé, ceux qui pourraient un jour aider leurs rares prédécesseurs à en relever les débris. Cependant l'Église de France, ainsi pauvre et dévastée, ayant à peine un calice pour y boire le sang de son Maître, l'Église de France avait vaincu ses ennemis. De cette révolution si puissante, que l'esprit humain avait préparée par trois siècles de travaux, qui avait enfanté tant d'hommes et d'événements extraordinaires, aucune doctrine n'avait pu sortir. Elle avait détruit une monarchie, gagné des batailles, épouvanté l'Europe, tout fait, excepté ce qui change le monde. Si elle était venue deux cents ans plus tôt, la France eût été calviniste et républicaine; mais on avait franchi le point où l'erreur a encore assez de consistance pour être la foi commune et le lien d'un peuple; on était arrivé à celui où l'erreur ne peut plus unir deux hommes entre eux, et où elle *demeure comme ensevelie dans son triomphe*. Quoique l'Église de France fût travaillée par un schisme sourd (1), qui déchirait ses entrailles depuis cent cinquante ans, il fut impossible à la révolution d'établir un culte national. La France ne croyait ni au schisme, ni à la *Raison*, ni à l'Être suprême, tour à tour reconnus par la république. Le moment solennel était

---

(1) Le jansénisme.

venu pour elle de croire à tout ou à rien. Je dis le moment solennel, parce qu'après celui où la vérité règne sans contestation, il n'en est pas de plus grand sur la terre.

En effet, ce qui sauve et perpétue l'erreur, c'est la portion de vérité qui y est mêlée, et l'autorité qu'elle s'attire par là. Plus l'erreur augmente, plus elle perd de vérité, plus aussi son autorité diminue, parce qu'elle ébranle toujours davantage les fondements qui lui restaient dans l'intelligence. Les esprits s'étonnent de voir l'erreur s'enfuir devant eux; ils la poursuivent sur cette pente où elle est emportée : mais, à mesure qu'ils font un effort pour la saisir, elle se dissout, elle leur échappe plus vite, comme un fantôme dont la réalité s'évanouit devant ceux qui le touchent de trop près, jusqu'à ce que tout à coup l'erreur cesse de faire corps, et l'homme se trouve seul, nu, sans croyances, haletant en face de la vérité. C'est le moment que j'ai appelé solennel ; et quand Dieu veut ramener les nations à lui, c'est par cette route qu'il les fait passer. Il pousse l'erreur à son dernier terme, là où il est visible qu'elle ne peut rien et qu'elle n'est rien ; ou plutôt il la laisse aller toute seule, car l'erreur va de soi-même au néant. Alors se pèse le destin des peuples : contraints de choisir entre ce qui est et ce qui n'est pas, de croire à tout ou à rien, il faut qu'ils meurent, ou qu'ils retournent à la vérité. Car les peuples ne sauraient vivre sans lien et sans foi, par conséquent sans vérité, et s'ils ne vivent plus de la portion de vérité que renferme l'erreur; parce qu'elle a cessé d'être leur lien et leur foi, il faut donc qu'ils vivent de la vérité elle-même, seule capable désormais de soumettre, d'unir et de satisfaire leur intelligence.

La France en était là le lendemain de sa première révolution. La stérilité de l'erreur, incapable, au milieu du bouleversement universel, de fonder une croyance et une Église, annonçait que son heure suprême était arrivée. Napoléon le vit de ce même regard qui, quinze siècles auparavant, avait révélé à Constantin la chute de l'idolâtrie, et lorsqu'une secte de déistes vint le solliciter de reconnaître leur culte comme celui de l'État, il répondit ce qu'il avait déjà répondu dans sa pensée à tous ceux qui espéraient recueillir l'héritage de l'Église romaine : *Vous n'êtes que quatre cents.* Le concordat de 1801 entre le saint-siége et la république française fut le résultat de cette puissance qu'avait acquise la vérité dans une lutte où elle semblait avoir tout perdu. On vit un grand capitaine porté par des batailles gagnées à la tête de l'État, chercher quel pourrait être son appui dans l'esprit humain, et n'en pas trouver d'autre qu'une Église ruinée, qui était depuis un siècle la fable des gens d'esprit. On le vit plus tard, lorsque le temps eut accru sa puissance, recevoir l'onction impériale des mains du pontife dont le prédécesseur avait couronné Charlemagne, et donner cette étonnante leçon à ceux qui ne comprenaient pas qu'un *prêtre étranger,* selon leur langage, exerçât quelque influence sur la création des trônes et sur leur affermissement.

L'Église de France traversa l'empire avec dignité, restaurant ses cathédrales et ses séminaires, consacrant chaque année aux autels du Christ une nouvelle génération de serviteurs, sachant résister à l'homme qui ne trouvait de résistance nulle part, entourée de liens par sa prévoyance jalouse ; pauvre, modeste, charitable, et déjà célèbre par les grands écrivains que Dieu commençait à lui susciter pour défenseurs.

L'empire tomba. Au premier bruit de sa chute, à l'apparition des vieux rois français, le dix-huitième siècle s'émut au fond de son cercueil. Il crut qu'il n'avait dans la poitrine qu'un coup d'épée de l'empereur vaincu : il vint tenter le sort. Comme autrefois le paganisme enseveli fut évoqué par Julien, et joua sous le soleil cette curieuse scène antique dont le monde a gardé le souvenir ; ainsi le dix-huitième siècle sortit du tombeau avec ses déités passées. Voltaire, Rousseau, d'Alembert, Diderot, Condorcet, Cabanis, mille autres accoururent; et pendant que l'Église, toujours plus féconde, enfantait des hommes nouveaux qui remplissaient l'Europe de leur éclat contemporain, on envoyait à leur rencontre cette procession de morts. Malheureusement pour la vérité, elle n'était pas seule en présence de l'erreur : des dissensions politiques très-graves compliquaient la lutte. On pouvait craindre que le flot qui emporte le monde vers Dieu ne fût arrêté longtemps, lorsqu'un coup de tonnerre renversa de nouveau l'antique maison de France, et donna une seconde fois au dix-huitième siècle tout pouvoir sur la société.

Jamais triomphe plus grand, plus fabuleux, ne fut suivi d'une catastrophe morale plus éclatante et plus subite. Comme le dix-huitième siècle n'avait combattu qu'avec la poussière des morts, il ne trouva rien de vivant en lui pour édifier quoi que ce fût.

Trois choses constituent un ordre social : la religion, le pouvoir et la liberté.

De religion, le dix-huitième siècle en chercha vainement quelqu'une qu'il pût donner au peuple : il ne trouva d'existant que la véritable, si ce n'est qu'un pauvre prêtre mit un autel dans une boutique, et offrit avec la meilleure volonté du monde de créer un culte qui serait tout ensemble catholique et français : dérision qui servit à mesurer l'abîme où l'erreur était parvenue depuis trente ans. Car enfin, la première révolution avait trouvé des évêques, des prêtres, un schisme, une hérésie ; c'était quelque chose, cela avait un nom. Quel nom l'histoire donnera-t-elle au culte dont je parle ? Il fallut donc choisir entre deux alternatives : laisser la France jouir tranquillement de la religion que le dix-huitième siècle s'était jadis promis d'anéantir, ou bouleverser de fond en comble ce grand pays, et demander encore une fois à la force le résultat que n'avaient obtenu ni la force ni la persuasion. Le premier parti prévalut. Seulement le dix-huitième siècle dévasta une antique église, abattit quelques croix de sa main glacée, murmura quelques prières sacriléges sur des cercueils, ruina l'archevêché de Paris, et obtint pour ses grands hommes un sépulcre sonore et vide sous le nom de Panthéon.

Quant au pouvoir, seconde condition de toute société, le problème parut plus facile à résoudre. On choisit un prince du sang royal ; et le dix-huitième siècle, un peu honteux d'avoir recours à des princes, lui cria : C'est nous qui t'avons fait ; c'est par nous que tu es grand, par nous que tu règnes, par nous que tu es populaire et sacré ! Mais à peine eut-on soupçonné que le nouveau monarque avait une pensée à lui, c'est-à-dire qu'il exerçait quelque pouvoir, l'idole de l'opinion croula devant l'opinion : il ne demeura debout qu'un homme gardé dans un palais par des soldats, qu'un chef d'esclaves soutenu par le bras des uns contre la haine des autres, que le premier ressort d'une mécanique appelée, par des philosophes contents de leurs ouvrages, une société.

Restait une chose qui avait été le principal point de ralliement du dix-huitième siècle, et qui est en effet une condition nécessaire de tout ordre social : je veux dire la liberté ; car la liberté est l'ensemble des droits qu'aucune société régulière ne peut ravir à ses membres sans violer la justice et la raison ; et, bien qu'on dispute sur l'étendue de ces droits, il est certain qu'ils existent ; il est certain que nul pouvoir, si prépondérant qu'il ait été, ne les a jamais complétement méconnus. Le christianisme en a introduit plusieurs, et d'une très-haute importance, dans le monde : il a enlevé aux princes la direction spirituelle de leurs sujets, et créé, sous le nom de liberté de l'Église, la liberté des nations. Le dix-huitième siècle, mécontent de cette grande œuvre, qu'il ne comprenait pas, avait voulu, au contraire, fonder la liberté des peuples sur la ruine de l'Église; mais jusqu'alors il n'était parvenu qu'à mettre au monde la république et l'empire, ces deux géants du despotisme. On attendait donc ce qu'allait produire la révolution de 1830, sous le rapport de la liberté. Or il arriva que, sauf des bagatelles, cette révolution n'ajouta rien à la liberté civile et politique précédemment établie par les anciens rois. Elle y mit tout au plus le sceau de la victoire; et si elle eût fait davantage, l'Église se trouvait affranchie, c'est-à-dire que le dix-huitième siècle se tuait de ses propres mains. Il s'arrêta donc épouvanté : il entrevit avec quelle profondeur Dieu se jouait de ses desseins.

Vainement les plus jeunes de cette génération épuisée lui crièrent d'aller en avant. Eux-mêmes ne purent éviter l'abîme qui avait fait reculer leurs pères, qu'en se jetant dans un autre abîme. Réduits à l'impossibilité de découvrir une liberté nouvelle qui ne fût une liberté de l'Église, ils déclarèrent brusquement que la question n'était plus entre la servitude et la liberté, mais entre une forme et une forme, entre la monarchie et la république, et que la nation, fatiguée, du reste, de se battre pour des mots, réclamait un changement fondamental dans la distribution de la propriété. Alors fut révélée une loi du monde : c'est que la liberté n'est pas en elle-même la fin de l'homme ; que, négative de sa nature, elle écarte seulement les obstacles qui empêcheraient l'homme et l'humanité d'arriver à leur fin : c'est qu'on peut être libre et misérable, et par conséquent qu'au delà de la liberté il y a toujours le bien ou le mal qu'on s'est proposé d'atteindre avec son secours. Or la propriété étant le souverain bien de ceux qui n'ont pas entendu cette parole : *Bienheureux les pauvres,* il s'ensuit que les révolutions antichrétiennes doivent tôt ou tard se résoudre en un bouleversement de la propriété.

Une autre raison les y pousse encore ; il est écrit que Jean, fils de Zacharie, *ayant su dans sa prison les œuvres du Christ, envoya deux de ses disciples lui dire : Êtes-vous Celui qui doit venir, ou faut-il que nous en attendions un autre ?* Et Jésus répondit : *Allez, et annoncez à Jean ce que vous avez entendu et ce que vous avez vu. Les aveugles voient, les boiteux marchent, les lépreux sont guéris, les sourds entendent, les morts ressuscitent, les pauvres sont évangélisés* (1). Ainsi le Sauveur du monde rangeait parmi les preuves de sa mission, à l'égal des plus grands miracles, la prédication de l'Évangile aux pauvres, et, en effet, depuis ce jour-

---

(1) Saint Matthieu, chap. xi, vers. 2 et suivants.

là, l'instruction et le soulagement des pauvres a été l'une des merveilles permanentes du christianisme, le signe le plus éclatant de sa divinité, celui que l'erreur, obligée de le contrefaire, n'a jamais imité qu'à sa confusion. Un jour peut-être l'Antechrist ressuscitera des morts ; mais ce qu'à coup sûr il ne fera pas, c'est que les *pauvres soient évangélisés*, et à mesure que le monde, penchant vers sa ruine, fera de nouveaux essais pour échapper à la loi de son Rédempteur, le sort des pauvres, c'est-à-dire de l'humanité, devenu plus à plaindre, attestera aux générations dernières que le Dieu des chrétiens était le Dieu unique et bon. Ce caractère du christianisme a exercé une telle action sur l'esprit des peuples, qu'aucune révolution religieuse et politique ne saurait être durable, dans les temps modernes, si elle ne rend pas meilleure la condition de la multitude. Or qu'est-ce que la liberté pour la multitude, depuis que l'esclavage, sous ses diverses formes, a été successivement aboli dans la chrétienté, par la force toujours agissante de ces grandes paroles apostoliques : *Il n'y a plus de Juif ni de Grec, plus d'esclave ni de libre, plus d'homme ni de femme; car vous n'êtes tous qu'un en Jésus-Christ* (1) ? Que fait

---

(1) Saint Paul aux Galates, chap. III, vers. 28.

au pauvre une loi électorale qui ne le rend point électeur, faute d'argent ; une loi du jury qui ne le rend point juré, faute d'argent ; une loi municipale qui ne l'appelle point aux conseils de sa commune, faute d'argent ; une loi sur la presse qui ne lui permet pas d'écrire ni de comprendre ce qu'on écrit, faute d'argent ? Que fait au pauvre une liberté qui l'exclut de tout précisément parce qu'il est pauvre ? Que lui fait l'admission égale aux emplois, la concurrence illimitée entre les citoyens, lui qui manque des premiers éléments nécessaires pour concourir en quoi que ce soit ? Car l'argent est le moyen de tout, le prix de tout, la mesure de tout, et le pauvre n'en a pas, et justement parce qu'il n'en a pas il ne peut en acquérir, sauf le hasard, et il est une loi qui a condamné l'immense majorité des hommes à n'en point avoir.

Cependant le peuple, qui est l'instrument des révolutions, a besoin d'y gagner quelque chose, et les révolutions antichrétiennes ont besoin de faire gagner quelque chose au peuple, afin qu'il ne s'aperçoive pas que les pauvres ne profitent qu'avec Jésus-Christ. La loi agraire des anciens n'était qu'une convoitise ; la loi agraire des modernes est une lutte contre le christianisme. Quand on a ôté aux hommes la croyance en cette parole : *Bienheureux les pauvres,* et qu'on a détruit les œuvres innombrables par où s'accomplissait cette autre parole : *Les pauvres sont évangélisés,* il faut bien combler cet abîme. La première révolution le combla comme elle put, avec les biens de la noblesse et du clergé, et avec la loi qui établissait dans les familles le partage égal des successions ; mais le gouffre a eu bientôt dévoré cette proie : de la pâture même qu'on lui a jetée, il est sorti une race de prolétaires plus nombreuse, plus affamée ; elle crie à son tour, elle demande sa part, elle la demande à ceux-là qui en sont aujourd'hui les seuls détenteurs, ceux qu'elle nomme avec un si effrayant mépris des *bourgeois*.

Qu'est-ce en effet, pour les prolétaires, qu'un bourgeois ? C'est l'héritier des évêques, des abbés, des seigneurs. C'est un seigneur avare, amassant pour les siens, n'ayant plus de peuple et plus d'amour. C'est un abbé qui ferme au pauvre la porte du monastère, en lui jetant tout au plus un vil morceau de pain, au lieu de lui ouvrir, de le réchauffer, de le servir à table, puis de mener son noble hôte dans l'église parée et illuminée, au milieu des saints, de la musique et de l'encens, afin de l'enivrer d'un peu de joie, et qu'il continue son pèlerinage en louant Dieu. C'est un évêque prévaricateur, qui a tué à plaisir, dans le cœur du pauvre, la foi, l'espérance et la charité, dont se nourrissait le pauvre, le seul bien qu'eût le pauvre, et qui l'empêchât de porter envie aux plus heureux que lui. Comment la propriété n'eût-elle pas été exposée, dans de telles mains, à de nouveaux bouleversements? Comment la question de la liberté, plus qu'insignifiante aujourd'hui pour le peuple, ne se serait-elle pas transformée en une guerre civile entre ceux qui possèdent et ceux qui ne possèdent pas, entre les prolétaires et les bourgeois? Ce péril était inévitable, et la révolution de 1830, en le dévoilant, a mis à nu toute l'impuissance sociale du dix-huitième siècle.

A ce vaste naufrage des choses il faut joindre une ruine non moins grande, non moins triste pour ceux qui avaient mis leur espérance hors de l'Église catholique, dans les seules forces de l'humanité; je veux parler du renversement subit de toutes les réputations populaires acquises pendant les seize années de la Restauration. Depuis le prince jusqu'à l'éditeur de journal, nul nom n'est resté comme il était; la victoire, qui agrandit tout, a rabaissé cette fois les victorieux. On a vu l'erreur se trahir dans les actions des hommes aussi bien que dans la marche de la société. Où sont les orateurs qui remuaient la France? Où sont les politiques renommés? Ces philosophes qui rassemblaient la jeunesse autour de leurs chaires, que sont-ils devenus? Ceux qui nous disaient l'avenir avec orgueil, qui pleuraient avec tant d'éloquence le Vatican tombé (1), parce que ç'avait été une grande chose dans le passé de l'homme, où sont-ils? Ils ont disparu comme Alexandre à Babylone, dans un festin; ils tenaient la coupe où le genre humain devait boire après eux, tant elle était profonde, la coupe d'une alliance nouvelle, d'une vie inconnue auparavant; on leur a dit : Buvez. Où sont-ils? Les langues se sont confondues sur leur tombeau, comme autrefois à Babel, et ils ont fait comprendre aux interprètes de la parole divine le sens mystérieux de cette histoire placée par la Bible au berceau des sociétés. C'est l'histoire de l'éternelle misère des hommes qui aspirent par leurs propres forces à la perfection, qui mettent de la pierre sur de la boue, de la boue sur de la pierre, et qui appellent cela du nom fastueux de progrès. Dieu, du haut du ciel où ils espèrent atteindre, regarde leur ouvrage avec compassion, puis un jour il brise l'orgueil des descendants là où il a brisé l'orgueil des pères.

Faites silence : laissez venir à votre cœur le bruit du monde tel qu'il est aujourd'hui. Qu'en-

---

(1) L'ancien *Globe*.

tendez-vous? Des voix confuses qui s'appellent sans jamais se répondre; des monologues innombrables dans une foule pressée et béante; le cri de l'homme perdu, le soir, au milieu du désert; des voyageurs sans but qui se disent : Allons; des cœurs las avant d'avoir vécu; des bouches taciturnes qui n'ont que deux mots : Peut-être! hélas! Nulle harmonie, nulle unité que celle de la plainte. Si encore il y avait des champs de bataille où l'on pût se tuer avec quelque gloire; s'il y avait des révolutions qui, en donnant des craintes à la vie, lui donnassent quelque intérêt; s'il y avait du sang, de la débauche, des amphithéâtres, des gladiateurs, quelque chose qui nous empêchât de sentir, dans le vide de notre cœur, la grâce du ciel qui y tombe malgré nous! Mais non, la société nous emporte d'un mouvement froid et comme régulier, malgré ses catastrophes, et la littérature seule, expression de notre démence, évoque autour de nous un monde à notre gré.

Tel est le résultat du dernier triomphe remporté par le dix-huitième siècle. L'Église de France, toujours gouvernée par les mêmes lois dans l'ordre civil, n'a rien gagné ni rien perdu sous ce rapport; mais elle a gagné tout ce que l'erreur a perdu de forces morales. Le plan divin à son égard, ou plutôt à l'égard de la religion, s'est dévoilé de plus en plus. C'est, en grande partie, le même plan qu'avant la venue de son Fils unique sur la terre, Dieu avait employé pour préparer le salut du genre humain. *Dans les siècles passés,* dit saint Paul, *Dieu laissa toutes les nations suivre leurs voies* (1); il leur donna quatre mille ans pour disposer du monde selon leur orgueil; il permit aux conquérants, aux législateurs, aux sages, d'exercer sur les hommes le pouvoir de la force et de la persuasion; il eut soin qu'aucune circonstance heureuse ne leur manquât, et personne n'ignore à quel degré de culture les esprits parvinrent dans l'antiquité. Cependant plus les nations s'enfonçaient *dans leurs voies,* plus elles s'y perdaient. Ni la force, ni les lois, ni la raison n'avaient pu réunir et consoler l'humanité : la force avait produit l'empire romain comme son plus grand ouvrage, et rassemblé presque tous les peuples connus en un vil troupeau, sous des maîtres insolents, qui devaient un jour devenir des monstres par l'impuissance de soutenir sans aveuglement le poids de leur fortune; les lois, protectrices partout de la servitude, n'avaient établi aucun ordre durable et universel; la raison, élevée aussi haut qu'elle avait pu l'être par

---

(1) Actes des Apôtres, chap. xiv, vers. 15.

de grands hommes, n'avait formé que des écoles passagères et contradictoires, rien fait pour les mœurs, et, bientôt poussée à bout, elle était allée se perdre dans un doute irrémédiable. Tant de misères avaient averti le monde qu'il n'était pas dans son état naturel; Dieu s'était révélé à lui par son absence même; il était devenu, selon la prophétie de Jacob mourant, *l'attente des nations*. Quand donc arriva le moment marqué par la Providence pour l'accomplissement du sacrifice, dont le sang, destiné au salut de tous, devait inonder le passé et l'avenir, les hommes, levant déjà vers Dieu leur tête humiliée, étaient disposés à recevoir la grâce et la vérité. Cela ne veut pas dire que tous fussent dans un état convenable pour croire à l'Évangile, mais seulement que la pente générale était vers la foi. Beaucoup de philosophes embrassèrent le christianisme, et saint Justin, l'un d'eux, nous a expliqué, dans l'histoire de sa conversion, les causes qui entraînaient alors la philosophie vers Dieu.

Il y a des hommes divins, disait-on à ces hommes lassés de leurs recherches infructueuses; il y a des hommes divins qui, dès l'origine du monde, ont conversé avec Dieu, et prédit de siècle en siècle des choses qui s'accomplissent aujourd'hui : on les appelle prophètes. Prenez, et lisez. La seule comparaison de cette parole divine avec la parole humaine faisait tomber à genoux le philosophe de bonne foi. Les deux œuvres ayant été presque totalement séparées, l'on voyait bien Dieu, et l'on voyait bien l'homme.

Longtemps le souvenir de cette comparaison était resté présent à tous les esprits; longtemps le christianisme garda sans contestation sa souveraineté. Mais à la fin les peuples, qui voyaient tous les jours de plus loin leur rédemption, se persuadèrent qu'il était possible de conserver les bienfaits du christianisme en cessant d'être chrétiens. Ils nièrent même ces bienfaits, et accusèrent le Sauveur des hommes de tous les maux de l'humanité. Ils se promirent que l'ère de la raison était venue, que le Christ en avait durant des siècles retardé l'aurore, mais qu'enfin l'avenir et la vérité l'emportaient sur lui. A ce moment, s'il est permis de le dire sans blasphème, Dieu se trouva comme embarrassé. Il fallait qu'il se retirât de ces générations superbes, et qu'il les laissât s'agiter dans leur néant; car Dieu, qui donne tout à l'homme et ne reçoit rien de lui, ne peut souffrir l'orgueil. Mais comment se retirer une seconde fois du monde? N'avait-il pas mis son Église dans le monde avec des promesses d'immortalité? N'avait-il pas dit: *Tu es Pierre, et sur cette pierre je bâtirai mon Église, et les portes de l'enfer ne prévaudront pas contre elle ?*

Avant ces paroles de la nouvelle et éternelle alliance, il lui avait été facile de *laisser les nations suivre leurs voies;* car, bien qu'elles eussent emporté les traditions primitives et patriarcales, aucune autorité vivante, infaillible, n'en conservait la pureté originelle dans leur sein. Elles pouvaient les perdre en grande partie, soit par le seul effet du temps sur leur mémoire, soit par une volonté corrompue, soit par les interprétations successives et infinies des esprits. C'était un vaste protestantisme qui n'avait pas même de Bible. Mais la Constitution divine de l'Église catholique ne permettait plus aux peuples de s'enfoncer si avant dans la dégradation. Contraint de respecter sa parole, Dieu prit un autre moyen de s'absenter, autant qu'il était possible, d'une société qui le méconnaissait : il accorda à ses ennemis de prévaloir, eux et leurs principes, dans le gouvernement des affaires humaines. L'Église, dépouillée presque par toute l'Europe, chassée des conseils publics, chargée de liens, espèce d'étrangère importune, fut réduite à ce qu'il lui fallait de vie pour ne pas faire mentir les oracles divins, et pour assister au grand spectacle qui devait une seconde fois révéler aux hommes l'immensité de leur impuissance. Déjà cette manifestation a commencé, ainsi que nous l'avons vu. Combien de temps, combien d'épreuves seront nécessaires pour l'achever? Quand viendra le jour où les peuples et les rois, reconnaissant leurs erreurs, rebâtiront ensemble Jérusalem démolie? Nul ne le sait. Notre devoir est d'agir comme si ce devait être le jour de demain.

L'Église de France, qui a eu une part illustre dans les malheurs de la vérité, semble destinée à avoir une part illustre aussi dans le rétablissement de la foi. Les révolutions qu'elle a subies n'ont servi qu'à étouffer dans son sein les erreurs des siècles précédents. Purifiée par la persécution, elle a mis ses adversaires, impuissants à la corrompre, dans la nécessité de la laisser vivre, ou d'anéantir avec elle tout ordre et toute société. Elle n'a point eu, comme l'Église d'Angleterre, à traverser des siècles d'oppression avant d'entrevoir la lumière lointaine de sa délivrance; et, quoiqu'elle ne jouisse pas de toute sa liberté, il s'en faut bien, elle a du moins celle qu'on n'ôte jamais à la vérité, lorsqu'elle n'est pas trahie par ses défenseurs naturels.

Les grands écrivains que Dieu lui a suscités, et qui ont élevé jusqu'à présent les seuls monuments durables de la littérature française au dix-neuvième siècle, sont encore une marque des desseins de Dieu à son égard. Dieu n'envoie des hommes capables d'entraîner les intelligences vers le bien qu'aux nations qu'il veut sauver ; et, sous un autre rapport, là où l'on voit paraître des esprits supérieurs, c'est un signe que la pensée humaine penche de ce côté. Le génie n'est qu'une avant-garde : il se montre le premier, voilà tout; semblable à l'oiseau voyageur qui précède la colonie de ses frères, mais emporté lui-même par le mouvement général de l'émigration. Il eût été impossible au dix-huitième siècle de produire M. de Chateaubriand, M. de Bonald, M. de Maistre, M. de la Mennais, M. de Lamartine, comme il était impossible au nôtre de produire Voltaire et Rousseau. Le vent qui apporte au monde les bons ou les mauvais génies a donc changé. C'est une remarque facile à vérifier pour les autres pays de l'Europe, mais qui est plus sensible en France, parce que la France, ayant été plus vite et plus loin dans l'erreur, a touché la première à la borne extrême où l'esprit humain égaré commence à découvrir, comme une terre nouvelle et comme des cieux nouveaux, l'antique vérité. La France ne peut que se répéter en fait d'erreurs : or il n'y a qu'une chose qui se répète éternellement, sans cesser d'être neuve et féconde, la vérité. Par conséquent, l'Église de France a encore, sous ce point de vue, un avantage sur les autres Églises du continent. Celles-ci luttent contre le protestantisme ou contre une incrédulité qui n'a pas été victorieuse et maîtresse jusqu'aujourd'hui ; l'Église de France, qui a échappé au protestantisme, et précisément parce qu'elle y a échappé, s'est trouvée de bonne heure aux prises avec les incrédules, a perdu dans le combat son sang et son patrimoine ; et maintenant, sortie de ses cendres, toute jeune et toute vierge, elle n'a plus à vaincre qu'une erreur usée par la victoire, sibylle à demi morte, qui a oublié la langue de l'avenir. Enfin la France, étant, par sa position, par sa littérature, par son caractère, par sa puissance et ses révolutions, le foyer le plus actif de l'esprit humain, son Église emprunte nécessairement de là une importance qui a sans doute contribué aux grâces infinies qu'elle a reçues de Dieu depuis quarante ans.

Cette situation impose au clergé français de grands devoirs. Il n'a pas seulement à répondre du troupeau qui lui est confié, mais de l'influence qu'il peut exercer par la France sur le sort du catholicisme et du monde. Selon que la France, la fille aînée de l'incrédulité, se rapprochera de Dieu avec plus ou moins de lenteur, les destinées générales de la foi mettront plus ou moins de temps à s'accomplir. Or, bien que ce rapprochement dépende, en grande partie, de causes tout à fait étrangères à la volonté des hommes, bien que l'Église joue un rôle plus passif encore qu'actif dans la ruine de l'erreur, et que son immobilité seule, qui use et outrage les vains complots des plus puissants génies, soit un éternel moyen de progrès, cependant on ne peut nier non plus que les vertus et les talents du clergé ne concourent au développement de la vérité. Les hommes ont leur part dans tout ce que Dieu fait pour eux, quoiqu'ils n'aient pas la première part. C'est pourquoi le clergé français doit avoir toujours sous les yeux la grandeur de sa mission; il le doit plus que jamais aujourd'hui, qu'il est parvenu à un point de sa nouvelle existence décisif et très-délicat.

Jusqu'à présent l'Église de France, ruinée par la révolution de 1789, a fait comme une mère de race royale qui a perdu ses enfants au service de la patrie, et qui se hâte de mettre au jour des rejetons de son sang. L'Église de France, à force de soins et de charité, avec un discernement bien plus admirable généralement qu'on ne le croit, est parvenue, en trente années, à repeupler le sanctuaire. C'est un chef-d'œuvre d'habileté et de la grâce de Dieu. Mais, en donnant au peuple des pasteurs à la place de ceux qui avaient péri, elle ne pouvait encore, malgré ses désirs, leur donner des docteurs, si ce n'est en bien petit nombre, et réveiller la flamme des sciences divines, éteinte avec les martyrs qui en avaient été les derniers et illustres dépositaires. La prédication de l'Évangile, la distribution des sacrements, c'était là l'œuvre la plus pressée; il fallait y pourvoir. Aujourd'hui, quoique tous les vides ne soient pas encore comblés, cependant l'Église de France n'est plus sous l'empire d'une nécessité aussi absolue; la surabondance du clergé se laisse entrevoir çà et là; le flot des générations saintes monte autour de l'autel; une chose qui manquait à tous est née pour plusieurs, le temps. Dès qu'une Église a du temps, elle est forcée par là même de songer à la restauration des sciences religieuses, sous peine de manquer à son devoir, et, si elle ne le fait pas, elle s'expose aux plus grands dangers qu'une Église puisse courir. Il s'introduit dans son sein une multitude flottante d'esprits qui ne savent comment diriger leurs loisirs et leur activité : inhabiles au saint ministère, parce que Dieu leur a inspiré une autre vocation, ils cherchent vainement le foyer où leur ardeur serait entretenue, purifiée, mise en usage par des travaux communs dans la voie catholique. Ils languissent ou s'exaltent isolément, ils se sentent périr sans profit pour Dieu :

et c'est déjà un profond malheur que la perte de tant d'intelligences capables d'exercer une action pour le bien. Mais on n'arrête jamais impunément les êtres dans le mouvement qui les emporte vers leur fin : le fleuve dont le cours a été suspendu, grossissant par l'obstacle même qu'on lui a opposé, brisera les digues impuissantes qui le retiennent captif ; les esprits auxquels on n'a pas donné une issue régulière se rencontreront tôt ou tard dans leurs recherches douloureuses, s'uniront avec une joie maladive, s'irriteront par le sentiment de leurs forces présentes, et par le souvenir de leur inaction, et cette société sans règle tombera un jour, comme la foudre longtemps amassée dans les nuages, sur une Église sans docteurs, qui n'aura pour se défendre que sa part dans les promesses générales de l'immortalité.

Ces réflexions ont été faites par tous les hommes qui s'occupent sérieusement de l'avenir du catholicisme en France. Plusieurs tentatives ont eu lieu pour la renaissance des études ecclésiastiques. M. Frayssinous, évêque d'Hermopolis, avait essayé pendant son ministère de créer un vaste établissement destiné à la culture des sciences sacrées. M. de Quélen, archevêque de Paris, a préparé, tant que sa fortune le lui a permis, les bases d'un établissement analogue.

Feu M. le cardinal de Rohan, archevêque de Besançon, a laissé par son testament des fonds destinés à ce noble but. Mais il est une cause qui empêchait qu'aucune œuvre semblable obtînt dans l'Église de France un véritable succès. Les esprits y étaient profondément divisés sur des questions de la plus haute importance, et en particulier sur l'enseignement de la philosophie.

Un homme célèbre, avec lequel nous avons eu des rapports, troublés depuis par les vicissitudes des temps, avait voulu élever sur les ruines de tous les anciens systèmes philosophiques une philosophie nouvelle, destinée, selon son opinion, à sceller, dans leurs fondements mêmes, l'alliance de la foi et de la raison. Cette philosophie, repoussée par le corps épiscopal, avait fait néanmoins de nombreuses conquêtes parmi les ecclésiastiques du second ordre. D'autres discussions s'étaient jointes à celles-là, et il en était résulté une situation d'une douleur inexprimable. Les évêques rencontrant partout une puissance doctrinale étrangère à la leur, sur laquelle ils n'avaient aucune prise, et qui causait des dissensions violentes dans le clergé, avaient conçu une défiance naturelle contre le mouvement des esprits; ils craignaient justement, s'ils fondaient quelque chose dans l'ordre scientifique, que la direction ne passât en d'autres mains que les leurs, ou que le défaut de coopération d'hommes de mérite ne ruinât leurs efforts. Ces considérations les avaient portés, soit directement, soit par instinct, à se borner au rôle de pasteurs et de gardiens de la foi, qui est, en effet, leur premier devoir. D'un autre côté, l'école qui aspirait par ses seules forces au gouvernement des intelligences luttait en vain contre une invincible difficulté, celle de fonder quelque chose dans une Église indépendamment de l'autorité épiscopale. Elle ne pouvait parvenir qu'à engendrer des opinions. Il y avait donc de part et d'autre, dans l'ordre scientifique, un défaut nécessaire de fécondité. Et dans quel moment! Lorsque l'Église de France passait de la jeunesse à la virilité, au moment le plus critique de ses nouvelles destinées, à l'âge où la force a besoin de se répandre, et n'est pas encore réglée par une raison d'une séve égale. Qui dira ce que nous avons tous souffert? Notre volonté flottante entre nos évêques immobiles sur leurs siéges, et les hommes qui nous entraînaient par la magie de leur puissance privée; notre besoin de fortes études, et le désespoir de le satisfaire; notre désir sans bornes d'une union troublée dans ses fondements; le sentiment du bien à faire, et l'impossibilité de l'accomplir; la défiance, les soupçons, les abattements, puis le siècle grandissant à côté de nous, tantôt plein de menaces, tantôt poussé vers Dieu par des expériences formidables ; et nous, au lieu de l'instruire, malheureux proscrits de la veille, enfants des saints, morts pour la vérité, nous usant à des discussions dont nous ne savions qu'admirer le plus de leur charme ou de leur malheur !

Cette situation a duré quatorze ans.

Hier encore (1), l'école dont nous parlons subsistait. Affaiblie et divisée par une parole sortie du Siége Apostolique, elle avait néanmoins conservé un chef et des disciples. L'affection, les souvenirs, la douleur, le respect, mille nobles sentiments la tenaient encore rassemblée et comme vivante, quoiqu'elle fût loin de ce qu'elle avait été.

Aujourd'hui nous pouvons annoncer que cette école, que nous avions quittée dès longtemps, n'existe plus, que toute communauté de travaux est rompue entre ses anciens membres, et que chacun d'eux, fidèle à ce que son cœur lui demandera d'égards envers le passé, ne connaît d'autre guide que l'Église, d'autre besoin que l'union, d'autre ambition que de se presser autour du saint-siége et des évêques que sa grâce

---

(1) 1er mai 1834.

et la miséricorde divine ont donnés aux chrétiens de France. Nous n'apprécierons pas l'événement (1) qui donne lieu à cette déclaration : l'Église et la postérité le jugeront. Pour nous, qui avons contribué autrefois à l'exaltation des esprits, nous avons cru devoir à nos frères, dans ces douloureuses circonstances, d'élever la voix, non pour les affermir, non pour leur dire de ne rien craindre, non pour nous montrer plus forts et plus grands qu'eux, mais pour leur dire le fond de notre cœur. Acteur dans tout ce qui s'est passé, initié à tous les secrets de cette affaire, nous rendrons témoignage à Dieu, à son Église, à l'Église romaine en particulier, jusqu'à notre dernier soupir.

(1) Les *Paroles d'un Croyant.*

CONSIDÉRATIONS

SUR LE

SYSTÈME PHILOSOPHIQUE

DE M. DE LA MENNAIS

CHAPITRE PREMIER

EXPOSITION DU SYSTÈME PHILOSOPHIQUE DE M. DE LA MENNAIS

Cent quatorze ans avaient passé sur la tombe de Bossuet, cent trois ans sur celle de Fénelon, soixante-seize ans sur celle de Massillon, le seul des hommes célèbres que Louis XIV eût oublié derrière lui, lorsqu'il jeta sur son règne ce regard suprême dont a parlé M. de Chateaubriand, pour s'assurer qu'il emportait le reste des *splendeurs de la monarchie.* Massillon fut laissé par lui au siècle incrédule qui allait s'ouvrir comme un reproche doux et ingénieux, afin qu'il fût dit un jour que les derniers sons éloquents de l'ancienne Église de France étaient sortis d'une bouche qui avait annoncé la parole de Dieu à Louis XIV. Après que la mort eut fait taire cette bouche harmonieuse, l'Église de France eut encore des hommes distingués, des savants, des controversistes, des prédicateurs; elle n'eut plus de ces noms qui vont loin dans la postérité. Au moment même de sa ruine, l'abbé Maury manqua une gloire élevée, parce qu'il n'avait qu'infiniment d'esprit, et que la gloire vient du cœur *comme les grandes pensées*. Il y avait donc soixante-seize ans qu'aucun prêtre catholique n'avait obtenu en France le renom d'écrivain et d'homme supérieur, lorsque apparut M. de la Mennais, avec d'autant plus d'à-propos que le dix-huitième siècle avait tout récemment repris les armes. Son livre, destiné à le combattre, était une résurrection admirable des raisonnements antiques et éternels qui prouvent aux hommes la nécessité de la foi, raisonnements rendus nouveaux par leur application à des erreurs plus vastes qu'elles n'avaient été dans les siècles antérieurs. Sauf quelques phrases où le luxe de l'imagination annonçait une sorte de jeunesse qui rehaussait encore la profondeur de l'ouvrage, tout était simple, vrai; énergique, entraînant; c'était de la vieille éloquence chrétienne, un peu dure quelquefois. Mais l'erreur avait fait tant de mal, elle se reproduisait de nouveau avec tant d'insolence, malgré ses crimes et sa nullité, qu'on prenait plaisir à la voir châtiée par une logique de fer. L'enthousiasme et la reconnaissance n'eurent pas de bornes; il y avait si longtemps que la vérité attendait un vengeur! En un seul jour, M. de la Mennais se trouva investi de la puissance de Bossuet. L'Europe attendait la continuation de son ouvrage. Il n'avait encore établi que l'importance et la nécessité de la foi. Mais où était la foi véritable? Comment parvenir à la discerner? Quelle était l'autorité régulatrice de la raison humaine? Voilà les questions qui restaient à résoudre, et dont la solution, impatiemment désirée, devait causer plus tard de si profonds dissentiments.

Après deux ans d'attente, le second volume de l'*Essai sur l'indifférence* fut publié. Rien ne peut peindre la surprise qu'il produisit. Des hauteurs de la défense antique de la foi, du sein de l'éloquence qu'il avait répandue par flots contre les ennemis de la vérité, M. de la Mennais était descendu aux discussions arides de la philosophie, à la question de la certitude, tout à la fois la plus claire et la plus obscure de l'esprit humain. Il faut dire comment cela s'était fait.

De même que la terre repose sur des fondements profonds que l'œil de l'homme n'a pas vus, que sa main n'a pas touchés, mais dont nul ne doute, ainsi la raison humaine repose sur des principes immuables, universels, perpétuels, qui ne se démontrent pas, mais qui, étant notre nature même, ravissent et retiennent invinciblement notre conviction. Une fois l'homme assis sur cette base, comme la terre sur ses pôles, lui, être libre, astre souverain, n'est pas obligé de suivre dans les régions infinies de l'intelligence une route absolue. Il lui est permis de s'égarer, de se perdre, s'il le veut; porté par les points immobiles de la raison comme des roues sur leur axe, il peut s'enfoncer dans des espaces inconnus, y rouler sans règle et sans terme, et, semblable à ce fils d'un dieu qui conduisait un jour le soleil, embraser le monde de ses folies. Cependant il existe une bonne route pour l'homme aussi bien que pour le reste de la création; le monarque n'est pas de pire condition que le sujet; l'intelligence et la liberté ne lui furent pas communiquées pour être des moyens d'égarement, mais pour donner à Dieu, leur auteur, des créatures qui le cherchassent avec amour dans les champs de l'infini. Il y a donc une bonne route pour l'homme : qui nous la montrera? A quel signe la reconnaîtrons-nous? Où est l'erreur, où est la vérité?

Deux réponses ont été faites à l'homme. La religion lui a dit : « Ne t'enquiers pas si loin du vrai. Tu appartiens à deux ordres de choses que tu dois successivement posséder, les choses visibles et les choses invisibles. Quant aux premières, regarde-les, touche-les, éprouve-les; tu n'as besoin que de patience pour les connaître et t'en servir. Quant aux secondes, où tes yeux n'aident pas ton esprit, le Dieu bon qui t'a créé te les a manifestées, il t'a rendu un témoignage visible des choses invisibles : regarde, touche, éprouve, adore ce témoignage, et suis-le. O homme! voilà ton sort et ta loi : tu passes dans les choses visibles en croyant les choses invisibles, et tu emportes au tombeau l'espérance immortelle de voir ce que tu as cru. » La philosophie lui a dit à son tour : « La vérité c'est ce qui est, l'erreur ce qui n'est pas. Ce qui n'est pas est sans formes, sans lumière, insaisissable, ne peut jamais présenter à l'esprit aucune idée claire, y empreindre aucune image nettement dessinée. Toutes les fois donc que l'esprit voit quelque chose clairement et nettement, ce qu'il voit n'est pas l'erreur, c'est la vérité : l'*évidence* est le caractère qui distingue le vrai du faux. Est-il évident qu'il existe un Dieu créateur du ciel et de la terre? Les sages sont partagés : les uns l'affirment, les autres le nient. Est-il évident qu'il existe dans l'homme une âme spirituelle et immortelle? Les sages sont partagés : les uns l'affirment, les autres le nient. Est-il évident qu'après la mort Dieu punit les méchants et récompense les bons? Les sages sont partagés : les uns l'affirment, les autres le nient. O homme! voilà ton sort et ta loi : tu passes dans les choses visibles en doutant des choses invisibles, et tu emportes au tombeau l'énigme insoluble de toi-même. » Telles sont les deux routes que la religion et la philosophie ont tracées à la raison de l'homme, dans l'espace où se meut sa liberté. La religion a uni par des faits le monde visible et le monde invisible; la philosophie a prétendu passer de l'un à l'autre par des raisonnements. La religion a rapproché les hommes et gouverné le monde; la philosophie a divisé les intelligences et régi des écoles. Du reste, séparées par leurs méthodes, elles l'ont presque toujours été dans leur histoire, et la philosophie n'a jamais porté le joug de la religion qu'en faisant des efforts pour s'affranchir.

Or ce sont ces deux puissances jalouses que M. de la Mennais, par un hardi dessein, a tenté de réduire à une seule, non pas en détruisant l'une ou l'autre, mais en les contraignant de partir du même point, de suivre une même voie, quoique sans se confondre, et de se rejoindre enfin dans un foyer commun. De même que la religion est née de la parole divine, qu'elle repose sur des faits, qu'elle est une autorité, qu'elle a une Église enseignante et infaillible, M. de la Mennais a voulu que la philosophie naquît de la parole divine, reposât sur des faits, fût une autorité, eût une Église enseignante et infaillible ; il a voulu que ces deux organes infaillibles de la vérité, disant au monde les mêmes choses, eussent été réunis par le Christ dans une indissoluble et éternelle unité.

La philosophie, a-t-il dit, représentée par Descartes dans les temps modernes, a établi que l'*évidence* était le caractère distinctif du vrai ; cela n'est pas ainsi. L'évidence est une marque si trompeuse, que toutes les erreurs se propagent en son nom ; que chacun l'invoque en faveur des jugements les plus contradictoires : si le oui et le non sont évidents à la fois pour diverses personnes, comment l'évidence serait-elle le caractère distinctif du vrai ? Il est, en outre, d'expérience que le même homme, à diverses époques de la vie, change de manière de voir, qu'il trouve clair ce qui lui avait paru obscur, et obscur ce qui lui avait paru clair : si le oui et le non sont évidents tour à tour dans un même esprit, comment l'évidence serait-elle le caractère distinctif du vrai? Le vice radical de la philosophie est de supposer que la raison de chaque homme se suffit à elle-même, qu'elle a sa règle en soi, qu'elle est indépendante, souveraine, juge en dernier ressort de l'erreur et de la vérité, du bien et du mal. Dès qu'on a donné à la raison privée une si prodigieuse puissance, faut-il s'étonner si elle détruit et édifie à son gré, si rien n'est stable dans son histoire que la succession des ruines, si l'homme croit ce qu'il veut et méprise ce qu'il veut? Sans doute, la vérité est ce à quoi adhère la raison humaine, mais ce à quoi elle adhère partout et toujours, ce sur quoi elle n'a varié en aucun lieu et en aucun temps; l'*universalité* et la *perpétuité*, voilà le caractère distinctif du vrai. Or où est l'universalité, sinon dans les croyances de tous les peuples? Où est la perpétuité, sinon dans les croyances de tous les siècles? Où sont tous les peuples et tous les siècles, sinon dans le genre humain? Le genre humain est donc le dépositaire de la vérité, il en est l'oracle infaillible ; car s'il se trompait une seule fois, l'universalité et la perpétuité ne seraient pas le caractère distinctif du vrai, la vérité ne serait ni dans chaque homme ni dans tous les hommes, elle ne serait nulle part. Et quiconque refuse son assentiment à la raison générale de ses semblables, quiconque préfère sa pensée à la pensée de tous les peuples et de tous les siècles, celui-là est un insensé qui nie sa propre raison, en niant celle de l'humanité ; il sort de l'Église des intelligences, il se perd par un orgueil qui n'a point de bornes et point d'excuse.

Cela posé, quelles sont les croyances du genre humain ? Il croit non-seulement à ces maximes premières et indémontrables qui sont la base de toutes les sciences, mais encore à l'existence d'un Dieu, créateur des choses visibles et invisibles, auquel l'homme, son ouvrage, doit un culte d'adoration. Il croit au bien, au mal, à la punition du mal, à la récompense du bien. Il croit que l'homme, aujourd'hui malheureux et corrompu, n'est pas sorti tel qu'il est des mains du Dieu très-bon, mais qu'une violation coupable des lois divines a dégradé sa nature première. Il croit qu'un réparateur lui fut promis, qui devait par un grand sacrifice, dont les victimes immolées sur les autels des nations n'étaient que l'image, réconcilier l'homme avec Dieu ; il attendit, il salua de loin ce réparateur, et ce réparateur est venu, puisqu'il a cessé de l'attendre ; et l'Église catholique recevant de nouveau par le Christ la parole de Dieu, qui était la source primitive de ces traditions universelles et perpétuelles, a confirmé la foi du genre humain ; et le genre humain se confondant avec l'Église catholique répandue par tout l'univers, pour ne plus faire avec elle qu'une voix, cette voix annonce au monde qu'il n'y a qu'une vérité, qu'un Dieu d'où elle sort, qu'un moyen de la connaître : la soumission de l'homme à la plus haute autorité visible.

Tel est le système sur lequel M. de la Mennais édifia toute la défense du christianisme, et qu'il appela *philosophie du sens commun*. Elle partagea violemment les esprits dès son apparition. En vain, M. de la Mennais publia successivement une *Défense,* et deux volumes où il avait rassemblé des preuves de la tradition du genre humain, et de sa foi aux principaux dogmes du christianisme ; la division ne fit que s'accroître avec le temps et les débats publics.

Or nous voulons dire notre pensée sur ce système, qui nous a nous-même préoccupé dix ans.

Nous exposerons d'abord quelle est l'autorité réelle du genre humain, celle qui ne lui a jamais été contestée dans l'Église.

Nous montrerons ensuite que ce n'est pas sur l'autorité du genre humain, mais sur l'autorité de l'Église, que la défense du christianisme avait été établie jusqu'à M. de la Mennais, et qu'ainsi sa doctrine, antérieurement à tout examen, porte un caractère de nouveauté.

Enfin, après avoir recherché quel est l'usage que l'Église a fait constamment de la philosophie, nous examinerons si le système philosophique de M. de la Mennais est utile à la religion, ou s'il ne la menace pas plutôt d'un grand danger.

CHAPITRE II

DE L'AUTORITÉ DU GENRE HUMAIN TELLE QU'ELLE ÉTAIT RECONNUE
DANS L'ÉGLISE AVANT M. DE LA MENNAIS

Il importe avant tout de connaître le degré d'autorité dont le genre humain a joui sans contestation, afin que le lecteur ne confonde pas dans son esprit ce qui est hors de doute avec ce qui est combattu, et qu'il saisisse sans embarras l'objet propre de la discussion.

Voici donc dans quelles limites l'autorité du genre humain a toujours été reconnue.

On a toujours admis comme base de la raison humaine les principes universels, perpétuels, indémontrables, qui sont le fonds commun de toutes les intelligences, au delà desquels il est impossible de remonter, et que nul ne nie sans se séparer de la communion des hommes, sans être hors d'état de les entendre et d'être entendu par eux, tels que ceux-ci : *Le tout est plus grand que sa partie; deux choses identiques avec une troisième sont identiques entre elles.* Soit qu'on appelât ces principes immuables du nom de *sens commun,* ou du nom *d'axiomes,* ou du nom de *premiers principes,* ou que les personnifiant, on attestât le *genre humain ;* c'était toujours l'expression de vérités placées hors de la région des controverses, les colonnes d'Hercule de l'esprit. Les docteurs chrétiens ne niaient pas plus que les autres cet ordre fondamental ; au contraire, ils prenaient les hommes comme ils sont, croyant à ce qu'ils ont toujours cru et à ce qu'ils croiront toujours, et, du sein des croyances nécessitées, ils s'efforçaient de les transporter dans le sein infaillible de l'Église catholique par des faits plus clairs que le jour, dont l'immense autorité n'exigeait, pour être saisie, aucun raisonnement, mais la simplicité d'un cœur de bonne foi.

En second lieu, outre les principes universels, perpétuels, indémontrables, que nul ne pouvait nier, au moins dans la pratique, sans être taxé de folie, on reconnaissait d'autres principes sacrés chez tous les peuples, que les philosophes pouvaient outrager dans leurs leçons, et même dans leur vie, sans être accusés d'avoir perdu la raison, mais non sans être accusés d'un crime envers la patrie et le genre humain. C'étaient l'existence de la Divinité, le culte qui lui est dû, la différence du bien et du mal, les peines et les récompenses futures. La philosophie était libre d'insulter à ces grands faits sociaux, sans lesquels aucun peuple ne s'est établi et n'a vécu; mais la voix des hommes s'élevait contre un attentat toujours voisin des grandes ruines nationales, et les défenseurs de la foi sociale demandaient qu'est-ce qu'il y avait donc de certain et d'auguste sur la terre, s'il était permis de mépriser la conscience universelle, et où était la voix de la nature et de Dieu, sinon dans la voix des peuples? Les docteurs chrétiens parlèrent de même. Mais ni les uns ni les autres ne concluaient de là l'infaillibilité du genre humain; il en résultait seulement qu'il existe dans l'ordre moral, aussi bien que dans l'ordre logique, un certain nombre de principes universels, perpétuels, immuables, qui sont la base des devoirs, comme les axiomes généraux sont la base de la raison. C'est ce qu'enseigne la théologie catholique, en disant qu'il n'y a pas pour l'homme d'ignorance invincible des premiers principes de la loi naturelle.

« Un Dieu créateur qui, possédant la plénitude
« de l'être et la source de la vie, a communiqué
« l'existence à tout ce qui compose cet univers; un
« Dieu conservateur qui gouverne tout par sa sa-
« gesse, après avoir tout fait par sa puissance; em-
« brassant tous les êtres dans les soins de sa provi-
« dence universelle, depuis les mondes étoilés jus-
« qu'à la fleur des champs, sans être ni plus grand
« dans les moindres choses, ni plus petit dans les
« plus grandes; un Dieu législateur suprême qui,
« commandant tout ce qui est bien et défendant tout

« ce qui est mal, manifeste aux hommes ses volon-
« tés saintes par le ministère de la conscience ; un
« Dieu enfin, juge souverain de tous les hommes,
« qui, dans la vie future, doit rendre à chacun selon
« ses œuvres, en décernant des châtiments au vice
« et des prix à la vertu : voilà une doctrine avouée
« par la raison la plus pure, dont la connaissance,
« quoiqu'en des degrés bien différents sans doute,
« est aussi universelle que le genre humain ; que
« l'on trouve dans sa pureté chez les Hébreux,
« plus développée encore chez les chrétiens ; qui
« a bien pu être obscurcie par les superstitions
« païennes, *jamais anéantie* chez aucun peuple de
« la terre (1). »

Enfin on trouvait répandues dans l'univers un certain nombre de traditions semblables entre elles, quoique diversement défigurées, qui n'appartenaient ni aux *croyances nécessitées*, ni aux *croyances sociales*, telles que l'espérance d'un Réparateur futur ; mais qui, par leurs analogies singulières, paraissaient venir d'une source commune, avoir eu un type primitif et divin. Platon et tous les philosophes religieux avaient fait un grand usage de ces débris qui flottaient dans la mémoire humaine comme les planches d'un vaste naufrage. Ils s'étaient élevés par leur secours bien au-dessus des pensées de leurs siècles, et ils avaient ainsi prouvé qu'en effet ces débris étaient la poussière sacrée d'une sagesse

---

(1) M. Frayssinous, *Conférence sur le culte en général*.

perdue. Lorsque le christianisme parut au grand jour, il fut aisé de voir quelle avait été l'origine de ces traditions altérées; des Pères de l'Église en firent le rapprochement avec les mystères contenus dans les livres saints; ils pénétrèrent leur enveloppe plus ou moins grossière, et l'on vit avec surprise que la parole divine n'avait péri nulle part tout entière, que le christianisme était venu assez à temps pour que le monde eût encore conservé quelques traces de la lumière originelle. « Depuis le commen-
« cement du genre humain, dit saint Augustin, le
« Christ n'a jamais cessé d'être prédit, là plus
« obscurément, ici avec plus d'éclat, selon l'ap-
« préciation que Dieu a faite des temps, et il n'a
« jamais manqué d'hommes qui crussent en lui,
« d'Adam jusqu'à Moïse, ensuite dans le peuple
« d'Israël, qui fut par un mystère particulier la na-
« tion prophétique; et aussi *dans les autres nations,*
« même avant qu'il se fût incarné. En effet, les
« saints livres parlent de plusieurs hommes qui,
« dès l'époque d'Abraham, sans être de la race ni
« du peuple d'Israël, ni unis à ses destinées comme
« prosélytes, eurent leur part à ce grand mystère :
« pourquoi donc ne croirions-nous pas qu'il y en
« ait eu encore d'autres parmi les nations disper-
« sées, quoique les mêmes autorités n'en parlent
« pas (1) ? » Mais tout en rassemblant ces traits de

---

(1) *Éclaircissement de six questions contre les païens*, seconde question.

la vérité épars dans le monde, tout en trouvant là une nouvelle preuve de la révélation divine, puisque, conservée par deux voies différentes, l'une pure et l'autre corrompue, elle avait en sa faveur un double témoignage, néanmoins les Pères de l'Église ne prétendirent pas que le genre humain avait été et était le gardien infaillible des traditions, qu'elles ne pouvaient pas s'obscurcir, s'altérer, se perdre même dans ses mains. Ils n'ont rien dit de semblable; ils ont constaté un fait avec les moyens de connaître l'antiquité dont ils disposaient; ils ont interrogé les païens, les poëtes, les sibylles, le ciel, la terre et les enfers sur le Christ; ils ont saisi le moindre soupir, le moindre son lointain qui semblait murmurer le nom du Sauveur des hommes, et ils ont fait de toutes les voix, de tous les bruits, de tous les gémissements, de tous les siècles, un cantique étonnant et victorieux. Mais ils n'ont pas dit que les lèvres de l'humanité étaient inspirées, infaillibles, et le cantique n'était que plus beau sur des lèvres qui peut-être ne le comprenaient déjà plus, qui peut-être allaient le perdre si le souffle de Dieu ne fût venu le ranimer et le rendre immortel.

La part que l'Église a faite au genre humain est grande, comme on le voit. Elle ne lui a pas accordé ce qui n'appartient qu'à elle seule, une autorité enseignante et infaillible; mais elle a respecté en lui le *sens commun* et le *sens moral*, et elle s'est servie comme d'une contre-épreuve des traditions plus ou moins altérées que la Providence avait conservées dans son sein.

Il faut voir maintenant comment l'Église établissait sa propre autorité. Saint Augustin nous l'apprendra.

CHAPITRE III

QUE LA NÉCESSITÉ D'UNE AUTORITÉ ENSEIGNANTE ET INFAILLIBLE A TOUJOURS ÉTÉ LA BASE DE LA DÉFENSE DU CHRISTIANISME, MAIS QU'ON PLAÇAIT CETTE AUTORITÉ DANS L'ÉGLISE, ET NON DANS LE GENRE HUMAIN.

« Je veux vous dire, comme je le pourrai, la
« route que j'ai suivie lorsque je cherchais moi-
« même la vraie religion, dans l'esprit où j'ai
« exposé qu'elle devait être cherchée. J'étais
« déjà plein de troubles et d'hésitation, quand je
« me séparai de vous, en passant la mer; je ne
« savais quelle doctrine retenir ou abandonner.
« Cette incertitude était devenue plus grande en
« moi chaque jour, depuis que j'avais entendu cet
« homme (1) qui nous avait été annoncé, comme
« s'il fût venu du ciel dissiper nos doutes, et que
« j'avais trouvé semblable aux autres en tout, sauf

(1) Fauste le manichéen.

« une certaine éloquence. Arrivé en Italie, j'eus au
« dedans de moi-même une grande délibération et
« de grands combats, non pour savoir si je reste-
« rais dans la secte où je me repentais de m'être
« engagé, mais pour discerner le chemin de la
« vérité, à laquelle j'aspirais, vous ne l'avez pas
« ignoré, avec tant d'amour et de gémissements.
« Souvent il me paraissait impossible de la décou-
« vrir, et j'étais emporté par le flux et le reflux de
« mes pensées vers le scepticisme de l'Académie.
« Souvent je considérais, autant qu'il était en moi,
« l'esprit humain si vif, si investigateur, si péné-
« trant, et je ne comprenais pas que la vérité lui
« demeurât cachée, si ce n'est parce que le mode
« convenable pour la chercher était lui-même caché
« en elle, et je pensais qu'il fallait apprendre ce
« mode secret de quelque autorité divine. Restait
« à savoir où était cette autorité, puisque, au milieu
« des dissensions de l'hérésie, chacun l'invoquait
« en sa faveur. C'était une forêt inextricable où je
« craignais d'entrer, et cependant mon âme était
« agitée sans aucun repos par la passion du vrai ;
« je me détachais toujours de plus en plus de ceux
« que j'avais déjà résolu d'abandonner. Dans un
« péril si grand, qu'avais-je à faire, qu'à prier avec
« des larmes et avec la voix d'un homme malheu-
« reux la divine Providence de venir à mon secours ?
« Je le faisais assidûment. Quelques discussions
« publiques de l'évêque de Milan m'avaient presque
« ébranlé, au point que j'avais un désir, mêlé d'es-

« pérance, de proposer des questions sur l'ancien
« Testament, que ma secte avait en exécration,
« comme vous le savez. Je m'étais aussi résolu
« d'être catéchumène dans l'Église à laquelle mes
« parents m'avaient donné dans mon enfance, jus-
« qu'à ce que j'eusse trouvé ce que je voulais, ou
« que je me fusse persuadé qu'il était inutile de le
« chercher désormais. J'étais donc dans un état de
« docilité très-favorable pour être enseigné, en cas
« qu'il y eût quelqu'un chargé du pouvoir de l'en-
« seignement. C'est pourquoi, si vous avez été agité
« longtemps comme moi par le souci de votre âme,
« si vous êtes las d'être ballotté en vain, et que vous
« vouliez mettre un terme à ce dur travail, suivez
« comme moi la voie de la discipline catholique qui,
« venue du Christ jusqu'à nous par les apôtres, ira
« de nous à la postérité.

« Car la vraie religion ne peut s'introduire dans
« l'âme que par le commandement et avec le poids
« de l'autorité, en lui faisant croire d'abord les vé-
« rités qu'elle percevra plus tard, si elle s'en rend
« digne par sa conduite.

« Peut-être demanderez-vous pourquoi il faut
« être instruit par la foi avant de l'être par la rai-
« son. Vous le comprendrez facilement, si vous
« voulez être juste... Pensez-vous que tous les
« hommes soient capables de saisir les raisonne-
« ments qui conduisent l'esprit humain à l'intelli-
« gence des choses divines? Est-ce le plus grand
« nombre qui en est capable, ou seulement un très-

« petit nombre d'hommes? C'est un petit nombre,
« dites-vous. Pensez-vous être de ce petit nombre?
« Ce n'est pas à moi, dites-vous, de l'affirmer...

« Supposons donc que vous cherchiez la vraie
« religion avec un désir sincère de la recevoir, et
« que vous soyez du petit nombre d'hommes capa-
« ble de comprendre les raisons par lesquelles la
« force divine de l'esprit s'élève à une connaissance
« certaine de la vérité, dites-moi, que ferons-nous
« des autres hommes qui ne sont pas doués d'un
« génie aussi perçant? N'y aura-t-il pour eux au-
« cune religion, ou bien faudra-t-il les mener pas
« à pas, de degré en degré, dans les hauteurs infi-
« nies du vrai? Vous voyez tout de suite le parti le
« plus religieux; car vous ne pouvez exclure un seul
« homme de cette grande espérance qui vous anime,
« vous ne pouvez en abandonner un seul. Mais alors
« ne pensez-vous pas qu'il leur est impossible d'en-
« trer en possession de la vérité, s'ils ne croient
« d'abord pouvoir y parvenir, s'ils n'y tendent avec
« un esprit suppliant, par une vie conforme à des
« préceptes nécessaires qui doivent les purifier?
« Vous le pensez certainement. Si donc ceux du
« nombre desquels vous êtes, à ce que je crois, qui
« peuvent pénétrer facilement par la raison les se-
« crets divins, suivaient aussi cette voie de l'obéis-
« sance et de la foi, quel mal en souffriraient-ils?
« Aucun, ce me semble. Mais, dites-vous, pourquoi
« la suivraient-ils? Pourquoi les retarder dans leur
« marche? Parce que, bien qu'ils ne se nuisissent

« pas à eux-mêmes, ils nuiraient aux autres par leur
« exemple. Peu d'hommes sentent la mesure véri-
« table de leurs forces : les uns se croient trop fai-
« bles, il faut les encourager ; les autres se croient
« trop forts, il faut les arrêter, afin que les pre-
« miers ne périssent pas par le désespoir, les se-
« conds par leur audace. Or il est facile de pour-
« voir à ce double danger, si ceux-là mêmes qui
« seraient capables de prendre leur vol sont con-
« traints de marcher dans la voie commune, de
« peur qu'ils n'excitent les autres à une périlleuse
« imitation. Voilà la providence de la vraie reli-
« gion ; voilà l'ordre établi de Dieu, tel qu'il nous
« est venu de nos bienheureux ancêtres, et qu'il a
« été conservé jusqu'à nous. Vouloir le troubler et
« le pervertir, c'est chercher la religion par un che-
« min sacrilége, et ceux qui le tentent, même
« quand on leur accorderait tout ce qu'ils veulent,
« n'arrivent pas où ils prétendent. Quelle que soit
« l'excellence de leur génie, si Dieu ne les aide, ils
« rampent à terre. Or Dieu aide les hommes qui le
« cherchent, lorsqu'ils ont eux-mêmes pitié du
« genre humain. On ne trouverait pas dans le ciel
« un chemin plus sûr pour arriver à lui...

« C'est pourquoi Dieu, nous apportant le remède
« qui devait guérir nos mœurs corrompues, s'acquit
« l'autorité par des miracles, mérita la foi par l'au-
« torité, s'attira la multitude par la foi, obtint de la
« multitude l'antiquité, et consolida par cette anti-
« quité la religion, de telle sorte qu'elle ne fût

« ébranlée ni par la nouveauté inepte et fraudu-
« leuse des hérétiques, ni par l'erreur léthargique
« et violente des peuples païens...

« C'est là, croyez-moi, l'autorité d'où vient le
« salut, la cause qui suspend d'abord notre âme
« au-dessus de son habitation terrestre, et qui l'ar-
« rachant ensuite à l'amour de ce monde, la con-
« vertit à Dieu. C'est l'autorité seule qui ébranle les
« hommes ignorants, et les porte à la sagesse. Sans
« doute, pour ceux qui ne peuvent atteindre par
« eux-mêmes le vrai, ce serait un malheur d'être
« trompé par l'autorité, mais c'en serait un bien
« plus grand de n'être pas touché par elle. Car, ou
« la providence de Dieu ne préside pas aux choses
« humaines, et alors il est inutile de s'occuper de
« religion; ou elle y préside, et soit par l'ordre de
« la création, qui découle apparemment de quelque
« source ineffable de beauté, soit par je ne sais
« quelle voix intérieure de la conscience, elle aver-
« tit publiquement, comme en secret, les meilleurs
« esprits de chercher Dieu et de le servir, et alors
« il ne faut pas désespérer que Dieu lui-même ait
« établi une autorité qui nous soit un chemin sûr
« pour nous élever jusqu'à lui. Cette autorité, en
« mettant à part la raison, dont la foule des hommes,
« comme nous l'avons dit, ne peut user avec assez
« de discernement, ébranle notre conviction de
« deux manières, en partie par les miracles, en
« partie par la multitude de ses sectateurs. Le sage
« n'a pas besoin de ces deux choses : qui le nie?

« mais il s'agit précisément de devenir sage, c'est-
« à-dire de connaître la vérité, sans laquelle il n'y
« pas de sagesse, et qu'une âme souillée ne con-
« naîtra jamais. J'entends par une âme souillée,
« pour m'expliquer brièvement, celle qui aime
« autre chose que l'âme et Dieu. Plus elle devient
« pure, mieux elle regarde et voit la vérité. Vou-
« loir donc voir la vérité pour purifier l'âme, tandis
« qu'il faut purifier l'âme pour voir la vérité, c'est
« le renversement de l'ordre, et c'est l'autorité qui
« le rétablit, en aidant l'homme à devenir plus pur,
« et capable par conséquent de la contemplation du
« vrai (1). »

Les passages de saint Augustin qu'on vient de lire renferment les éléments principaux de la défense du christianisme, telle qu'elle avait été conçue dans toute la suite des siècles jusqu'à M. l'abbé de la Mennais. Ces éléments se réduisent à trois : l'impuissance de la philosophie, c'est-à-dire du raisonnement, pour unir les hommes dans la vérité; la nécessité d'un enseignement divin par voie d'autorité pour arriver à ce but; l'existence de cette autorité enseignante et infaillible dans l'Eglise catholique seule.

L'impuissance manifeste des sages de l'antiquité, soit pour rassembler les esprits supérieurs dans une école unique et universelle, soit pour tirer les peuples de l'abîme des superstitions, servait aux écri-

---

(1) Saint Augustin, *De l'utilité de croire.*

vains catholiques d'une éternelle preuve pour établir la nécessité d'un autre enseignement de la vérité. A moins qu'aucune Providence ne gouvernât le monde, à moins que l'homme ne fût condamné à l'ignorance de ses destinées et de ses devoirs, il était impossible qu'il n'y eût pas sur la terre un autre enseignement que celui des philosophes, une autre voie que celle du raisonnement pour pénétrer le secret des choses invisibles, puisque avec un temps si long, avec des esprits si divers, avec l'Orient et l'Occident mêlés ensemble par la guerre et les voyages, on n'avait abouti qu'à créer des disputes stériles, qu'à semer çà et là dans les solitudes du doute quelques noms célèbres, qui portassent jusqu'à la dernière postérité le *magnifique témoignage* de l'impuissance humaine. Du temps des Pères de l'Église, ce témoignage brillait de tout son éclat; on vivait dans les restes de la société antérieure au Christ; on savait par expérience la vanité des efforts philosophiques, et il était peu d'écoles dont les débris n'eussent escorté la marche créatrice de l'Église à travers la décadence des temps, afin que toute la terre, en voyant passer les vivants et les morts, jugeât où était le souffle éternel de la vérité. Plusieurs d'entre les Pères de l'Église avaient eux-mêmes porté le manteau de philosophes; ils avaient poursuivi le vrai d'école en école, et quand ils répétaient au monde, après saint Paul : *Les Grecs cherchent la sagesse, mais pour nous, nous annonçons le Christ crucifié,* la puissance infinie de Dieu prenait sur leurs lèvres un accent d'indicible conviction, et les nations s'écriaient avec eux : *Où sont les sages? Où sont les docteurs? Où sont les investigateurs de ce siècle? Est-ce que Dieu n'a pas fait de la sagesse une folie? Car le monde n'ayant pas, avec la sagesse, reconnu Dieu dans la sagesse de ses œuvres, il a plu à Dieu de sauver les croyants par la folie de la prédication* (1). Aujourd'hui nous commençons à comprendre de nouveau la force de cette démonstration, et elle ira toujours croissant dans les intelligences, à mesure que la philosophie ressuscitée achèvera de nous donner le spectacle agrandi de son néant. Car chaque fois qu'une expérience se répète avec le même succès, elle acquiert plus de droits à l'empire des esprits ; et cette fois l'expérience philosophique a eu des caractères particuliers, plus propres encore à jeter la sagesse humaine dans le désespoir. En effet, les philosophes n'avaient plus comme autrefois à chercher péniblement le vrai. Éclairés par la lumière de l'Évangile, il ne s'agissait que de dépouiller le christianisme, que de se partager entre eux la robe de Jésus-Christ. Et pourtant ils n'ont égalé les philosophes anciens, ni par l'élévation de leur génie, ni par la pureté de leur doctrine, ni par la durée de leurs écoles ; ils n'ont point eu de Socrate mourant pour une vérité plus grande que tout son siècle. Esprits envieux du christianisme, ils ont mis leur gloire à descendre au-dessous de leur temps, et

---

(1) 1ʳᵉ Épître aux Corinthiens, chap. ɪ, vers. 20 et 21.

leurs cendres étaient à peine refroidies, que l'humanité, vengeresse du christianisme, a passé en sifflant sur leur tombe. Leurs successeurs, qui les dédaignent, ne savent eux-mêmes que faire; ils n'ont pas une école proprement dite dans toute l'Europe; le dernier curé de village est plus puissant qu'un philosophe, et l'on entend partout du fond des âmes, avides de doctrines, sortir un cri plaintif, semblable au cri de l'oiseau qui cherche au bord des mers ses petits enlevés par les flots.

La philosophie n'ayant pu détruire et remplacer le christianisme, le christianisme a plus que jamais le droit d'affirmer que, s'il n'y a pas dans le monde un autre enseignement de la vérité, la vérité n'est qu'un nom sacré, impuissant pour guérir l'âme et pour unir les hommes. Le christianisme ne fait pas, en tenant ce langage, une profession de scepticisme, comme on le lui a reproché; il ne prétend pas qu'il n'y a rien de certain, il remarque seulement que jamais les intelligences n'ont été guéries et unies par voie de démonstration. On démontre philosophiquement l'existence de Dieu, sans doute; mais cette démonstration, si belle qu'elle soit, n'unira jamais deux hommes entre eux. C'est que le raisonnement, quelque puissant qu'il soit pour établir, est mille fois plus actif encore pour diviser, et nulle part il n'occupe la première place sans tout perdre. Laissez-le, dans l'étude de la nature, détrôner l'expérience, et aussitôt vous n'aurez plus de corps savants, vous n'aurez plus de science, mais un vain amas de mystères contradictoires. Laissez-le gouverner la société, et, au lieu de nations unies comme une famille, vous n'aurez plus que des partis armés pour s'anéantir, et parmi lesquels l'expérience seule ramènera çà et là sur le champ de bataille une apparence de paix. L'expérience est, en toutes choses, le fondement de l'ordre, et voilà pourquoi Dieu n'a pas sauvé le monde par le raisonnement, mais par l'expérience de la croix, la plus belle et la plus concluante qui ait été faite ici-bas.

Si maintenant l'on cherche pourquoi l'expérience est le fondement de la science, de la société, de la religion, de l'ordre, en un mot, on trouvera peut-être que le raisonnement est une œuvre tout humaine, l'expérience une œuvre en partie divine ; que l'homme, en raisonnant, veut tirer la vérité de lui-même, et qu'en expérimentant, il la tire du sein de Dieu ; que, dans le premier cas, il veut se donner lui-même à lui-même plus que la vie, la vérité ; que, dans le second, il n'aspire qu'à recevoir encore le vrai de la main qui lui a tout donné ; que le raisonnement, considéré en lui-même, indépendamment de toute expérience sur laquelle il s'appuie, est donc un acte d'orgueil, tandis que l'expérience, où l'esprit ne fait que constater ce qui est hors de lui et malgré lui, est un acte d'humilité ; qu'enfin l'orgueil divise les hommes, et que l'humilité les unit. Le savant se soumet à Dieu en interrogeant la nature, le politique en étudiant les lois indestructibles de la société dans les événements du monde, le chrétien en cherchant et en adorant les traces du passage de Dieu sur la terre : le philosophe ne se soucie ni de la nature, ni de l'histoire, ni de la parole divine; il cherche en lui par le raisonnement comment les choses doivent être, et il prononce qu'elles sont ou qu'elles ne sont pas. Faut-il s'étonner que Dieu le frappe d'impuissance, et que ses lèvres rendent stérile jusqu'à la vérité? Quoi qu'il en soit, il est incontestable, par le fait, que la philosophie n'a pu réunir les hommes autour des plus heureuses démonstrations; il est incontestable encore qu'à une certaine hauteur, la philosophie perd la trace de la vérité, et n'est plus qu'une science augurale où la pensée *s'évanouit,* selon l'expression de saint Paul. Si donc les choses invisibles n'ont pas été abaissées jusqu'à nous, si la terre et le ciel n'ont pas communiqué ensemble, si Dieu n'a pas fait dans le temps et dans l'espace quelque grande expérience de l'éternité et de l'infini, il faut perdre l'espérance, la vérité n'est pas pour nous; elle passe loin au-dessus de nos têtes, semblable à ces astres profonds du firmament qui nous apparaissent la nuit, quand la lumière féconde du soleil n'éclaire plus nos yeux. L'homme qui marche, le soir, solitaire et accablé, s'arrête quelquefois, s'appuie sur son bâton fatigué comme lui, et, levant vers le ciel son front sublime, il regarde longtemps dans les airs l'armée du Seigneur; il songe en son esprit à la distance effrayante d'où lui vient cette douce lumière, il sent le peu qu'il est, et, perdu dans la contemplation de ce mystère immense et lointain qui ne l'élève pas jusqu'à lui, il reprend sa route las et inconsolé.

Et il y avait un homme appelé Zachée; c'était un chef de publicains et un homme riche. Et il cherchait à voir Jésus pour le connaître; mais il ne le pouvait pas à cause de la foule, parce qu'il était petit. Et, ayant couru devant, il monta sur un sycomore pour le voir, parce qu'il devait passer par là. Et, comme Jésus était arrivé à cet endroit, levant les yeux, il aperçut Zachée, et lui dit : Zachée, hâtez-vous de descendre, parce qu'il faut que je loge aujourd'hui dans votre maison (1). Ainsi fallait-il que la vérité descendît plus bas que l'homme, en quelque sorte, afin que le plus petit d'entre eux n'eût qu'à se baisser pour la reconnaître; et l'histoire de cet agenouillement de la vérité aux pieds de l'homme est une histoire si haute, si merveilleuse, que rien, dans l'univers, ne lui est comparable.

Dieu en a fait un miracle d'unité. Au lieu que les hommes ne peuvent, à cinquante ans d'intervalle, continuer une œuvre dans le même esprit; que le siècle qui vient détruit la pensée du siècle qui précède, il y a dans la parole divine, transmise par tant de bouches diverses, une unité sans tache de soixante siècles, une conspiration de six mille ans, que chaque conspirateur a payée de sa tête, ou qu'i a sanctifiée par ses vertus.

Un miracle de certitude historique. D'ordinaire

---

(1) Saint Luc, chap. XIX, vers. 2 et suiv.

les peuples vivent ou meurent : nul d'eux, endormi dans ses ruines, n'a laissé autour de sa tombe une garde immortelle pour rendre témoignage à tout venant de son existence passée, de sa gloire, de sa honte, de ses malheurs, de ses traditions, de sa foi. Par une exception digne de remarque, l'histoire chrétienne, la seule qui soit vraiment antique, et qui remonte d'échelons en échelons, régulièrement coordonnés, au plus profond des âges, l'histoire chrétienne, attestée depuis le Christ par un peuple vivant, répandu dans tout le monde, est attestée, avant le Christ, par un peuple qui n'est ni vivant ni mort, sorte de spectre mystérieux, tout chargé de siècles et d'opprobres, et qui va, sans se lasser, aux quatre vents de la terre, uniquement pour dire dans toutes les langues, à toutes les générations : Je fus.

Un miracle de puissance. Que n'a pas vaincu le christianisme? Il a résisté à l'ignominie, à la persécution la plus longue et la plus atroce qu'aucune doctrine ait essuyée, à la prospérité, à l'ignorance, à la barbarie, à la révolte des siens, aux passions humaines, à la science, au génie, au temps qui détruit tout, à l'homme qui n'a jamais respecté ses propres œuvres. Seul entre les diverses religions, le christianisme a supporté l'épreuve de la raison humaine; et la liberté de la presse, qui renverserait en trente ans les cultes de l'Asie et de l'Afrique, a combattu trois siècles l'Évangile et le pape, sans leur avoir rien ôté de cette force qui épouvante à l'heure de la mort tout homme qui n'est pas un ignorant.

Un miracle de science et de philosophie. Nulle science n'a pu réussir à mettre la Bible en contradiction avec elle-même : l'histoire, la chronologie, l'astronomie, la linguistique, les monuments, les antiquités de toute nature, ont déposé, malgré les savants, en faveur de la parole divine, et la première page de la *Genèse* était d'accord, il y a plus de trois mille ans, avec les secrets de la géologie découverts de nos jours.

Un miracle de civilisation. Quels sont aujourd'hui les peuples où le sort des femmes, des enfants, des pauvres, de tous les êtres faibles, est le plus heureux? Quels sont les peuples où se cultivent les sciences et les arts? L'Europe ne tient-elle pas le sceptre du monde; et si l'Amérique lui a échappé, n'est-ce pas parce que l'Amérique est devenue chrétienne?

Un miracle de sainteté. Un jour on verra le cœur des chrétiens; on saura les actions de la droite ignorées de la gauche; mais en attendant la révélation du double mystère de la vertu et du crime en ce monde, il est déjà possible de comparer les mœurs chrétiennes aux mœurs antiques, et de juger la puissance ineffable de la cause qui a sanctifié le cœur de l'homme par la pureté.

Un miracle dans l'ordre du beau. Chez un petit peuple obscur, et que méprisaient les autres nations, il s'est trouvé un livre qui serait le plus grand monument de l'esprit humain, s'il n'était pas l'ouvrage de Dieu, et auquel ses ennemis mêmes ont été forcés de rendre cet hommage. Homère n'a point égalé le récit de la vie des patriarches dans la *Genèse;* Pindare est resté au-dessous de la sublimité des prophètes ; Thucydide et Tacite ne sont pas comparables à Moïse comme historien; les lois de l'*Exode* et du *Lévitique* ont laissé bien loin d'elles la législation de Lycurgue ou de Numa ; Socrate et Platon avaient été surpassés, même avant l'Évangile, par Salomon, qui nous a légué, dans le *Cantique des cantiques,* le plus admirable chant de l'amour divin inspiré à des lèvres créées, et dans l'*Ecclésiaste,* l'hymne éternellement mélancolique de l'humanité déchue ; enfin l'Évangile, achevant la destinée de ce livre unique, y a mis le sceau d'une beauté inconnue auparavant, et qui, demeurée inimitable, n'a sur la terre, comme le christianisme tout entier, aucun terme de comparaison.

Les anciens disaient que le sage, au milieu du silence des nuits, pouvait entendre la musique des sphères célestes accomplissant dans l'espace les lois harmonieuses de la création : ainsi le cœur de l'homme, quand les passions s'y taisent, peut entendre, au milieu du monde, la voix éternelle de la vérité. La religion est une lyre suspendue dans le ciel, et qui, agitée tout à la fois par le souffle divin et par celui des hommes, rend des sons tristes comme ceux d'une âme souffrante, et joyeux comme ceux d'un ange, mais toujours des sons supérieurs à l'humanité, et que l'ingratitude seule ne discerne pas.

Il y a donc sur la terre un enseignement qui sort de toutes les règles humaines, un enseignement divin. Quiconque croit à la Providence et sent le besoin d'être éclairé, jette naturellement les yeux sur le christianisme. Le christianisme est, en toutes choses, la première chose. Il est à la raison de l'homme ce que l'horizon est à ses yeux : plus on s'élève, plus il devient grand. Mais la plus nombreuse partie des hommes étant incapable de s'élever vers la vérité par elle-même, et aucune ne l'étant dans l'enfance, il est nécessaire que la vérité nous soit donnée par voie d'autorité. Ce n'est pas nous qui devons chercher la vérité les premiers; c'est la vérité qui doit nous chercher d'abord. Et si, plus tard, quelques esprits fortifiés par le travail deviennent capables de philosopher, ils sont néanmoins soumis à la règle commune, afin que l'orgueil ne les enfle pas, et que les autres ne soient pas découragés par leur exemple. La science divine appartient à tous; tous ont le droit d'y puiser également, et la foi n'est pas autre chose qu'un niveau sublime qui rabaisse le petit nombre d'esprits supérieurs au rang des esprits médiocres, pour que l'autorité les élève ensemble vers Dieu, et que la vertu seule mette entre eux de la différence. Que les savants, les riches, les forts, conspirent contre la sainte égalité de la foi, à la bonne heure; mais qu'alors ils ne parlent pas si haut de leur philanthropie, et que le genre humain, composé, après tout, d'ignorants, de pauvres et d'infirmes, entende cette parole de son Sauveur : *Mon Père, Maître du ciel et de la terre, je vous rends gloire de ce que vous avez caché ces choses aux sages et aux prudents, et de ce que vous les avez révélées aux petits* (1)!

Quelle est cependant l'autorité chargée d'enseigner la vérité aux hommes, de leur communiquer la parole divine? Est-ce le genre humain? Mais c'est le genre humain lui-même qui a besoin d'être enseigné. C'est lui que n'ont pu éclairer les philosophes, et qui n'a pu éclairer les peuples. L'Église catholique seule a réuni les sages et la multitude, non pas seulement dans les mêmes temples, mais dans la même foi; seule elle a transmis à la postérité un *monde éclairé;* seule elle a remplacé *les conjectures timides d'un petit nombre d'hommes par l'éducation générale qui sauve les peuples;* seule elle *s'est acquis l'autorité par des miracles, elle a mérité la foi par l'autorité, elle s'est attiré la multitude par la foi, elle a obtenu de la multitude l'antiquité;* seule elle a *guéri et uni les âmes;* seule, animée d'un autre esprit que l'esprit humain, dépositaire infaillible de la parole divine, organe visible de la vérité, elle conserve les sources de la foi et du salut, les répand sur le monde avec ses sueurs et son sang, allaite l'humanité, sans cesse renaissante, comme une mère, enseigne toutes les nations, en les baptisant au nom

---

(1) Saint Matthieu, chap. XI, vers. 25.

du Père, du Fils, et du Saint-Esprit; et seule, victorieuse, tôt ou tard, de toutes les doctrines opposées à la sienne, elle a obtenu ici-bas *le comble de l'autorité* (1).

Telle est la doctrine de saint Augustin et de l'Église par rapport à la défense générale du christianisme. J'en ai fait deux traductions, comme on vient de le voir: une traduction littérale, pour qu'on ne m'accusât pas de prêter à saint Augustin mes pensées; et une autre qui servît à montrer comment les idées chrétiennes, en restant toujours les mêmes, se confirment néanmoins par le seul progrès du temps, et acquièrent avec les siècles une nouvelle jeunesse. Que d'événements ont accru la force des démonstrations de saint Augustin, depuis treize cent quatre ans qu'il s'est éteint sur son siége d'Hippone, à la vue des barbares démolissant l'empire romain et la chrétienté! Que de vicissitudes ont ébranlé et raffermi la foi des hommes! Combien s'est étendue *cette immense série de choses accomplies avec tant d'ordre depuis le commencement* (2)! Combien ressort davantage *cette admirable liaison des temps où le présent fait foi du passé* (3)! Quelle puissance l'Église catholique a développée dans la bonne et la mauvaise fortune, et comme tout a changé, excepté elle! Si saint Augustin *pouvait recommencer sa vie avec nous, s'il revivait, ce grand homme* (pour

---

(1) Saint Augustin, *Lettre à Volusien.*
(2) *Ibid.*
(3) *Ibid.*

user des mêmes expressions qu'il a employées à l'égard des premiers platoniciens), si ses cendres s'éveillaient sous le *ciel d'or* de Pavie, non loin des lieux où il fut converti, et dont il semble que la Providence ait voulu rapprocher ses reliques, qu'il dirait encore, avec plus d'éloquence qu'autrefois : *Toutes ces choses sont lues dans le passé, vues dans le présent, et le reste, qui n'est pas encore accompli, se vérifiera dans l'avenir* (1)! Ainsi chaque siècle prophétise au siècle qui le suit; ainsi chaque siècle est fidèle au siècle qui l'a précédé, et des nuées obscures de l'avenir le passé sort toujours plus brillant.

On s'étonne quelquefois qu'il n'existe aucune défense complète du christianisme; c'est que, d'une part, le temps, qui ne s'arrête jamais, en multiplie sans cesse les preuves, et que, d'autre part, les objections que le raisonnement lui suscite, variables à l'infini, sont méprisées au bout de cinquante ans par l'esprit humain. Il y a donc nécessairement dans la défense du christianisme une partie qui demeure incomplète, et une partie qui devient inutile; mais c'est en quoi précisément sa vérité paraît davantage. Car la partie devenue inutile prouve la vanité de la raison, qui, après un petit nombre d'années, ne comprend plus les objections qu'elle a faites ni les réponses qu'on lui a données, et la partie demeurée incomplète montre la vigueur logique

---

(1) Saint Augustin, *Lettre à Volusien.*

d'une religion dont l'évidence croît avec le temps.

Mais, soit dans sa partie changeante, soit dans sa partie progressive, la défense du christianisme a toujours porté sur les trois points fondamentaux qu'on a vus, savoir : l'impuissance du raisonnement pour unir les hommes dans la vérité ; la nécessité d'un enseignement divin par voie d'autorité pour arriver à ce but ; l'existence de cette autorité enseignante et infaillible dans l'Église catholique seule. La multitude infinie de considérations et de développements qui forment la suite de la controverse catholique, se range manifestement sous ces trois chefs, à quelque époque qu'on arrête ses regards, que ce soit sur les siècles primitifs, représentés par saint Augustin, sur les siècles du moyen âge, représentés par saint Thomas, sur les siècles du protestantisme, représentés par Bossuet et Pascal, ou enfin sur le dernier siècle, représenté par Bergier. Jamais l'autorité du genre humain n'a été invoquée par un docteur de l'Église comme le fondement logique de la religion. Je n'ai pas besoin, pour l'établir complétement, d'une exposition plus longue que celle qui précède. M. l'abbé Gerbet, dans son *Coup d'œil sur la controverse chrétienne*, ouvrage d'érudition et de bonne foi, avoue formellement que, jusqu'à M. de la Mennais, la polémique du christianisme n'a pas dépassé les limites que nous avons nous-même indiquées. « Si maintenant, dit-il, nous
« réunissons dans un seul point de vue les observations que nous venons de faire sur la polémique

« des docteurs chrétiens, nous reconnaîtrons qu'elle
« porte sur deux points principaux : premièrement,
« que la voie du raisonnement, insuffisante pour
« procurer à l'homme la possession certaine de la
« vérité, conduit au chaos des doctrines et par là
« même au doute ; secondement, qu'il est néces-
« saire de croire par voie de révélation et de tradi-
« tion, et que le christianisme, ainsi que l'Église,
« qui en est dépositaire, renferment dans leur vaste
« sein les éléments de la plus grande autorité. Telles
« sont les pensées dominantes auxquelles l'analyse
« réduit cette mémorable controverse... Si quel-
« ques personnes soupçonnaient que, tout occupé
« de saisir dans la polémique des Pères ses points
« de conformité avec la doctrine que nous défen-
« dons, nous méconnaissons les différences qui les
« distinguent l'une de l'autre, ces personnes seraient
« dans l'erreur ; car, loin que nous cherchions, dans
« l'intérêt de cette doctrine, à nous tromper sur ce
« point, cet intérêt lui-même nous oblige aussi à re-
« marquer ces différences. *Nous la concevons en*
« *effet, ainsi que nous l'expliquerons ultérieurement,*
« *comme un grand et puissant développement des*
« *idées qui ont toujours été l'essence de la logique gé-*
« *nérale du christianisme.* Or qui dit développement,
« dit à la fois rapports et différences ; de sorte qu'il
« faut montrer en même temps et ces rapports,
« pour prouver qu'elle a toutes ses racines dans
« l'antiquité, et ces différences, pour expliquer com-
« ment, par sa nouvelle existence, si je peux parler

« ainsi, qui a été provoquée par les questions re-
« muées depuis trois siècles, elle se trouve parfai-
« tement appropriée aux nouveaux besoins des
« esprits (1). »

M. l'abbé Gerbet a soin de répéter cette observation plus tard et à plusieurs reprises, lorsqu'il résume la controverse catholique aux divers temps de saint Thomas, de Bossuet et de Bergier (2).

L'*infaillibilité du genre humain* est une expression inouïe dans l'Église. On trouve à chaque page de ses écrivains que l'Église est infaillible, que Dieu enseigne, éclaire, convertit par elle le genre humain; on ne trouve nulle part que le genre humain soit la source et l'oracle de la vérité.

Nous venons d'exposer, avec le plus de fidélité que nous avons pu, la marche suivie dans l'Église pour la défense générale du christianisme jusqu'à M. de la Mennais. Il est incontestable, avant tout examen intime de son système, qu'il a embrassé une autre marche. Nos ancêtres dans la science chrétienne n'avaient attribué qu'à l'Église l'infaillibilité; M. de la Mennais, en l'attribuant au genre humain comme à l'Église, a changé l'axe de la discussion catholique. Il a franchi le point où s'étaient arrêtés volontairement ses prédécesseurs, et, descendu aux fondements mêmes posés par la main de Dieu, il a cru

---

(1) *Coup d'œil sur la controverse chrétienne*, p. 60, 61 et 62.
(2) *Ibid.*, p. 84, 114, 142.

sentir au-dessous une autre main étendue pour porter l'édifice. Que cette pensée soit utile, nous ne l'examinons pas encore; mais les ancêtres ne l'ont pas connue.

CHAPITRE IV

DE LA PHILOSOPHIE DANS L'ÉGLISE AVANT M. DE LA MENNAIS

Quoique la philosophie ne serve pas de fondement à la religion, et qu'au contraire son impuissance soit une des bases de la défense du christianisme, cependant elle a joué dans l'Église un rôle important, qu'il est nécessaire de constater, afin que l'on ne se méprenne pas sur notre pensée, et que l'on conçoive bien l'innovation introduite à cet égard par M. de la Mennais.

L'impuissance de la philosophie à établir la vérité ne venait pas, comme nous l'avons dit, de l'impossibilité d'obtenir, au moyen du raisonnement, une démonstration suffisante d'une partie des choses invisibles, telles que l'existence et la nature de Dieu, la spiritualité de l'âme, la différence du bien et du mal, etc. Loin de là, les docteurs chrétiens ont estimé que ces principes étaient accessibles à la raison de l'homme, et ils en ont donné des preuves dont on peut voir le modèle dans le livre de saint Thomas *contre les nations*. Quel était donc le vice radical de la philosophie? Il consistait en ce que la philosophie n'avait pas même cherché à unir le peuple dans la vérité par le raisonnement, et qu'elle avait en vain cherché à unir les sages par la même voie. Pourquoi la philosophie n'avait-elle pas même cherché à unir le peuple dans la vérité par le raisonnement? Saint Augustin nous l'a dit : Parce que le peuple *n'est pas capable de saisir les pensées qui conduisent l'esprit humain à l'intelligence des choses divines*. Pourquoi avait-elle en vain cherché à unir les sages dans la vérité par le raisonnement? Saint Augustin nous l'a dit encore : Parce que, bien que les sages, à ne considérer que leur culture intellectuelle, fussent en état *de prendre leur vol vers la vérité, Dieu les a contraints de marcher dans la voie commune, de peur qu'ils n'excitent les autres à une périlleuse imitation; parce qu'en outre, il faut purifier l'âme pour voir la vérité, et que l'autorité seule aide l'homme à devenir pur, et capable par conséquent de la contemplation du vrai*. Ainsi l'impuissance de la philosophie à l'égard du peuple n'avait qu'une cause, l'impuissance même du peuple; à l'égard des esprits cultivés, elle en avait deux, la volonté équitable de Dieu et la volonté corrompue de l'homme. Dieu voulait qu'il n'y eût dans le monde, par rapport à la vérité et au salut, ni Scythe, ni Grec, ni esclave, ni homme libre, mais que le Christ fût également tout pour tous, *sed omnia et in omnibus Christus* (1) : et les sages servaient admirablement l'équité divine en usant de leur volonté pour repousser la lumière, *en retenant la vérité captive dans l'injustice,* selon l'énergique expression de saint Paul (2). C'est surtout par la volonté que les sages étaient désunis ; c'est surtout la volonté qui empêche la philosophie de devenir une science comme les autres, c'est-à-dire d'avoir un enseignement uniforme, et jamais aucune philosophie ne surmontera ce vice radical, quelle qu'elle soit, parce que la philosophie ne s'adresse qu'à l'esprit, et que, pour apprendre aux hommes des vérités qui touchent à leurs devoirs, il faut commencer par guérir leurs cœurs. Si demain la religion devenait susceptible d'être démontrée mathématiquement, demain les mathématiques seraient une science aussi divisée que la philosophie, parce qu'aucune certitude ne résiste à l'esprit de l'homme, quand il le veut. Et ceux qui en douteraient n'ont qu'à considérer ce qui est arrivé pour l'histoire. Rien n'est plus clair et plus certain que l'histoire, à la prendre dans ses grandes masses ; cependant partout où la religion et l'histoire se sont rencontrées, celle-ci a été obscurcie, défigurée, niée sans pudeur ; on a préféré les chronologies absurdes de l'Égypte et de l'Inde aux livres de Moïse, si admirables par leur suite, leur liaison, leur naturel, et par

---

(1) Épître aux Colossiens, chap. III, vers. 11.
(2) Épître aux Romains, chap. I, vers. 18.

leurs rapports avec tous les monuments de l'antiquité. Y a-t-il, en effet, quelque chose d'impossible à l'esprit de parti ? Ne voyons-nous pas tous les jours ce qui se passe sous nos pauvres yeux travesti ou contesté ? Et jamais l'homme est-il plus puissant que contre Dieu ? Car Dieu est le point où toutes nos passions ensemble se donnent rendez-vous. Il en est de lui comme du soleil ; sa splendeur même attire les nuages, et s'il était moins clair, il serait moins combattu. *Paix sur la terre aux hommes de bonne volonté !* Voilà d'où vient le salut, d'où vient la certitude ; le reste est de l'esprit, de la philosophie, du vent qui divise les feuilles en les agitant.

Cela étant ainsi, quel rôle la philosophie a-t-elle pu jouer dans l'Église ? Le rôle d'une étrangère admise au foyer domestique, et devenue par reconnaissance un fidèle serviteur. Jésus-Christ n'avait laissé à l'Église d'autre philosophie que l'Évangile, n'avait institué d'autre école que celle où l'on entrait par le baptême, n'avait éclairci la question de la certitude qu'en purifiant le cœur des hommes par la toute-puissance de la grâce divine. Il avait guéri les âmes pour unir les intelligences. Ses disciples firent comme lui. Ils transmirent la grâce et la parole qu'ils avaient reçues, continuant à unir les peuples méprisés par la philosophie et les sages divisés par elle, et prouvant de la sorte qu'un élément nouveau avait pénétré du ciel dans les entrailles de l'humanité. Cependant, lorsque la parole divine eut, malgré tous les efforts de la puissance impériale, rallié les nations sous la croix, lorsque le sang des martyrs devint plus rare, la philosophie commença à fleurir dans l'Église. Des platoniciens convertis se rappelaient avec amour leur ancien maître ; ils croyaient trouver dans le christianisme la réalisation des plus belles idées de Platon, soit qu'il les eût conçues de lui-même, ou qu'il les eût puisées dans une tradition antique ; il leur semblait, par leur propre expérience, que la philosophie, étant la recherche de la vérité, tirait quelques hommes de leur indifférence grossière pour les choses invisibles, et les préparait à la foi. En outre, si la philosophie était vaine comme fondement de la vérité, une fois la vérité connue, elle pouvait être confirmée par la philosophie. Car il est bien différent de raisonner sur ce qui est établi ou sur ce qui n'est pas établi. Avant que Michel-Ange, en élevant la coupole de Saint-Pierre de Rome, eût transporté dans les airs le Panthéon d'Agrippa, on pouvait disputer sans fin sur le mérite d'une telle entreprise : aujourd'hui le premier venu s'agenouille sous l'immensité créée par Michel-Ange au-dessus de sa tête, et découvre sans peine mille raisons concluantes de l'admirer. Or le christianisme renferme dans sa plénitude divine les pensées les plus pures, les plus grandes, les plus nécessaires, les mieux démontrées qui soient au monde ; c'est le Panthéon de la raison humaine, bâti par la main de Dieu et cimenté de son sang. avant que l'éternel géomètre y eût travaillé, les sages s'efforçaient en vain de le construire ; la pierre posée par l'un était arrachée par l'autre : c'était la confusion de Babel. Mais depuis qu'il est debout, qui empêcherait l'homme d'en mesurer la longueur, la largeur et la profondeur ? Qui empêcherait la raison de se reconnaître dans le plus magnifique de ses ouvrages ?

Ainsi la philosophie, impuissante comme fondement de la vérité, fut jugée utile à l'Église comme *préparation à la foi*, comme *confirmation et explication de la foi*. Tel est son rôle dans l'Église, elle n'y en a jamais eu d'autre. Un coup d'œil sur son histoire dans ses rapports avec le christianisme nous en convaincra.

CHAPITRE V

PLATON

Platon, ce doux et merveilleux étranger, fut introduit dans les écoles chrétiennes à peu près de la même manière que les Romains, vainqueurs du monde, avaient introduit dans leurs maisons les grammairiens et les artistes grecs. Car où les chrétiens auraient-ils pris une philosophie? Aucun autre nom ne leur avait été donné qui dût instruire et sauver les hommes que celui du Christ; aucune autre science que celle-ci : *Bienheureux les pauvres de gré, parce que le royaume du ciel est à eux. Bienheureux les hommes doux, parce qu'ils posséderont la terre. Bienheureux ceux qui pleurent, parce qu'ils seront consolés. Bienheureux ceux qui ont faim et soif de la justice, parce qu'ils seront rassasiés. Bienheureux les miséricordieux, parce qu'on leur fera miséricorde à eux-mêmes. Bienheureux ceux qui ont le cœur pur, parce qu'ils verront Dieu* (1).

Les chrétiens pouvaient donc s'appliquer ces vers du poëte romain :

« D'autres feront respirer l'airain avec plus de
« mollesse que toi, ils tireront la vie du marbre, ils
« te surpasseront en éloquence, ils décriront les
« lois des astres et du ciel ; mais toi, Rome, n'oublie
« pas que l'empire des peuples t'appartient, que tu
« dois décider de la paix du monde, pardonner aux
« vaincus et vaincre l'orgueil : ce seront là tes
« arts (2). »

A défaut d'une philosophie catholique qui n'existait pas, qui ne pouvait pas exister, parce qu'il n'y a de catholique que ce qui sort de la tradition par le canal de l'Église, il fallait bien recourir aux étrangers, et cette nécessité même était heureuse : car la philosophie ne pouvant être, dans l'Église, qu'une *préparation à la foi,* une *confirmation* et une *explication de la foi,* il valait mieux s'appuyer au dehors qu'au dedans. L'autorité de Platon touchait un philosophe que l'autorité du Christ n'ébranlait pas encore.

Cependant il ne faudrait pas croire que la philosophie de Platon fût enseignée dans les écoles chrétiennes comme un corps complet de doctrines. « Ce
« que j'appelle la philosophie, dit Clément d'A-

---

(1) Saint Matthieu, chap. v, vers. 2 et suiv.
(2) Virgile, *Enéide,* liv. VI.

« lexandrie, n'est pas celle des stoïciens, de Platon,
« d'Épicure, ou d'Aristote, mais le choix formé de
« ce que chacune de ces sectes a pu dire de vrai,
« de favorable aux mœurs, de conforme à la reli-
« gion (1). » Néanmoins, dans cette sorte d'éclectisme, l'influence de Platon prévalait de beaucoup,
à cause de sa distinction fondamentale du monde
invisible; siége et source de la vérité, et du monde
visible, simple reflet du premier; à cause de son
éloquence, de la supériorité incontestable de sa
gloire, et de l'action qu'il continuait à exercer sur
un grand nombre d'esprits.

Il ne faudrait pas croire non plus que la philosophie, même dans l'ordre secondaire où on l'avait
placée, fût à l'abri de reproches souvent amers.
Comme Descartes est attaqué aujourd'hui, comme
Aristote l'a été dans son temps, ainsi Platon le fut à
l'époque de son règne.

« Je plains de bonne foi Platon, disait saint Épi-
« phane, d'être devenu le sel de toutes les héré-
« sies (2). » Et saint Augustin, après avoir dit de ce
philosophe, qu'*il avait été l'homme le plus sage et le
plus instruit de son temps*, et qu'*il avait parlé de telle
manière qu'il rendait grand tout ce qui sortait de sa
bouche* (3), regretta, sur la fin de sa vie, de l'avoir

---

(1) Clément d'Alexandrie, cité par M. de Bonald, *Recherches philosophiques*, chap. I.

(2) *Des hérésies.*

(3) *Contre les académiciens*, liv. III, chap. XVII.

traité avec trop d'honneur (1); et déjà dans ses *Confessions* l'on trouve un passage peu favorable sur l'impression qu'il ressentit à la lecture des platoniciens. « Il vous plut de me montrer, Seigneur, que
« vous résistez aux superbes, mais que vous donnez
« la grâce aux humbles, et combien ce fut de votre
« part une miséricorde infinie d'avoir enseigné aux
« hommes la voie de l'humilité, en permettant que
« votre Verbe se fît chair et habitât parmi eux.
« Vous me procurâtes par un certain homme enflé
« d'orgueil quelques livres des platoniciens qui
« avaient été traduits du grec en latin. Je les lus,
« et je vis qu'on y cherchait à persuader par beau-
« coup de raisons, quoique non dans les mêmes ter-
« mes : Qu'au commencement était le Verbe, que le
« Verbe était en Dieu, et que le Verbe était Dieu;
« qu'au commencement il était en Dieu, que tout a
« été fait par lui, et que rien n'a été fait sans lui;
« que ce qui a été fait en lui est la vie, que la vie
« est la lumière des hommes, que la lumière luit
« dans les ténèbres, et que les ténèbres ne l'ont
« point comprise : que l'âme de l'homme, quoi-
« qu'elle rende témoignage à la lumière, n'est pas
« elle-même la lumière; mais que le Verbe était la
« véritable lumière qui éclaire tout homme venant
« en ce monde, qu'il était dans le monde, que le
« monde a été fait par lui, et que le monde ne l'a
« pas connu. J'y lus ces choses; mais je n'y lus pas

---

(1) *Rétractations*, liv. I, chap. I.

« que le Verbe est venu chez les siens, et que les
« siens ne l'ont pas reçu, et qu'il a donné le pouvoir
« d'être faits enfants de Dieu à ceux qui l'ont reçu,
« et qui croient en son nom. J'y lus encore que le
« Verbe est Dieu, qu'il n'est pas né de la chair, ni
« du sang, ni de la volonté de l'homme, ni de la vo-
« lonté de la chair, mais de Dieu. Je n'y lus pas que
« le Verbe se fût fait chair, et qu'il eût habité parmi
« nous... Après cette lecture, qui m'avertissait, ô
« mon Dieu, de chercher la vérité incorporelle,
« j'aperçus votre nature invisible présente à mon
« esprit par toutes les choses que vous avez faites;
« mais je me sentis repoussé au fond des ténèbres
« de mon âme par quelque chose qui ne me permet-
« tait pas de vous contempler. J'étais certain que
« vous étiez, et que vous étiez infini, n'habitant au-
« cun espace limité ou sans bornes; j'étais certain
« que vous étiez vraiment, toujours le même, im-
« muable, et que tout venait de vous, par cela seul
« que quelque chose est; j'en étais certain, et ce-
« pendant je ne pouvais entrer en jouissance de
« vous. Je parlais comme un habile, et si je n'avais
« trouvé dans le Christ, notre Sauveur, la route
« que vous avez tracée pour mener à vous, j'aurais
« péri malgré mon habileté. Je voulais paraître
« sage, j'étais plein de mon propre châtiment en
« étant plein de moi-même; et je ne pleurais pas;
« au contraire, j'étais vain de la science. Car il me
« manquait le fondement de l'humilité, qui est le
« Christ-Jésus, et il me manquait la charité, qui

« édifie sur ce fondement. Était-ce dans les plato-
« niciens que je pouvais apprendre l'une et l'autre?
« Je crois, Seigneur, que vous me fîtes tomber
« leurs livres dans les mains avant vos Écritures,
« afin que je gardasse le souvenir de l'impression
« qu'ils avaient produite en moi, et que plus tard,
« devenu doux par vos livres, guéri de mes bles-
« sures par votre attouchement, je comprisse la
« différence qui existe entre la présomption de l'es-
« prit et la confession du cœur, entre ceux qui
« voient où il faut aller sans voir par quel chemin,
« et ce chemin lui-même de notre heureuse patrie,
« que vous avez destinée, non pas seulement à être
« aperçue de loin, mais à être habitée. Si j'eusse
« d'abord été instruit par vos saintes lettres, si
« vous m'aviez nourri dès ma jeunesse dans leur
« familiarité, et qu'ensuite j'eusse connu les livres
« des platoniciens, peut-être m'eussent-ils arraché
« du véritable fondement de votre amour, ou, s'ils
« ne l'eussent pas fait, peut-être aurais-je cru qu'on
« pouvait par ces livres parvenir à vous aimer (1). »

Ce passage de saint Augustin est digne d'attention, parce qu'il révèle d'une manière tout à fait
naïve l'opération du christianisme dans les âmes,
et qu'il montre comment la doctrine de ce grand
homme sur l'impuissance de la philosophie avait
avec sa propre expérience une intime liaison. Il ne
craint pas de dire que les platoniciens avaient parlé

---

(1) *Confessions*, liv. VII, chap. ix et xx.

comme saint Jean, dans l'exode fameux de son Évangile : *Au commencement était le Verbe, et le Verbe était en Dieu;* il avoue qu'après les avoir lus, *la nature invisible de Dieu fut présente à son esprit;* et cependant il n'était pas changé, il ne louait pas, il n'aimait pas ce Dieu invisible et présent, *il se sentait repoussé au fond des ténèbres de son âme par quelque chose qui ne lui permettait pas de le contempler.* Il y a donc dans la volonté une puissance propre, indépendante des lumières de l'esprit, et la merveille du christianisme n'est pas tant d'éclairer l'homme que de le toucher. Voilà pourquoi on a toujours entendu dans l'Église quelques voix protester contre la philosophie. A quoi bon philosopher? Est-ce la clarté qui manque à la vérité? Une partie des anges n'a-t-elle pas péri dans les splendeurs du ciel? La philosophie est-elle plus claire que le christianisme? L'avait-on relevée de son impuissance en lui assignant un rôle subalterne? L'avait-on purifiée du venin de l'orgueil en la couvrant des habits de lin du sanctuaire? N'y était-elle pas une source de disputes, de subtilités, de questions oiseuses, et comme la *patriarche des hérésies* (1)? Ah! prêchons Jésus-Christ, et laissons la science à qui la science, le trouble à qui le trouble, la vanité à qui la vanité! Cependant, malgré les plaintes de quelques-uns de ses docteurs, l'Église ne repoussa pas la philosophie. Plus grande que ce proconsul qui avait peur de

---

(1) Tertullien, *De l'âme*, chap. III.

l'ombre de Marius assise sur les ruines de Carthage, elle ne chassa pas des ruines du monde les débris humiliés de la sagesse humaine; elle respecta la raison de l'homme dans ses revers, et lui tendit au fond de l'abîme une main digne d'un éternel amour. Comme Dieu a donné aux hommes la liberté morale, au risque de les voir s'égarer, parce que de la liberté naît la vertu, l'Église leur a laissé la philosophie, au risque qu'ils en abusent, parce que la philosophie rend témoignage à la vérité par ses aveux, et à l'Église par son impuissance de convertir à la vérité.

CHAPITRE VI

ARISTOTE

Après l'invasion des barbares, l'Église fut de nouveau réduite à ses seules forces; la philosophie s'était éteinte avec les lettres, les sciences et les arts, comme si la Providence, en dépouillant le christianisme de tout ce qui n'est pas lui, dans ces grandes occasions, voulait faire voir que le reste n'est qu'un ornement qui lui devient inutile aux jours de combat. Ainsi, la vierge qui va mourir et vaincre pour Jésus-Christ, n'a plus besoin de ses colliers et de ses bracelets. Mais quand l'Europe, grâce au christianisme, commença d'être assise sur ses nouveaux fondements, on vit la philosophie reparaître dans l'Église. Il ne subsistait plus alors des anciennes écoles qu'Aristote, le favori des Arabes, qui en avaient répandu des exemplaires dans l'Occident; et Aristote avait, à cette époque, un avantage inappréciable. C'était une encyclopédie de l'antiquité, une résurrection des connaissances que les siècles barbares avaient anéanties : logique, métaphysique, morale, politique, rhétorique, poésie, physique, histoire naturelle, Aristote avait traité de la plupart des objets de la pensée avec méthode, et dans un style simple, approprié à l'enseignement. Les professeurs n'avaient qu'à l'ouvrir et à l'expliquer; presque toute la science humaine sauvée du naufrage y était contenue. Les écoles chrétiennes s'emparèrent donc d'Aristote, comme après le déluge on dut s'emparer des monuments qu'avaient épargnés les flots du ciel.

A la différence de Platon, qui avait placé dans le monde invisible l'explication du monde visible, le siége et la source de la vérité, Aristote soutenait que *rien n'était dans l'esprit qui n'eût d'abord été dans les sens,* c'est-à-dire, que nos connaissances, au lieu de venir du ciel, venaient de la terre. Ce principe, si peu en harmonie avec le christianisme, si opposé à la doctrine philosophique qui avait excité l'admiration des Pères de l'Église, n'offrait aucun danger dans un temps où l'Église ne craignait plus de puissance rivale, et où toutes les affaires humaines se décidaient par son autorité. Il était d'ailleurs comme perdu dans l'immensité de la logique d'Aristote, qui était bien moins une recherche des fondements de la vérité qu'une analyse étonnante de la forme du raisonnement, ou, en d'autres termes, de l'art par lequel l'esprit tire d'un principe les conséquences qui y sont renfermées. C'était justement ce qu'il fallait aux écoles chrétiennes : elles n'avaient pas besoin de s'occuper des fondements de la vérité, puisqu'elles la trouvaient tout entière dans le christianisme, et elles avaient besoin d'une formule rigoureuse d'argumentation, qui leur servît à déduire du christianisme toutes ses conséquences possibles. La scolastique, si l'on peut user de cette comparaison, était une vaste alchimie où le christianisme était l'or, et Aristote le creuset.

Mais il arriva une chose qu'on n'avait pas attendue, comme arrivent, du reste, la plupart des choses de ce monde. Aristote devint avec le temps une autorité irréfragable, dont on enseignait et dont on citait les ouvrages, dans l'ordre philosophique et scientifique, à peu près comme on enseignait et comme on citait l'Écriture sainte, dans l'ordre théologique. Deux livres auraient donc renfermé toutes les connaissances des hommes, la Bible et Aristote, et la vie de l'humanité se serait écoulée paisible entre la méditation et l'explication de l'un et de l'autre. Aujourd'hui que le joug d'Aristote est brisé, que l'intelligence a rompu les digues où avaient espéré l'arrêter nos prédécesseurs, et qu'une infatigable investigation remue depuis bientôt trois siècles le monde matériel, il est possible de comprendre la pensée qui portait par instinct nos ancêtres à circonscrire les sciences humaines dans certaines limites, comme Dieu avait fixé dans la révélation la borne des sciences divines. Ils se trompèrent sans doute; car *le monde a été livré à la dispute des hommes*, et ce qui est dans le temps appartient au changement, avec autant de droit que ce qui est dans l'éternité appartient au repos. Il faut que l'humanité tourne la meule de la science, dût-elle n'y rien gagner en sagesse et en bonheur, parce qu'aucune convention ne peut détruire la nature des choses, et qu'à moins d'étouffer les esprits pénétrants et même le hasard, la science marche avec les découvertes. Mais il n'est pas bon de mépriser pour cela ces grandes espérances de repos qui saisissent les esprits, et qui les portent à jeter l'ancre dans l'Océan sans rivages de la vérité. Plus d'une fois Las Casas regretta le génie de Christophe Colomb, et celui qui n'a jamais eu la tentation de le regretter, ou ne connaît pas l'histoire de la conquête de l'Amérique, ou, s'il la connaît, il n'estime pas assez le sang et les pleurs de l'homme. Mais Dieu a mis les découvertes à ce prix, et, chose étrange! ces mêmes théologiens qui ne voulaient pas permettre d'aller au delà d'Aristote par le désir confus d'une constitution définitive et pacifique de la science, se disputaient avec acharnement dans l'intérieur du camp qu'ils avaient tracé autour d'eux : tant la guerre est naturelle aux intelligences dès qu'elles poussent leurs recherches hors de la foi, même en y restant soumises.

A la fin du seizième siècle, Bacon renversa, dans l'ordre scientifique, l'autorité d'Aristote. Il en appela à l'observation de la nature comme au fondement de la certitude et du progrès des sciences. Mais l'autorité d'Aristote continua de subsister dans l'ordre logique et métaphysique, jusqu'à ce qu'enfin, après plusieurs tentatives infructueuses, celui qui devait achever la ruine de cette vaste domination se leva sur la scène changeante de la philosophie.

CHAPITRE VII

DESCARTES

Un jeune militaire de vingt-trois ans, arrêté en Allemagne dans un quartier d'hiver, et réfléchissant sur lui-même, jugea qu'il avait dans la tête beaucoup plus de mots que de choses, et qu'on lui avait fait admettre, sur la foi des anciens, une foule de principes dont sa raison ne voyait pas clairement la vérité. Ne sachant lesquels abandonner, lesquels retenir, il résolut de les rejeter tous, et de recommencer de fond en comble l'éducation de son esprit. Il n'excepta de cette proscription universelle que la religion et les règles communes de la vie, défendues, au moins provisoirement, par leur nécessité. Ce dessein pris, et pour mieux détruire les fausses opinions dont il avait été imbu, ainsi que pour amasser les matériaux nécessaires à la reconstruction de son intelligence, il crut qu'il devait voir les hommes et lire dans le grand livre du monde. Il voyagea longtemps au milieu du tumulte des armes, et ensuite seul; il vit la guerre, les cours, les mœurs des peuples, comme avaient fait autrefois des sages fameux; et, mûri autant par le spectacle des hommes et des événements que par les années, il songea qu'il était temps d'élever l'édifice de ses connaissances.

Sa première réflexion, en entreprenant ce grand ouvrage, fut qu'il ne devait introduire dans son entendement aucune idée qui laissât la plus légère prise au doute, afin de voir si, après avoir rejeté tout ce qu'il lui serait possible de rejeter, il ne resterait pas dans sa conviction quelque chose de ferme et d'inébranlable. Ainsi rejeta-t-il l'existence des corps : car qu'est-ce que les corps? Ne sont-ils pas l'effet de l'illusion? N'éprouve-t-on pas dans les rêves, à l'égard d'objets qui n'existent pas, les mêmes sensations qu'on éprouve à l'égard des objets que l'on croit exister? Il trouva de même quelque raison de douter des notions les plus simples de la géométrie, des principes réputés connus par leur seul énoncé. Mais quand il eut exclu de sa croyance la nature extérieure, la géométrie, les principes généraux de la raison, c'est-à-dire tout ce qui était hors de lui et en lui, ce semble, il observa qu'il restait encore quelque chose, savoir, son doute lui-même, et il se dit : Ce doute, à tout le moins il existe; car, au lieu que le doute exclut la certitude des objets auxquels il s'attache, il affirme sa propre existence; et chaque fois que l'on fait effort pour concevoir que ce doute lui-même est peut-être une illusion, on se sent dans l'impossibilité d'y consentir. Or douter, c'est penser; et comme le néant ne pense pas, puisqu'il n'est rien, voici nécessairement une vérité : *Je pense, donc je suis*. Et si l'esprit cherche pourquoi il adhère invinciblement à cette proposition, il n'en trouvera pas d'autres motifs, sinon que cette proposition est d'une parfaite évidence. Toutes les fois donc que l'esprit verra une pensée avec autant de clarté que celle-ci : *Je pense, donc je suis*, il sera en droit d'affirmer de cette pensée qu'elle est vraie. Appuyé sur ce principe, qui, en forçant l'homme de nier sa propre existence, lorsqu'il veut nier une proposition évidente, enchaînait en quelque sorte l'égoïsme à la vérité, Descartes s'éleva d'un seul bond jusqu'à l'Être nécessaire, infini, parfait, dont l'existence lui parut aussi claire que la sienne propre. De Dieu il redescendit aux corps et aux premiers principes de l'entendement, et il en reconnut la vérité, sur ce fondement que Dieu n'avait pu tromper les hommes en leur donnant des sens et des principes menteurs. Ainsi l'âme, Dieu et les corps, voilà dans quel ordre d'évidence et de certitude l'univers se révélait à ce jeune gentilhomme qui avait osé philosopher sans Aristote, et qui lui préparait en quelques pages un linceul si différent de celui où Platon s'était noblement couché dans toute sa gloire. Platon était tombé avec l'empire romain sous les coups des barbares, parce que la lumière seule du christianisme devait flotter au-dessus des ténèbres fécondes qui préparaient la civilisation chrétienne, comme l'esprit de Dieu avait été porté sur les eaux primitives du chaos : Aristote, tiré d'un long oubli par les Arabes, mis sur le trône par les théologiens du moyen âge, tomba du faîte de la puissance dans un mépris qu'il ne méritait pas, quoique sa fortune eût été plus grande que lui.

Néanmoins le triomphe de Descartes fut vivement contesté, et même il ne triompha d'une manière durable qu'en un seul point, le renversement de l'autorité philosophique d'Aristote. Hors de l'Église, il fut bientôt remplacé par Locke et Condillac, si différents de lui. Dans l'Église, Bossuet, Fénelon, Mallebranche, l'école de Port-Royal, les plus grands hommes du dix-septième siècle, furent, il est vrai, cartésiens, mais chacun à leur façon ; et enfin le doute méthodique, en quoi consistait le tour particulier de la philosophie de Descartes, comme nous le montrerons, est abandonné depuis longtemps par les écoles chrétiennes, de l'aveu du Père Ventura, dans sa *Méthode de philosopher* (1). Dès 1743, Rome avait mis à l'index la *Méthode* et les *Méditations* du philosophe réformateur ; et l'Église, en effet, ne pouvait admettre que, pour parvenir à la connaissance de la vérité, il fallût une fois en sa vie douter de tous les principes qu'on avait reçus par tradition, même des premiers principes qui sont le

(1) Dissertation préliminaire, p. 67.

fondement de la raison humaine, et auxquels Aristote, quoiqu'il fît tout venir des sens, avait rendu témoignage dans ces paroles remarquables : « Il « n'est aucune doctrine, aucune discipline de l'es-« prit, qui ne découle d'une connaissance anté-« rieure à elle. Il suffit de les considérer toutes « pour le voir avec évidence : les sciences mathé-« matiques et les divers arts ne s'établissent pas « autrement. Il en est de même du raisonnement en « général, soit qu'on raisonne par syllogisme ou « par induction ; dans l'un et l'autre cas on part de « principes antérieurs, avec cette différence que, « dans le syllogisme, les principes sortent comme « du sein de l'intelligence elle-même, tandis que « dans l'induction on remonte à l'universel qui est « inconnu, par les choses particulières qui sont « manifestes (1). »

Le doute général de Descartes n'était qu'une réaction contre l'autorité d'Aristote, l'acte d'indépendance d'un enfant pour qui le pouvoir paternel a été une tyrannie, et qui, fatigué du joug, veut se faire de la nature et de la société une vaste solitude où il respire à l'aise, et où il n'y aura d'autre royaume que le sien. Descartes en avait senti lui-même les dangers, et il avait déclaré que cette voie ne convenait qu'à un petit nombre d'esprits supérieurs (2). Mais il ne convient à personne de rejeter

---

(1) Aristote, *Analytiques postérieures*, liv. I, chap. i.
(2) La seule résolution de se défaire de toutes les opinions qu'on a reçues auparavant en sa créance, n'est pas un exemple que cha-

la base immuable de l'intelligence, les axiomes qui sont le point de départ nécessaire du raisonnement; il ne convient à personne de bannir sa raison de la société des êtres raisonnables, de repousser tout ce qui nous vient de Dieu par les hommes, et d'aspirer à la vérité sans autre point d'appui que soi-même.

Il est vrai que les derniers défenseurs du doute méthodique nient ces conséquences, et bornent le doute méthodique à *un simple refus de l'esprit d'adhérer à aucune proposition qui ne soit connue par elle-même, ou liée clairement aux premiers principes* (1). Mais ce n'était point là le doute de Descartes, et c'est anéantir sa conception originale et sublime, après tout, que de la réduire à cela. Descartes avait poussé le scepticisme jusqu'à son der-

---

cun doive suivre; *et le monde n'est quasi composé que de deux sortes d'esprits, auxquels il ne convient aucunement*; à savoir, ceux qui, se croyant plus habiles qu'ils ne sont, ne se peuvent empêcher de précipiter leurs jugements, ni avoir assez de patience pour conduire par ordre toutes leurs pensées; d'où vient que s'ils avaient une fois pris la liberté de douter des principes qu'ils ont reçus, et de s'écarter du chemin commun, jamais ils ne pourraient tenir le sentier qu'il faut prendre pour aller plus droit, et demeureraient égarés toute leur vie: puis de ceux qui, ayant assez de raison ou de modestie pour juger qu'ils sont moins capables de distinguer le vrai d'avec le faux que quelques autres par lesquels ils peuvent être instruits, doivent bien plutôt se contenter de suivre les opinions de ces autres qu'en chercher eux-mêmes de meilleures. » (Descartes. *Méthode*, deuxième partie.)

(1) C'est ce qu'on peut voir dans la *Philosophie de Lyon*, communément enseignée dans les séminaires de France; le doute méthodique, sur quoi Descartes avait fondé toute sa philosophie, y occupe une place inaperçue, où il ne sert à rien et où il ne nuit à rien.

nier terme, avec une foi généreuse dans la raison de l'homme, sûr d'avance qu'il resterait en lui quelque chose d'inébranlable : mais il voulait voir quoi. Il ne resta que le doute, et là, dans cet abîme qu'il s'était volontairement creusé, et que d'autres hommes avaient creusé avant lui autour d'eux, il ne désespéra pas comme eux du salut de la raison. Il fit du doute même son marchepied ; il saisit dans ses entrailles palpitantes la pensée, la vie, l'âme, la certitude, Dieu, et, sortant du tombeau comme un géant, il arracha à l'Europe étonnée un cri d'admiration, que les plus grands hommes répétèrent à l'envi. Voilà, voilà Descartes, et si son œuvre a péri sous ce rapport, ce n'est pas que le génie ait manqué à cette œuvre, c'est que la vérité ne doit pas être cherchée par des tours de force, c'est que Dieu n'a pas fait du doute, mais de la foi, le chemin naturel de la vérité.

Je dis que l'œuvre de Descartes a péri, en grande partie, avec le doute méthodique, bien avant les attaques de M. de la Mennais ; car, une fois le doute méthodique mis de côté, que subsiste-t-il de la philosophie générale de Descartes? Il subsiste, dira-t-on, l'évidence, qu'il a érigée en caractère distinctif de la vérité. Mais Descartes n'a fait en cela que rappeler la philosophie à ce qu'elle a toujours été, une affaire de raisonnement, et par conséquent une affaire d'évidence, puisqu'on ne raisonne pas pour obscurcir les choses, mais pour les éclairer, pour répandre la lumière du connu sur l'inconnu. « La

« raison humaine, a dit M. de Bonald, ne peut cé-
« der qu'à *l'autorité de l'évidence, ou à l'évidence de*
« *l'autorité* (1). » Ce jeu de mots explique parfaitement la nature de la philosophie et celle de la religion, la différence du raisonnement et de la foi. Dans la philosophie qui procède par voie de raisonnement, il n'y a d'autre *raison de soumettre sa raison* que l'autorité de l'évidence. C'est pourquoi Descartes n'est pas plus coupable qu'aucun autre philosophe d'avoir fait de l'évidence, en philosophie, le caractère distinctif du vrai ; et cette remarque est importante, parce qu'on a voulu persuader que les écoles chrétiennes, en reconnaissant les droits de l'évidence, substituée par Descartes à l'autorité particulière d'Aristote, avaient introduit dans l'enseignement un principe nouveau et fatal. Cela n'est pas exact : même au temps du règne d'Aristote, l'évidence était admise comme la force et la fin de tout raisonnement, comme la dernière raison des choses. Saint Thomas va nous en donner une illustre preuve, en même temps qu'il confirmera du poids de son autorité ce que nous avons dit sur l'usage de la philosophie dans l'Église. Écoutons ce grand homme.

(1) *Recherches philosophiques,* chap. i.

CHAPITRE VIII

DOCTRINE DE SAINT THOMAS SUR L'USAGE DE LA PHILOSOPHIE DANS L'ÉGLISE

« Parmi toutes les occupations des hommes, la
« plus parfaite, la plus sublime, la plus utile et la
« plus agréable, est l'étude de la sagesse. Elle est
« la plus parfaite, parce que l'homme qui cultive la
« sagesse possède déjà quelque chose de la vraie
« félicité; c'est pourquoi le Sage a dit : *Heureux*
« *l'homme qui s'applique à la sagesse*. Elle est la
« plus sublime, parce que c'est elle qui donne à
« l'homme le plus de ressemblance avec Dieu, qui
« a tout fait sagement; et comme la ressemblance
« est la cause de l'amour, c'est l'étude de la sagesse
« qui unit principalement à Dieu; d'où vient que le
« Sage a dit : *La sagesse est pour les hommes un tré-*
« *sor infini, et tous ceux qui l'ont possédée ont été*
« *les amis de Dieu*. Elle est la plus utile, parce

« qu'elle conduit à l'immortalité. *Le désir de la sa-*
« *gesse,* a dit le Sage, *mène au royaume éternel.* En-
« fin elle est la plus agréable, parce que, selon le
« Sage, *sa conversation n'est point amère, mais*
« *pleine de joie et de contentement.* Ayant donc reçu
« de la miséricorde divine la confiance de m'adon-
« ner aux offices de la sagesse, quoiqu'ils surpas-
« sassent mes forces, je me propose de rendre
« manifeste autant que je le pourrai les vérités
« qu'enseigne la foi catholique, en écartant les er-
« reurs qui leur sont opposées. Car, pour me servir
« des paroles d'Hilaire, je sens que le principal de-
« voir de ma vie est de rendre gloire à mon Dieu
« dans tous mes discours et dans tous mes travaux.
« Mais il est difficile de combattre chaque erreur en
« particulier, pour deux raisons.

« Premièrement, les écrits de ceux qui ont blas-
« phémé la vérité ne nous étant pas assez connus,
« nous ne pouvons chercher dans leurs raisonne-
« ments mêmes la ruine de leurs erreurs, comme
« ont fait les docteurs anciens à l'égard des gentils,
« dont ils pouvaient connaître la situation, soit qu'ils
« eussent eux-mêmes partagé leurs égarements,
« soit que du moins, ayant vécu parmi eux, ils
« eussent été instruits dans leurs doctrines.

« En second lieu, plusieurs des ennemis de la
« vérité, tels que les mahométans et les païens, ne
« s'accordent pas avec nous sur l'autorité de quel-
« que écriture sacrée qui serve à les convaincre,
« comme sert à l'égard des Juifs l'ancien Testa-

« ment, et le nouveau à l'égard des hérétiques :
« ceux-ci, au contraire, rejettent l'un et l'autre. Il
« est donc nécessaire pour les combattre de recou-
« rir à la raison naturelle, qui est la loi de tous les
« esprits, mais qui, dans les choses divines, n'est
« pas capable d'atteindre le vrai tout entier...

« En effet, dans les vérités qui regardent Dieu et
« que la foi confesse, il en est de deux sortes : les
« unes, qui surpassent toutes les facultés de l'en-
« tendement humain, telles que l'unité de Dieu en
« trois personnes ; les autres, qui sont accessibles
« à la raison naturelle, telles que l'existence de
« Dieu, son unité et plusieurs dogmes semblables,
« que les philosophes eux-mêmes, aidés des seules
« lumières de la raison naturelle, ont établis par
« des démonstrations...

« D'où il suit évidemment que le sage doit s'oc-
« cuper de ces deux sortes de vérités divines, l'une
« où peut atteindre l'investigation de la raison, l'au-
« tre inaccessible à toute son industrie, et détruire
« les erreurs qui leur sont opposées. Je dis deux
« sortes de vérités divines, non pas par rapport à
« Dieu, qui est la vérité une et simple, mais par
« rapport à nous, qui saisissons diversement la na-
« ture de Dieu. Or on procède à la manifestation
« du premier genre de ces vérités *par des démons-*
« *trations* qui convainquent les adversaires ; quant
« aux autres, comme elles ne peuvent être établies
« par des raisonnements, il ne faut pas chercher à
« les établir de cette façon, mais résoudre seule-

« ment les objections que les adversaires proposent,
« et qui peuvent être résolues, puisque, ainsi que
« nous l'avons montré ailleurs, la raison naturelle
« n'est pas opposée à la foi. La seule manière directe
« de convaincre les esprits de ce genre de vérités est
« l'autorité de l'Écriture sainte, confirmée par des
« miracles; car nous ne croyons les choses qui sont
« au-dessus de la raison humaine qu'à l'aide de la
« révélation. Cependant il est possible de les éclai-
« rer de quelques lumières vraisemblables, qui sont
« utiles à l'exercice et à la consolation des fidèles,
« mais qu'il ne faut pas employer contre ceux qui
« ne le sont pas, de peur que l'insuffisance de ces
« lumières ne les confirme dans l'erreur, et ne leur
« persuade que nous n'avons pas d'autres motifs
« de consentir à la vérité de la foi.

« J'ai donc l'intention de procéder comme il vient
« d'être dit. Je m'efforcerai d'abord de *rendre ma-*
« *nifestes les dogmes que la foi professe, en même*
« *temps que la raison les découvre.* Je les établirai
« sur des *démonstrations,* dont quelques-unes se-
« ront tirées des livres des philosophes et des saints,
« et qui, en confirmant la vérité, convaincront ses
« adversaires. M'élevant ensuite des choses plus
« claires aux choses les plus obscures, j'arriverai à
« la manifestation des dogmes qui surpassent les
« forces de la raison, et je montrerai la vérité de la
« foi, en résolvant les objections de ses adversaires,
« autant que Dieu le permettra, au moyen de rai-
« sonnements et d'autorités. Ainsi sera accompli

« notre dessein, de rechercher par la voie de la rai-
« son tout ce que l'esprit humain peut découvrir sur
« Dieu (1). »

On vient de voir, dans ce résumé si simple et si clair, l'emploi que les écoles chrétiennes faisaient de la philosophie et de l'évidence avant Descartes, et l'emploi qu'elles en font encore aujourd'hui. Si l'on substituait dans nos écoles le livre de saint Thomas *Contre les nations* aux traités de philosophie qu'on y enseigne, il n'y aurait de changé que quelques démonstrations particulières; car l'Église profite de toutes les méditations nouvelles que le temps inspire au génie de ses amis et de ses ennemis, et les paroles de Clément d'Alexandrie n'ont pas cessé d'être les nôtres : « Ce que nous appelons la philo-
« sophie n'est pas celle des stoïciens, de Platon,
« d'Épicure ou d'Aristote, mais le choix formé de
« ce que chacune de ces sectes a pu dire de vrai,
« de favorable aux mœurs, de conforme à la reli-
« gion. » La seule différence qui existe sous ce rapport entre l'époque présente et les siècles antérieurs, c'est qu'auparavant les noms de Platon et d'Aristote dominaient l'*éclectisme chrétien*, tandis que, depuis Descartes, aucun philosophe n'a été assez puissant pour que son nom fût dans l'Église le nom même de la philosophie. Ni Descartes, ni Mallebranche, ni Leibnitz, ni M. de Bonald, les quatre grands philosophes chrétiens des temps modernes,

---

(1) Saint Thomas, *Contre les nations*, chap. II, III et IX.

n'ont élevé un monument assez complet, n'ont acquis un ascendant assez universel pour devenir les pères du troisième âge philosophique. Ils ont rendu tous quatre de mémorables services à la vérité : Descartes, en abolissant les abus de la philosophie péripatéticienne, et en tirant du doute même des démonstrations de l'âme et de Dieu qui sont ce qui a été fait de plus beau contre le scepticisme; Mallebranche, en développant avec un art infini les causes de nos erreurs; Leibnitz, en honorant les mystères chrétiens par des explications auxquelles son génie et sa vaste science imprimaient un sceau que nul ne pouvait mépriser; M. de Bonald, en démontrant que le langage, instrument nécessaire de la pensée, avait été donné de Dieu aux hommes, et que la société, dépositaire de la parole, l'est aussi des vérités primordiales et invincibles sur lesquelles repose la vie des nations. Les ouvrages de ces grands hommes, en mettant à part les erreurs que le Saint-Siége a entendu noter dans Descartes, comptent parmi les plus beaux dons que Dieu ait faits à la vérité; ils ne peuvent être assez lus par ceux qui cherchent Dieu; et si les noms de Platon et d'Aristote représentent dans le passé une plus vaste unité de doctrines, rappellent une gloire plus générale, ils le doivent peut-être moins au génie qu'au temps.

Aujourd'hui la philosophie ne peut plus enfanter d'école; elle pénètre sourdement dans quelques intelligences isolées : elle va çà et là trouver les esprits, comme la graine mûrie au soleil se détache de la plante, et, emportée par le hasard des vents, va germer sous mille cieux divers, tandis que la tige qui la porta meurt loin de ses filles, et n'en a pas une pour orner de près son tombeau. Si M. de Bonald avait vécu dans l'antiquité, sa vieillesse eût été entourée d'une postérité nombreuse; il eût élevé sa tête avec gloire au-dessus de ses enfants; mais il a vécu dans notre âge, où l'Église seule *rassemble ses petits sous ses ailes;* et l'homme qui a dit à son siècle de si profondes vérités, qui a tiré tant d'intelligences des routes perdues, vit solitaire dans les montagnes, et ne recevra que de la main de Dieu la double couronne du génie et de la vertu.

La grande erreur de M. de la Mennais, après l'exemple de tous ces hommes éminents, sa grande erreur, quelle que fût d'ailleurs sa philosophie, a été de vouloir fonder une école philosophique, et d'espérer que cette école serait le lien des esprits, la base de la religion, le salut de la société. Il n'y a pas eu depuis Jésus-Christ une erreur plus décevante que celle-là. Jusqu'alors, comme on vient de le voir, la philosophie n'avait été dans l'Église qu'une *préparation à la foi* par la démonstration des vérités religieuses accessibles à la raison, et qu'une *confirmation de la foi* par l'explication vraisemblable des vérités inaccessibles à la raison. Jamais la philosophie n'était allée plus loin dans l'Église; et elle ne le pouvait pas, puisque tous les Pères et tous les docteurs chrétiens démontrent de concert l'impuissance de la philosophie et la nécessité d'une parole divine transmise et enseignée par l'autorité de l'Église catholique. M. de la Mennais le premier a voulu *établir la foi* par la philosophie même, unir par elle les intelligences divisées. Il a rassemblé toutes les forces de son esprit et de son caractère pour fonder sur une école philosophique la paix du monde, le salut de l'avenir. Eh bien! qu'avons-nous recueilli de tant de travaux? Ne pourrions-nous pas nous arrêter ici, et nous contenter d'en appeler à ce gémissement qui sort de tous les cœurs? Mais il faut, après que nous aurons résumé ce qui précède, examiner de plus près de quel secours pouvait être à la défense du christianisme la nouvelle philosophie.

CHAPITRE IX

RÉSUMÉ DE CE QUI PRÉCÈDE, ET DÉFINITION DE LA CERTITUDE

On a vu dans les chapitres précédents quelle a toujours été la doctrine de l'Église par rapport à la défense du christianisme, et en quoi consiste le système que M. de la Mennais a voulu substituer à cette doctrine antique et inébranlable. Dans la pensée constante des Pères et des Docteurs, la raison de l'homme repose sur un fonds de vérités universelles, perpétuelles, immuables, qui nécessitent l'adhésion de chaque esprit par une évidence invincible, et que chaque esprit retrouve dans tous les esprits, sauf un petit nombre qui sont convaincus de folie par cela seul qu'ils ne possèdent pas ce fonds commun de vérités. Ces vérités s'appellent *axiomes, premiers principes, sens commun,* et on les a aussi désignées sous le nom de *croyances* et de *foi,* non pas qu'il n'y ait entre elles et la foi proprement dite une différence infinie, puisque la foi proprement dite suppose une vérité obscure crue sur un témoignage extérieur, tandis que la foi aux vérités premières n'est autre chose que l'adhésion à une lumière intérieure irrésistible ; mais on leur a néanmoins donné le nom de *croyances* et de *foi,* parce qu'elles ne s'établissent pas par voie de démonstration, attendu qu'il n'y a rien de plus clair qu'elles-mêmes dans l'esprit humain, et que toute démonstration consiste essentiellement à répandre la lumière de ce qui est connu sur l'ombre de ce qui est inconnu.

Au delà des vérités universelles, perpétuelles, immuables, nécessitantes, commence le règne de la liberté humaine : l'univers a été livré à la dispute des hommes, qui s'entendent, même lorsqu'ils ne s'accordent pas, parce que, dans leurs opinions contradictoires, ils partent tous invinciblement du sens commun. Mais qui les accordera donc, puisque la nécessité n'est plus là pour les unir ? Qui mettra la paix entre ces intelligences innombrables qui, éloignées du sens commun par la longue chaîne de leurs déductions, ne discernent plus que vaguement la lumière des premiers principes ? Dans l'ordre physique, ce seront les faits; dans l'ordre moral, ce sera l'expérience de la société, obligée de mourir si elle n'a pas un Dieu, un culte, la foi au bien et au mal, aux peines et aux récompenses d'une autre vie; dans l'ordre philosophique et religieux, ce sera l'Église, qui termine le monde intellectuel avec un horizon plus lumineux encore que le firmament des premiers principes par lequel il est commencé, mais lumineux d'une manière bien différente : car les premiers principes nécessitent l'intelligence, tandis que l'Église est le lieu où la plus grande liberté s'unit à la plus grande lumière; en sorte que l'homme qui part de la nécessité voit, à mesure qu'il s'élève vers Dieu, une lumière plus éclatante et des abîmes plus profonds où il dépend de lui de se perdre. Admirable ordonnance, par laquelle Dieu a fait de la possession même de la vérité une vertu!

Ainsi le monde intellectuel, dans cette doctrine de nos ancêtres, ressemble à une vaste mer éclairée d'un horizon à l'autre par deux phares immenses et impérissables, que toute la fureur des flots qui les entourent n'ébranlera ni n'obscurcira jamais. A mesure qu'on s'éloigne du premier, et que ses feux deviennent moins vifs, à cause de la distance, l'autre se lève plus radieux, de la même manière qu'en passant d'un pôle à l'autre les étoiles qui éclairent le nouveau monde succèdent aux étoiles de l'ancien. Entre les deux phares, sur les eaux agitées de l'intelligence, flottent des vaisseaux et de simples feuilles tombées de l'arbre de la vie : les vaisseaux sont les sociétés humaines, les feuilles sont les hommes qui se sont détachés de la société de leurs semblables par une volonté corrompue. Ennemies de la lumière divine, elles voudraient ne pas s'éloigner du premier phare; mais les vents les emportent malgré elles, et alors, pour ne pas voir la lumière qu'elles redoutent, elles plongent au sein des flots où elles se disputent entre elles, et où il leur reste encore assez de clarté pour compter les gouttes d'eau. Les grands vaisseaux ne peuvent plonger ainsi dans l'abîme; ils y périraient, à cause de leur pesanteur; et c'est pourquoi, lorsqu'ils veulent fuir la lumière divine, tout ce qu'ils sauraient faire, à force d'art, c'est de s'enfoncer dans des rades écartées, derrière des rocs battus de la tempête, où ils aperçoivent toujours un reflet de la lumière sainte, mais affaibli et dénaturé par les ténèbres qui s'y mêlent.

En d'autres termes, et pour sortir de ces images dont on pourrait accuser la justesse, le monde intellectuel est assis sur quatre autorités diverses, savoir : dans l'ordre fondamental ou logique, sur *l'autorité de la nécessité;* dans l'ordre physique, sur *l'autorité des faits;* dans l'ordre moral, sur *l'autorité de la société;* dans l'ordre philosophique et religieux, sur *l'autorité de l'Église catholique.* Et ces quatre autorités reposent elles-mêmes sur leur évidence, et se vérifient par l'union qu'elles engendrent dans les esprits. Car c'est d'elles que naît sur la terre toute union des esprits. L'autorité de la nécessité, dans l'ordre logique, engendre l'union des esprits, qu'on appelle le *sens commun;* l'autorité des faits, dans l'ordre physique, engendre l'union des esprits, qu'on appelle la *science;* l'autorité de la société, dans l'ordre moral, engendre l'union des esprits, qu'on appelle l'*honnêteté;* l'autorité de l'Église catholique, dans l'ordre philosophique et religieux, engendre l'union des esprits, qu'on appelle la *foi*. Et ainsi la certitude se compose de trois éléments : l'évidence, l'autorité et l'union des esprits. L'évidence discerne l'autorité, et l'autorité produit l'union des esprits, qui vérifie à la fois l'autorité d'où elle découle, et l'évidence où s'appuie primitivement l'autorité. D'où il suit qu'on peut définir la certitude : l'*union des esprits dans les divers ordres de la pensée, sous les lois de diverses autorités légitimes et évidentes.*

Descartes avait ébranlé un moment, dans l'ordre logique, l'autorité d'où découle la force des premiers principes (1). Aristote, au temps de son règne, avait ébranlé, dans l'ordre physique, l'autorité des faits, pour y substituer la sienne. Mais, sauf ces deux exceptions passagères, les docteurs chrétiens reconnurent toujours, comme source de l'union des esprits et de la certitude, les quatre autorités évidentes énoncées plus haut. Quant à la philosophie, ils avaient constaté qu'elle était impuissante pour unir les intelligences, non pas qu'elle manquât de démonstrations évidentes, mais parce qu'elle manquait d'autorité, et qu'encore bien qu'elle n'en manquât pas, la volonté dépravée des hommes empêcherait, en ce cas, son effet naturel ; d'où ils avaient conclu la nécessité d'un enseignement divin pour

---

(1) « Nous douterons même de ces premiers principes, que nous avons réputés jusqu'à présent connus par eux-mêmes. » (Descartes, *Principes de la Philosophie.*)

unir les intelligences dans l'ordre des devoirs et des choses invisibles, et plaçant là toute la défense du christianisme, la philosophie n'avait plus été qu'une *préparation à la foi, et une confirmation de la foi.*

Qu'a fait M. de la Mennais? Il a renversé de fond en comble cette antique organisation de la vérité, s'il est permis de parler ainsi. La certitude résultait de trois éléments : l'évidence, l'autorité et l'union des esprits. M. de la Mennais a d'abord nié les droits de l'évidence, et mis de vive force l'autorité en tête de la raison. Puis, à la place des quatre autorités différentes que nous avons vues correspondre aux divers ordres de la pensée, il en a substitué une seule, savoir, la *raison générale,* dont l'Église elle-même ne serait qu'une manifestation et un complément. Enfin, au lieu que l'union des esprits n'était un caractère de la certitude qu'autant qu'elle se référait à une autorité légitime et évidente, M. de la Mennais y a vu partout et toujours le signe exclusif de la vérité, et proclamant infaillible le genre humain, qui est la plus grande union visible des esprits, il a fondé toute la défense du christianisme sur cette infaillibilité. Il nous reste à apprécier l'utilité de cette conception.

CHAPITRE X

QUE LE SYSTÈME PHILOSOPHIQUE DE M. DE LA MENNAIS EST INUTILE
À LA DÉFENSE DU CHRISTIANISME

En donnant pour base à la défense du christianisme l'infaillibilité du genre humain, M. de la Mennais avait été séduit par une grande espérance religieuse. Il espérait pousser à bout la résistance que l'homme oppose à la lumière de la vérité, et le contraindre de recevoir les croyances chrétiennes, sous peine de renoncer à toute certitude, à toute raison, à l'humanité même, et d'être par conséquent convaincu de folie. Si son dessein se fût accompli, il n'y eût eu sur la terre que deux classes d'hommes : des chrétiens et des fous. Et comme les passions ne sont pas assez fortes pour se satisfaire toujours au prix de la folie, la liberté, qui existe aussi bien pour l'esprit que pour le cœur, perdait une moitié de son empire, les hommes étaient sauvés de l'erreur par la logique avec une sorte de nécessité. Mais la liberté ne s'emprisonne pas ainsi, et les fers mêmes qu'on lui forge servent quelquefois à étendre son empire. L'homme qui résiste à l'histoire jusqu'à se persuader que l'Auteur de l'Évangile n'exista jamais, parce qu'il a peur de l'Évangile, qui nie l'autorité de l'Église, pour échapper aux remords de la vérité; cet homme-là sera peu embarrassé de la philosophie du sens commun; il disputera cent ans contre elle avec autant de facilité qu'une foule de chrétiens l'ont fait depuis quatorze ans. Car qui pourrait le convaincre de la vérité de cette philosophie, si ce n'est son évidence, ou l'évidence de sa nécessité, c'est-à-dire, toujours l'évidence? Or il nie les faits du christianisme, qui sont évidents: pourquoi ne nierait-il pas une philosophie, fût-elle évidente? Il nie l'autorité de l'Église, qui est évidente: pourquoi ne nierait-on pas l'autorité du genre humain, fût-elle évidente? Et s'il n'est pas fou dans le premier cas, pourquoi le serait-il dans le second? Mais si celui qui nie la philosophie de M. de la Mennais n'est pas fou, cela suffit. M. de la Mennais n'a pas placé la raison de l'homme entre le christianisme et la folie; elle reste comme auparavant entre l'évidence de la vérité et les ténèbres des passions. D'où il suit que la philosophie du sens commun n'atteignait pas le but de son auteur, qui était de soulever l'erreur avec un levier plus puissant que l'évidence, et d'introduire les âmes de vive force, pour ainsi dire, dans le sanctuaire de la vérité. La philosophie du sens commun fût-elle vraie, le genre humain fût-il infaillible en effet, encore faut-il l'établir, et par conséquent en appeler à une évidence quelconque. *Car l'esprit humain ne peut céder qu'à l'autorité de l'évidence, ou à l'évidence de l'autorité,* pour me servir du jeu de mots profond de M. de Bonald. Qu'est-ce qu'une autorité qui ne serait pas évidente en quelque manière? Quel motif aurait l'homme d'y soumettre ses pensées et ses actions? L'autorité n'est qu'un intermédiaire entre la lumière finie de l'homme et la lumière infinie de Dieu, semblable à un corps placé dans l'espace entre deux soleils inégaux, et qui, réfléchissant les rayons de l'un et de l'autre, les mêlerait ensemble au point de rencontre de ces deux hémisphères. Dans les choses logiques comme dans les choses spirituelles, l'homme va de la lumière à la lumière, *a claritate in claritatem* (1); la lumière est son point d'appui et son point de repos. Car, s'il ne s'appuyait pas sur la lumière, comment distinguerait-il la véritable autorité?

Nous accordons à M. de la Mennais que la voie d'autorité est la voie établie par Dieu pour arriver à la connaissance du vrai; nous le lui accordons d'autant plus volontiers que l'Église dit absolument la même chose. Mais quelle est l'autorité qu'il faut suivre? Est-ce l'autorité du genre humain, ou l'autorité de l'Église, ou d'autres autorités? Voilà la

---

(1) Saint Paul, IIe Épître aux Corinthiens, chap. III, vers. 18.

question. Qui décidera cette question? Jusqu'à M. de la Mennais, on avait cru que, dans l'ordre philosophique et religieux, l'évidence la décidait en faveur de l'Église catholique, qui, par un enchaînement de merveilles, avait obtenu ici-bas *le comble de l'autorité,* selon l'expression de saint Augustin. M. de la Mennais a cru découvrir dans cette doctrine un venin funeste et caché; il a dit que ce n'était pas à l'évidence, mais au genre humain de juger la question, c'est-à-dire qu'il a invoqué l'autorité du genre humain pour établir l'autorité de l'Église catholique. Accordons pour un moment qu'il ait bien fait. Mais on insiste, et on demande : Comment savoir que l'autorité du genre humain est la première autorité, celle dont toutes les autres ne sont qu'une conséquence et une manifestation? N'est-ce pas au moyen d'une évidence quelconque? Donc dans le système de M. de la Mennais, comme dans la doctrine ordinaire, l'évidence est la dernière raison des choses. Au delà de l'autorité, on conçoit toujours cette question : Pourquoi telle autorité plutôt que telle autre? tandis qu'au delà de l'évidence on ne conçoit que le scepticisme, ou bien cette question ridicule : Pourquoi telle évidence plutôt que telle autre, c'est-à-dire : Pourquoi la lumière plutôt que la lumière?

M. de la Mennais a très-bien senti cette difficulté fondamentale, et, prenant hardiment son parti, il a déclaré qu'il fallait admettre *sans preuves* l'autorité du genre humain. Voici ses propres paroles : « On « n'a pas assez remarqué la liaison nécessaire qui

« existe entre la certitude et l'infaillibilité. Une
« chose qui peut être vraie ou fausse n'est pas cer-
« taine. Tout ce qu'affirme comme vrai une raison
« qui peut se tromper, peut être faux ; tout ce
« qu'elle affirme comme faux, peut être vrai. Donc
« rien de ce qu'affirme une raison qui peut se trom-
« per ou une raison faillible n'est certain. Donc
« chercher la certitude, c'est chercher une raison
« infaillible ; et *son infaillibilité doit être crue ou ad-*
« *mise sans preuves,* puisque toute preuve suppose
« des vérités déjà certaines, et par conséquent l'in-
« faillibilité de la raison qui les affirme (1) ! » Eh bien !
nous accordons tout cela provisoirement. Mais puisqu'il faut admettre *sans preuves* une raison ou une
autorité infaillible, pourquoi ne pas admettre aussi
bien *sans preuves* la raison ou l'autorité infaillible de
l'Église, que la raison ou l'autorité infaillible du genre
humain ? Quel motif peut-il y avoir de préférer l'une
à l'autre, de commencer par l'une plutôt que par
l'autre ? Évidemment M. de la Mennais a cru que
l'autorité du genre humain était plus claire, plus
incontestable, plus facile à connaître que l'autorité
de l'Église catholique. Évidemment il s'est dit : Entre l'homme et l'Église il existe un abîme. Sans
doute, Dieu y a jeté des merveilles infinies ; il y a
jeté le sang de son Fils unique, et mille nations ont
passé par ce chemin. Mais si l'on pouvait abréger la

---

(1) Avertissement de la 4e édition du 2e volume de l'*Essai sur l'Indifférence.*

route encore; si la distance qui sépare la raison humaine de la raison divine n'était plus que la distance qui sépare la raison de chaque homme de la raison de tous; si entre l'homme et Dieu il n'y avait pas plus de chemin *qu'entre l'homme et les hommes;* en un mot, si l'autorité infaillible du genre humain conduisait à l'autorité infaillible de l'Église catholique; si même l'Église catholique n'était qu'une manifestation, un développement de la raison générale, ne serait-ce pas un avantage inappréciable de pouvoir dire à l'homme qui nie le christianisme : Vous niez la raison humaine, et par conséquent votre propre raison? M. de la Mennais a nécessairement raisonné de cette manière, ou d'une manière analogue. Il y a donc eu pour lui une question d'évidence dans la connexion subordonnée qu'il a établie entre l'autorité du genre humain et celle de l'Église. Or c'est tout ce que nous prétendons, et ce qui suffit pour affirmer que, dans son système comme dans la doctrine ordinaire, l'évidence est la dernière raison des choses.

Il est important de le bien comprendre. Entre la doctrine de M. de la Mennais et l'ancienne doctrine, la question n'est pas de savoir s'il faut rejeter ou admettre l'autorité, mais quelle est l'autorité qu'il faut reconnaître. Soit que l'on considère l'ordre logique, l'ordre physique, l'ordre moral, l'ordre philosophique et religieux, dans tous les cas, les docteurs chrétiens ont vu qu'il n'existait point de certitude sans *union des esprits*, et que les esprits *ne s'unis-*

saient que par l'autorité. Tous ont convaincu d'impuissance la philosophie, par cette seule raison qu'elle *n'unissait pas les esprits,* et ils ont très-bien jugé que ce n'était pas faute de démonstrations évidentes, mais faute d'autorité, que cette union n'avait pas eu lieu en philosophie. C'était dans l'espérance de fonder définitivement la philosophie, en l'appuyant sur l'autorité, qu'ils avaient élevé dans le moyen âge la suprématie d'Aristote. Et lorsque M. de la Mennais publia le premier volume de l'*Essai sur l'Indifférence,* la cause de son succès prodigieux et unanime fut qu'il y démontrait admirablement un principe admis de tous les catholiques, savoir : *la nécessité de l'autorité.* Les esprits ne se divisèrent qu'après la publication du second volume, lorsque M. de la Mennais eut substitué aux anciennes autorités une autorité unique, dont personne n'avait jamais entendu parler avec cette extension. La question est donc de savoir si cette substitution a été heureuse et légitime, quelle est l'autorité régulatrice de la raison humaine, s'il y en a une, s'il y en a plusieurs, quelles elles sont. Or comment le savoir, sinon à l'aide de l'évidence ? Comment le savoir sans l'application de cette parole de M. de Bonald, traduite de saint Augustin : *L'esprit humain ne peut céder qu'à l'autorité de l'évidence, ou à l'évidence de l'autorité ?* Saint Augustin a dit en effet, et cette maxime est fondamentale : *La raison et l'autorité ne sont jamais entièrement séparées, parce que c'est la raison qui considère à quelle autorité il faut croire* (1). Voilà pourquoi l'évidence est la dernière raison des choses, pourquoi aucun système ne place l'homme entre le christianisme et la folie, pourquoi enfin il n'est pas exact de dire que *l'autorité doit être crue ou admise sans preuves*. Elle doit, au contraire, être évidente pour être crue.

Or nous avons dessein de comparer la nouvelle doctrine à l'ancienne, sous le rapport de leur évidence respective. Nous avons dessein de montrer que cette doctrine, qui devait abréger la route du monde invisible et l'aplanir, en accroît de beaucoup les difficultés; et ensuite, qu'elle renferme, par voie de conséquence et à l'insu de son auteur, un protestantisme nouveau, plus vaste et plus profond que l'ancien.

Nous avons dessein de montrer que, des cendres du genre humain où dorment pêle-mêle avec les siècles le bien et le mal, les ténèbres et la lumière, les passions exécrables et les magnanimes, nos descendants feront sortir avec autorité tous les rêves de leur propre esprit, bien plus qu'ils n'en feront sortir la vérité, comme la pythonisse d'Endor, qui, pour avoir évoqué une fois du passé l'ombre de Samuel, n'en évoqua pas moins mille fois tous les spectres de l'enfer. Nous avons dessein de montrer que l'homme s'étant trouvé trop faible contre l'Église depuis dix-huit cents ans, ne l'attaquera plus

---

(1) *Neque auctoritatem ratio penitus deserit cum consideratur cui sit credendum.* (De vera Religione, cap. XXIV.)

désormais qu'avec toute l'armée de ses semblables : ce sera la poussière des morts qu'on jettera contre le Ciel, les temps anéantis qu'on opposera à l'éternité, l'autorité sans organe du genre humain à l'autorité de l'Église, l'universalité abstraite à la catholicité. Et si nous le prouvons, il restera établi qu'en adoptant le système philosophique de M. de la Mennais, c'est-à-dire en consacrant l'infaillibilité du genre humain, l'Église eût signé de sa main son arrêt de mort.

Reprenons avec ordre ces pensées. Nous avons dit d'abord qu'il était plus difficile d'arriver au christianisme par la philosophie du sens commun que par la voie jusque-là usitée dans l'Église ; et, avant d'en donner la preuve, je parlerai de mon expérience personnelle.

J'avais vieilli neuf ans dans l'incrédulité, lorsque j'entendis la voix de Dieu qui me rappelait à lui. Si je recherche au fond de ma mémoire les causes logiques de ma conversion, je n'en découvre pas d'autres que l'évidence historique et sociale du christianisme, évidence qui m'apparut dès que l'âge me permit d'éclaircir les doutes que j'avais respirés avec l'air dans l'Université. J'indique la source de mes doutes, quoique j'aie résolu de ne laisser tomber de ma plume aucune parole blessante, parce que, privé de bonne heure d'un père chrétien, et élevé par une mère chrétienne, je dois à la mémoire de l'un et à l'amour de l'autre de déclarer toujours que je reçus d'eux la religion avec la vie, et que je la perdis chez les étrangers imposés à eux et à moi. Lors donc que j'eus atteint l'âge où la raison commence à prendre de la force, la lecture et la discussion des faits chrétiens me persuadèrent facilement de leur vérité, et depuis, leur évidence est devenue si vive dans mon esprit, qu'elle m'ôterait le mérite de la foi, si la foi n'était pas un mystère de la volonté où l'esprit ne joue qu'un rôle inférieur. Lorsque ensuite, après ma conversion, je lus les ouvrages de M. de la Mennais, cet homme célèbre, ce défenseur de ma foi ressuscitée, que j'avais tant de raisons de goûter, il m'arriva deux choses : je crus comprendre sa philosophie, quoique je ne la comprisse pas du tout, comme je m'en suis aperçu plus tard; et quand elle me fut mieux connue avec le temps, elle me jeta dans des perplexités sans fin. Je m'en occupai pendant six années consécutives, de 1824 à 1830, sans pouvoir parvenir à fixer mes irrésolutions, quoique je fusse pressé par mes amis, dont plusieurs étaient ceux de M. de la Mennais. Ce ne fut qu'à la veille de l'année 1830 que je pris enfin mon parti, plutôt par lassitude que par une entière conviction ; car, même au plus fort des travaux de l'*Avenir*, il passait de temps en temps dans mon esprit des apparitions philosophiques ennemies, et aujourd'hui je crois voir clairement la fausseté de l'opinion que j'avais avec tant de peine embrassée. Ainsi, arrivé facilement au christianisme par la voie ordinaire, je m'y suis maintenu sans troubles par la même voie; la certitude que j'ai de sa vérité est parvenue à son comble; tandis que si j'eusse suivi la route tracée par M. de la Mennais, je ne serais pas encore chrétien. Sans doute, une expérience personnelle prouve peu de chose, elle peut être due à un tour particulier d'esprit; mais on va voir, ce me semble, que la mienne était fondée sur la nature des choses.

En effet, toute autorité devant être constatée par une évidence préalable, l'autorité du genre humain comme celle de l'Église catholique, il s'ensuit qu'il est plus difficile de reconnaître l'une ou l'autre, selon que l'évidence qui y conduit est plus ou moins facile à obtenir. Or l'autorité de l'Église catholique est constatée par une évidence historique et sociale, c'est-à-dire par une évidence de faits qui tombent sous les sens; tandis que l'autorité du genre humain est constatée par une évidence de pur raisonnement, dans la question la plus profonde de l'esprit humain, la question de la certitude. Tout homme de bonne foi peut se convaincre, avec très-peu de travail, que l'enchaînement des faits chrétiens est au-dessus des forces humaines, si on les suppose faux; et encore au-dessus des forces humaines, s'ils sont vrais : de sorte qu'on ne peut expliquer leur existence qu'en y reconnaissant le doigt de Dieu. Au contraire, des hommes de bonne foi pourront disputer des siècles sur la raison particulière et sur la raison générale, parce qu'en cela il ne s'agit pas de voir ce qui est, mais ce qui doit être; et qu'il faut, pour méconnaître ce qui est, un aveuglement mille fois plus profond que pour repousser ce qui doit être. Le raisonnement n'est que notre propre esprit ; les faits sont quelque chose qui n'est pas nous, qui nous parle, qui nous poursuit, qui demeure quand nous passons, que nous ne pouvons pas tuer par un acte de notre volonté, comme nous étouffons notre pensée quand il nous plaît. Chacun de nous est le père de son raisonnement, et peut en être le parricide ; mais nous ne sommes que témoins des faits, et l'humanité tout entière nierait le soleil, s'arracherait volontairement les yeux pour ne plus le voir, que le soleil, continuant sa course, éclairerait de sa lumière l'homme nouveau-né qui n'apporterait dans son berceau aucune haine contre lui. Enfin, il y a une expérience décisive à cet égard : c'est que tous les jours, dans les sciences et dans la vie, les faits mettent d'accord les esprits que le raisonnement a divisés.

On dira : Qu'y a-t-il de plus simple que de soumettre la raison particulière à la raison générale ? Je réponds que rien n'est moins simple qu'un raisonnement, quel qu'il soit, parce qu'un raisonnement en engendre mille. C'est l'hydre de la Fable avec ses têtes sans cesse renaissantes ; et, pour achever la comparaison, les faits sont au raisonnement ce que fut à l'hydre la massue d'Hercule. Lors donc que Dieu lia par des faits le monde visible au monde invisible, lorsqu'il jeta du ciel aux intelligences ce pont sublime de la croix, il accomplit un miracle de logique aussi bien qu'un miracle de charité, et éternellement toute philosophie sera impuissante pour y ajouter quelque chose.

On dira encore que l'autorité du genre humain ne s'établit pas par le raisonnement, qu'elle est un fait aussi bien que l'autorité de l'Église. « Quand donc
« on nous demande, dit M. de la Mennais, comment
« nous prouvons l'autorité, notre réponse est bien
« simple : *Nous ne la prouvons pas.* Mais, si vous ne
« la prouvez pas, comment donc l'établissez-vous?
« sur quel fondement y croyez-vous? Nous l'établis-
« sons *comme fait*, et nous croyons à ce fait, comme
« tous les hommes y croient, comme vous y croyez
« vous-même, parce qu'il nous est impossible de
« ne pas y croire. Nous croyons tous invincible-
« ment que nous existons, que nous sentons, que
« nous pensons, qu'il existe d'autres hommes doués
« comme nous de la faculté de sentir et de penser,
« que nous communiquons avec eux par la parole,
« que nous les entendons, qu'ils nous entendent, et
« qu'ainsi nous comparons nos sensations à leurs
« sensations, nos sentiments à leurs sentiments, nos
« pensées à leurs pensées. Nul homme n'a le pou-
« voir de douter de ces choses, quoiqu'il soit impos-
« sible de les démontrer. Or la pensée ou la raison
« particulière de chaque homme, manifestée par la
« parole, voilà le témoignage ; l'accord des témoi-
« gnages ou des raisons individuelles, voilà la raison
« générale, le sens commun, l'autorité; et chacun
« de nous croit invinciblement à l'existence de l'au-
« torité comme à celle du témoignage. Ainsi, encore

« une fois, l'autorité est pour nous un fait; et il est
« de fait encore qu'un penchant naturel nous porte
« à juger de ce qui est vrai ou faux d'après le con-
« sentement commun ou sur la plus grande auto-
« rité; que, pleins de défiance pour les opinions,
« les faits dépourvus de cet appui, nous attachons
« la certitude à l'accord des jugements et des té-
« moignages; que, si cet accord est général, et,
« plus encore, s'il est universel, on cesse d'écouter
« les contradicteurs, et d'essayer de les convaincre;
« on les méprise comme des insensés, des esprits
« malades, des intelligences en délire, comme des
« êtres monstrueux qui n'appartiennent plus à l'es-
« pèce humaine (1). »

Que l'autorité du genre humain, dans l'extension que lui a donnée M. de la Mennais, soit un fait qui tombe sous les sens, nous ne le croyons pas; car, s'il en était ainsi, tout homme qui nie la philosophie de M. de la Mennais serait actuellement enfermé à Charenton, comme y sont enfermés tous ceux qui nient l'autorité réelle du genre humain, c'est-à-dire les premiers principes de la raison. Mais ce n'est pas là de quoi il s'agit. Accordons à M. de la Mennais tout ce qu'il voudra à cet égard; accordons-lui que l'autorité du genre humain, telle qu'il l'entend, soit un fait aussi visible que l'autorité exercée sur une multitude innombrable d'intelligences par l'É-glise catholique. La question est de savoir sur quoi

---

(1) *Défense de l'Essai sur l'Indifférence*, chap. XIV.

reposent cette autorité du genre humain et cette autorité de l'Église; car il ne suffit pas d'être une autorité, d'exercer une influence sur les esprits, pour être par cela même dépositaire de la vérité. Il faut, selon les paroles de saint Augustin, que *la raison considère à quelle autorité elle doit croire.* Aussi M. de la Mennais, tout en répétant plusieurs fois qu'il ne veut pas raisonner sur l'infaillibilité du genre humain, raisonne à l'infini sur cette infaillibilité, et son premier raisonnement est qu'*il faut l'admettre sans preuves, sous peine d'être sceptique.*

« On ne saurait prouver directement, dit-il, l'in-
« faillibilité de la raison humaine, parce que les
« preuves qu'on en donnerait, ou ne prouveraient
« rien, ou supposeraient l'infaillibilité même qu'il
« s'agit de prouver. *Mais si l'on ne suppose pas la*
« *raison humaine infaillible, il n'y a plus de certi-*
« *tude possible, et, pour être conséquent, il faudrait*
« *douter de tout sans exception* (1). »

Or, n'y eût-il que ce raisonnement dans les cinq volumes de l'*Essai*, il suffirait à lui seul pour en engendrer des milliers, non-seulement parce qu'il est *prodigieux*, mais par cela seul que c'est un raisonnement. Au contraire, quand on demande à l'Église sur quoi repose son autorité, elle ne raisonne pas, elle raconte, elle agit; elle fait comme ce philosophe devant qui on niait le mouvement, et qui se contenta de marcher. Elle fait comme son divin Fonda-

---

(1) IIe vol. de l'*Essai*, chap. xiv; en note.

teur, qui enseignait avec autorité, *quasi potestatem habens* (1), et qui prouvait son autorité, non par des dissertations, mais par des *signes*. Pour que l'autorité du genre humain fût appuyée sur des faits, et égalât en clarté l'autorité de l'Église, il faudrait que le genre humain eût opéré des miracles, rendu la vue aux aveugles, l'ouïe aux sourds, guéri les lépreux, ressuscité les morts, et qu'il sortît lui-même du tombeau.

Car où est le genre humain? Qui l'a vu? Qui l'a entendu? Où sont ses missionnaires? Quel est son organe? A peine sommes-nous nés, que l'Église s'approche de notre berceau; elle nous ouvre les oreilles et les yeux; elle nous fait entendre les premiers sons de la langue universelle, dépositaire des vérités divines; ses cérémonies frappent nos sens encore étonnés d'être; ses monuments nous avertissent, par leur grandeur, de la puissance infinie qui porta les hommes à les élever : tout nous révèle sa vie et son action. S'agit-il des peuples encore ensevelis dans l'erreur, le bruit de la civilisation catholique, porté sur toutes les mers par les vaisseaux de l'Europe, vient sans cesse troubler leur ignorance; des ambassadeurs envoyés par l'Église, sous le simple nom de missionnaires, leur apportent sans jamais se lasser, avec le don de la parole sainte, la connaissance de l'autorité, qui en est l'organe vivant et infaillible. Placé au lieu le plus célèbre du monde,

---

(1) Saint Marc, chap. I, vers. 22.

le père des chrétiens, le vicaire de Jésus-Christ y élève une voix que le sauvage entend dans ses forêts, le Chinois à l'extrémité du monde, l'Indou au bord de ses fleuves, le Tartare dans ses déserts, l'Arabe au milieu des sables de son pays, l'insulaire au fond de ses îles où l'Océan gronde en vain, les rois dans leurs palais, le pauvre sous son toit, le prisonnier dans son cachot, le voyageur partout. La lumière du soleil et la voix de l'Église font toutes les deux chaque jour le tour du monde. Mais, encore une fois, qui a vu, qui a entendu le genre humain? Où sont ses missionnaires? Quel est son organe? Qui est le vicaire de l''humanité? L'humanité repose obscure dans le passé et dans l'avenir, et le lieu du monde où elle est le plus visible, ce sont les bibliothèques, ces autres sépulcres. L'Église nous cherche et nous parle la première : le genre humain interrogé se tait d'un silence éternel. L'Église est vivante; le genre humain est mort ou n'est pas né, et les générations qui s'agitent entre ces deux tombeaux, condamnées à l'ignorance, ne connaissent ni leurs pères ni leur postérité. Est-ce donc ce qui n'est plus et ce qui n'est pas encore, est-ce donc la poussière des livres et les rêves de l'inconnu que Dieu nous a donnés pour la règle de nos jugements, et comme le chemin le plus court pour arriver à lui? Rappelons-nous pourquoi saint Augustin estimait nécessaire que la vérité se transmît par voie d'enseignement et d'autorité : c'était pour que les sages, purifiés par l'action de l'Église, devinssent capables de la contemplation de la vérité, et pour que la vérité fût mise à la portée du peuple. Or le genre humain purifiera-t-il le cœur des sages, et sa voix de mort, sortant de la poudre des bibliothèques, sera-t-elle entendue du peuple? Il est bien aisé de dire : Le genre humain croit telle et telle chose, voici la parole du genre humain. Mais, en bonne foi, n'est-ce pas plutôt la vôtre? Le genre humain n'a point de parole, pas plus que l'Église n'aurait de parole si elle n'était composée que de simples fidèles, si les prêtres et les évêques eux-mêmes n'avaient au-dessus d'eux un chef unique, organe vivant du corps entier. Le genre humain a des membres qui tous ont besoin d'être instruits et dirigés, il n'a point de tête qui instruise et qui dirige ses membres; et ses oracles, s'il en rend, sont comme les pages de la sibylle, ou comme les feuilles du chêne de Dodone emportées par le vent.

Supposez même que l'autorité du genre humain pût être aussi clairement établie que celle de l'Église, quelle différence de clarté dans la manifestation de leurs pensées! Je n'ai qu'à écouter l'Église pour connaître sa doctrine, et le dernier gardeur de troupeaux est capable de la connaître comme moi, pourvu qu'il veuille être docile; mais quel labeur pour parvenir à démêler la doctrine du genre humain! M. de la Mennais, qui n'a fait qu'en tracer une esquisse fort rapide, a néanmoins été contraint d'entasser six à sept cents pages de citations, extraites des poëtes, des philosophes, des lois et des historiens d'une multitude de siècles et de contrées. Quand vous lisez cela, votre vue se trouble à tout moment; le genre humain, au lieu de vous apparaître en une fois, comme l'Église, passe devant vous sous mille costumes divers, en parlant mille langues. Si vous voulez vérifier les textes, les peser, les comparer, sentir la justesse des interprétations qu'on en donne, c'est un travail considérable, même pour l'archéologue le plus instruit; les six cents pages forceront d'en lire des millions. Si vous ne vérifiez rien, qui vous assure de la portée véritable des textes qui passent devant vos yeux? Car il ne s'agit pas de l'exactitude matérielle, mais de la relation d'une ou deux phrases avec la pensée intime des peuples anéantis. De ce que des poëtes ou des philosophes ont dit de fort belles choses sur la dégradation de l'homme, sur la nécessité d'un médiateur entre lui et Dieu; de ce que des usages dont la valeur mystérieuse et traditionnelle échappait peut-être aux nations anciennes, ont des rapports plus ou moins frappants avec les dogmes du christianisme, s'ensuit-il absolument que l'univers et l'antiquité aient cru ce que nous croyons? Des médailles conservées dans un cabinet prouvent-elles bien que leur possesseur ait l'idée des objets qu'elles représentent, et surtout qu'il en ait la foi? La plupart des nations, par exemple, mesurent le temps par semaines de sept jours; est-ce une preuve que ces nations savent, et surtout croient que le monde a été créé en six jours par Dieu, et que Dieu s'est reposé le septième? Autre chose est de chercher dans ces sortes de reliques une confirmation de la vérité déjà établie, comme ont fait les Pères de l'Église, ou d'y placer le fondement même de la certitude et de la vérité. Dans le premier cas, peu importe que les peuples aient compris ou n'aient pas compris, aient cru ou n'aient pas cru la tradition dont ils étaient dépositaires; dans le système de M. de la Mennais, il faut que les peuples aient eu la foi aux vers de leurs poëtes, aux sentences de leurs philosophes, aux lois de leurs législateurs, aux traditions dont ils avaient des débris plus ou moins obscurs, ou que ces vers, ces sentences, ces lois, ces traditions aient exprimé véritablement la foi des peuples. La différence est infinie entre les deux situations. Les textes cités par M. de la Mennais me paraissent clairs, en général, comme médailles d'une révélation primitive; comme preuves de la foi du genre humain en cette révélation, je ne sais absolument qu'en penser : car il est très-possible qu'un certain nombre d'esprits supérieurs, des prêtres, des sages, des législateurs, soient restés en rapport avec des vérités anciennes, et les aient rappelées dans leurs écrits, sans que le peuple en ait eu connaissance, et il est encore très-possible qu'il en ait eu connaissance sans y ajouter foi. Mais quand il deviendrait clair, à force d'études et d'attention, que le genre humain a cru à quelques dogmes qui sont le fondement du christianisme, toujours est-il vrai qu'il est infiniment plus aisé de connaître la doctrine de l'Église que la doctrine du genre humain.

Et ainsi, en résumant ce qui précède, on voit que l'autorité et la doctrine de l'Église surpassent de beaucoup en évidence l'autorité et la doctrine hypothétiques du genre humain, et que par conséquent il est plus facile d'arriver au christianisme par l'Église que par le genre humain ; ce qui n'empêche pas qu'une fois l'autorité et la doctrine de l'Église établies, les traditions conservées dans le genre humain ne soient une admirable confirmation de cette doctrine et de cette autorité.

C'en serait assez déjà pour que M. de la Mennais n'eût pas dû changer l'ordre de la discussion catholique, telle que l'avaient conçue tous les siècles antérieurs. Nous ajoutons que son système renferme un protestantisme plus vaste et plus profond que l'ancien, et, pour l'établir, nous ferons à ce système la plus large concession possible : nous lui accorderons que tout ce que croit le genre humain est vrai.

CHAPITRE XI

QUE LE SYSTÈME PHILOSOPHIQUE DE M. DE LA MENNAIS RENFERME
LE PLUS VASTE PROTESTANTISME QUI AIT ENCORE PARU

La vérité étant donc, par une supposition gratuite, dans le genre humain, comme le genre humain n'a point d'organe par lequel il s'exprime, il s'ensuit que la vérité y est contenue d'une manière latente, de la même manière qu'elle est contenue dans un livre qui a besoin d'une interprétation ultérieure. Encore est-ce dire beaucoup trop; car un livre véridique, la Bible, par exemple, forme un seul corps dont toutes les parties sont rassemblées et harmonieuses, tandis que le genre humain est un livre qui n'est pas fait, dont les pages sont dispersées çà et là, les unes entières, d'autres à demi effacées par le temps, d'autres à jamais anéanties. C'est une église sans prêtres, sans évêques, sans pape et sans Bible; une église qui n'a tout au plus que des fidèles, et où brille seulement, dans la longue nuit des âges, l'étoile vagabonde d'une tradition abandonnée à elle-même. Si tout à coup le Vatican venait à tomber, en jetant à l'humanité une dernière parole de vie; si tous les évêques, tous les prêtres, tous les diacres de la chrétienté, réunis dans un immense et dernier concile, et chantant encore une fois le symbole, descendaient ensemble au même sépulcre; si le dernier exemplaire du livre par excellence, si la Bible, posée sur ce grand sépulcre, devenait elle-même la pâture des vers, et qu'ensuite les siècles, passant avec toute leur puissance, balayassent nos cathédrales et nos souvenirs, les restes confus de cette lamentable catastrophe de la vérité seraient le genre humain : temple vide, si ce n'est de ruines.

Or, faire de ce temple ainsi dépouillé, faire du genre humain ainsi déchu l'oracle infaillible de la philosophie et de la religion, c'est, avons-nous dit, donner au protestantisme une base plus large qu'auparavant. Car en quoi consiste le protestantime ? A faire d'un livre muet et divin l'oracle infaillible des vérités religieuses, à prendre pour fondement quelque chose qui est vrai, qui est pur, qui est saint, qui a une autorité divine en soi, mais qui n'a pas d'organe, qui ne parle pas. Or la vérité est tout au plus dans le genre humain comme dans un livre, supposé qu'elle y soit, et le genre humain n'a pas plus d'organe que la Bible, ne parle pas plus que la Bible. En vain a-t-on dit que les hommes se mettaient en communication avec le genre humain par la parole : les hommes se mettent par la parole en communication avec les hommes, ils se donnent et ils se rendent tout à la fois la vérité et l'erreur; mais nul homme ne converse même avec la portion du genre humain actuellement vivante, à plus forte raison avec celle qui n'existe plus et devant laquelle l'autre n'est qu'un point qui s'enfuit. Je ne parle pas de celle qui n'existe pas encore, quoique, à la rigueur, il fallût la consulter, pour être sûr de la pensée du genre humain. Même au jour du jugement, lorsque tous les temps et tous les peuples seront véritablement réunis, on n'entendra pas la voix du genre humain : l'Église seule aura un organe dans la personne de Jésus-Christ, son chef, à moins qu'on ne soutienne que Jésus-Christ est le chef du genre humain comme il est le chef de l'Église, et que les hommes non baptisés sont ses membres aussi bien que ceux qui ont été régénérés par l'eau et par l'esprit. Alors il faudrait ajouter qu'aujourd'hui le pape est le chef du genre humain, puisqu'il est dans l'ordre visible, par rapport à l'Église, tout ce qu'est Jésus-Christ dans l'ordre invisible par rapport à elle, et que par conséquent on fait partie de l'Église non par le baptême, mais par la seule naissance. Et quand on soutiendrait ces principes, destructifs de la théologie chrétienne, on ne serait pas beaucoup avancé, le genre humain ayant été sans organe au moins avant Jésus-Christ, et toujours cependant l'oracle infaillible de la vraie religion.

Mais s'il est impossible de trouver un organe au genre humain, s'il faut tirer la vérité de ses entrailles profondes à l'aide de l'interprétation privée, nous ne voyons pas quelle différence existe entre le protestantisme et la philosophie du sens commun, si ce n'est que la Bible chrétienne est mille fois plus facile à entendre que la Bible de l'humanité. En effet, la Bible chrétienne est la tradition écrite, la Bible de l'humanité est la tradition orale. Nous comprenons bien que ce mot d'*orale* peut faire illusion, qu'on peut croire qu'une tradition orale doit nécessairement parler. Il est néanmoins facile de s'apercevoir que son seul privilége est de passer de bouche en bouche, muette et sonore tout à la fois, impuissante comme l'Écriture à se défendre des outrages de l'interprétation, et plus impuissante qu'elle contre les outrages de la mémoire. Il y a aujourd'hui dix-huit cents ans passés que l'Église travaille à expliquer la tradition catholique et à la fixer par ses décrets ; une multitude innombrable de discussions et de décisions semble l'avoir mise au-dessus de toutes les injures de l'avenir. Eh bien ! croit-on que si l'Église cessait de veiller à ce dépôt sacré, croit-on que si elle disparaissait à présent du monde, le christianisme subsisterait par la seule force de la tradition ? Croit-on que celui-là ne serait pas protestant qui dirait : Je prends la tradition seule pour règle de mes jugements en matière de foi, je la reconnais pour l'oracle infaillible de la vérité ? *Point d'Église, point de christianisme :* voilà ce que M. de la Mennais a démontré lui-même (1). Il a fait voir que les protestants, une fois séparés de l'Église, et quoiqu'ils eussent retenu l'Écriture sainte, c'est-à-dire la vérité, sont descendus peu à peu jusqu'au déisme, et menacent de descendre plus bas. Cependant rien n'altère l'Écriture sainte ; elle reste toujours entière, toujours pure, toujours sainte, toujours la vérité même. Que serait-ce donc si les protestants eussent pris pour juge, au lieu d'un livre immuable, une tradition abandonnée à tous les hasards du temps? Que serait-ce si cette tradition n'était pas même la tradition catholique, mais la tradition primitive perdue dans les ténèbres du passé? Qu'avait fait du monde, avant Jésus-Christ, cette tradition? Qu'étaient devenus les mœurs, les temples, et la Divinité même? Comment un état qui serait aujourd'hui et qui a été autrefois la ruine du christianisme pourrait-il être le fondement du christianisme?

Peut-être répondra-t-on qu'il y a dans la tradition orale un moyen de discerner la vérité qui n'existe pas pour la Bible, savoir l'universalité ; que par l'universalité on distingue aisément les traditions véritables des traditions fausses ; que tout ce qui est local est faux, que tout ce qui est universel est vrai. Oui ; mais qui décidera que telle doctrine est la tradition orale universelle, que telle autre n'en est pas? Qui rassemblera les témoignages épars? Qui

---

(1) *De la Religion, considérée dans ses rapports avec l'ordre civil et politique*, chap. VI.

réunira toutes les bouches en une seule? Ne sera-ce pas la raison de chaque homme, les lèvres de chaque homme? D'ailleurs, on ne fait pas attention que la tradition n'est jamais orale que dans un moment, qu'elle est écrite pour tous les siècles antérieurs à ce moment, et que, dans le système de M. de la Mennais, il est nécessaire d'interroger tous les temps et tous les lieux. Qui les interrogera? Qui écoutera, qui traduira leurs réponses? Évidemment ce sera la raison de chaque homme, le sens privé de chaque homme. Car si l'on dit que ce sera la raison de tous, on suppose premièrement, contre l'évidence, que tous sont capables de comprendre et de juger des questions de la plus abstruse archéologie, et en second lieu, qu'ils voudront les juger de la même façon, c'est-à-dire qu'on suppose que le protestantisme, qui a toujours désuni les intelligences, les unira cette fois. En un mot, il est impossible, quoi que l'on fasse, de concevoir une autorité sans organe, et il est impossible de concevoir quel est l'organe du genre humain. Certes, quand nous travaillions à l'*Avenir*, nous étions tous bien persuadés que l'autorité spirituelle approuvait nos travaux : or, je le demande, si nous n'avions eu affaire qu'au genre humain, en serions-nous où nous en sommes? N'aurions-nous pas pu invoquer éternellement en notre faveur l'autorité du genre humain? N'aurions-nous pas pu consumer notre vie, avec toutes sortes d'apparences, à prouver que le genre humain avait toujours cru ce que nous défendions? Nos adversaires, il est vrai, eussent soutenu le contraire; mais qui eût prononcé entre eux et nous? La postérité? Disons donc alors que nous prenons les siècles futurs pour la règle de nos jugements, c'est-à-dire débarrassons-nous de toute règle, et que chaque génération aille attendre au cercueil la lumière de la vérité.

Oh! que ce n'est pas ainsi que Dieu a établi les choses! Il savait la faiblesse de notre esprit, et, de même qu'il a rassemblé la lumière qui éclaire nos yeux dans un seul foyer, il a rassemblé la lumière qui doit guider notre volonté dans un centre unique, sans lequel l'universalité n'est qu'une chimère insaisissable. En effet, on peut dire du genre humain, mais dans un autre sens, ce qui a été dit de Dieu : *C'est un cercle dont le centre est partout, et la circonférence nulle part*. Chacun de nous, errant dans ce cercle sans limites, se fait centre de l'humanité, salue ses propres pensées du nom d'universelles, et s'il veut, en effet, vérifier leur universalité, il se traîne toujours soi-même avec soi dans ses recherches laborieuses; il crie, et sa voix, frappant les espaces indéterminés qui l'entourent, ne lui rapporte qu'un écho de sa propre intelligence, d'autant plus trompeur qu'il est agrandi, ou si d'autres voix lui répondent, il prend le chœur lointain et harmonieux de quelques esprits pour la parole universelle. Or l'universalité ne s'exprime que par l'unité, et il n'y a que deux unités : Dieu dans le ciel, et le pape sur la terre. Ou plutôt Dieu seul est véritablement un, et il nous a donné dans son vicaire une image de l'unité, afin que nous puissions entendre la parole universelle, et que nous *ne soyons pas comme de petits enfants, emportés à tout vent de doctrine.* Toute autre universalité, toute autre autorité que celle dont le souverain pontife est le lien, la tête et l'organe, est une universalité stérile, une autorité sans fondement, d'autant plus dangereuse qu'elle en a les apparences, et qu'elle donne à l'erreur un piédestal plus grand que l'homme. Le protestantisme consiste précisément en cela, à donner à l'erreur l'appui d'une autorité divine en soi, mais sans organe.

Encore donc que le genre humain eût en soi la vérité, il ne fallait pas en faire un juge infaillible des controverses, pas plus que la Bible, qui a la vérité en soi, n'est un juge infaillible des discussions qui s'élèvent entre les chrétiens. De même que les protestants disputent sans fin sur l'Écriture sainte, on peut discuter sans fin sur la doctrine de l'humanité, et par conséquent l'humanité n'est pas plus que l'Écriture sainte la base de toute raison et de toute foi.

Nous savons bien que M. de la Mennais ne veut pas qu'on s'arrête au genre humain, que le genre humain n'est pour lui qu'une terre de passage, et qu'il établit que l'Église est la plus haute autorité visible, parce qu'elle réunit à la fois dans sa vaste plénitude l'autorité primordiale du genre humain et la sienne propre. « Depuis Jésus-Christ, dit-il,

« quelle autorité oserait-on comparer à celle de
« l'Église catholique, héritière de toutes les traditions primordiales, de la première révélation et de la révélation mosaïque, de toutes les vérités anciennement connues, dont sa doctrine n'est que le développement, et qui, remontant ainsi à l'origine du monde, nous offre dans son autorité toutes les autorités réunies?... *Serait-ce l'autorité du genre humain attestant les vérités révélées primitivement?* Mais l'Église enseigne toutes ces vérités, elle les a reçues de la tradition, et cette tradition lui appartient avec toutes ses preuves, avec l'autorité qui en est le fondement, et qui est devenue une partie de la sienne (1). »
C'est ici surtout qu'on aperçoit l'abîme creusé involontairement par M. de la Mennais sous l'édifice du christianisme. Comme il a déclaré le genre humain infaillible en matière philosophique et religieuse, on aurait le droit de lui dire : N'allons pas plus loin, nous avons la certitude, la vérité, la foi, c'est assez. Qu'est-il donc obligé de faire? Il est obligé de démontrer que l'autorité de l'Église est plus grande que l'autorité du genre humain. Mais comment une autorité, quelle qu'elle soit, peut-elle être plus grande qu'une autorité infaillible? L'infaillibilité est le terme extrême de l'autorité. Que la tradition primitive du genre humain se soit développée dans l'Église, que les promesses dont le genre humain

---

(1) *Essai*, 3ᵉ vol., chap. xxii.

était dépositaire se soient accomplies dans l'Église, à la bonne heure, cela se conçoit; mais on n'en est pas plus avancé. Car le genre humain, oracle et gardien infaillible des traditions qui devaient se développer, des promesses qui devaient s'accomplir, n'ayant pas d'organe pour attester ni les unes ni les autres, chaque homme reste juge de savoir quelles étaient ces traditions, quelles étaient ces promesses, si elles se sont effectivement développées et accomplies. Chaque homme reste libre, par une interprétation protestante, de tourner le genre humain contre l'Église, d'invoquer contre l'autorité de l'Église l'autorité infaillible du genre humain. Et que répondre à un homme qui dirait : Le genre humain est infaillible ; or le genre humain n'a pas cru au médiateur ; donc le médiateur n'est pas venu? On lui répondrait que le genre humain a cru au médiateur ; on lui citerait des textes de poëtes, de philosophes, d'historiens, comme on cite aux protestants des textes d'Écriture sainte : mais qui ne voit que l'obstination de l'un serait aussi naturelle que l'obstination de l'autre, et mille fois plus dangereuse, parce qu'on lui aurait accordé que le genre humain est une autorité infaillible, tandis qu'on montre au protestant que l'Écriture sainte n'est pas une autorité infaillible, attendu qu'elle ne parle pas, n'ayant pas en elle-même son organe.

Nous cherchons en vain comment, après avoir établi l'infaillibilité de la raison générale, on la subordonnerait d'une manière solide à l'infaillibilité de l'Église. Le seul point de passage ou de soudure entre l'une et l'autre est la foi du genre humain au médiateur à venir, foi qui, ne subsistant plus aujourd'hui, prouve, dit-on, que le médiateur est venu. Mais qu'on dispute sur ce point, les liens réciproques sont brisés; le christianisme flotte au milieu du genre humain, qui le surpasse en grandeur autant que soixante siècles en surpassent dix-huit, autant que l'étendue du monde ancien et nouveau surpasse l'étendue de l'Église. Or ce point dépend, comme tout le reste, de l'interprétation privée, et par conséquent nous retrouvons toujours le protestantisme donné pour base au catholicisme.

Veut-on en voir une preuve terrible, une preuve vivante, et qui justifiera ce que nous avons dit, qu'*un jour nos descendants feraient sortir du genre humain avec autorité tous les rêves de leur propre esprit?*

Une secte s'est élevée qui appelle Dieu tout ce qui est, qui adore la matière, qui, sous le prétexte de détruire un dualisme incompatible avec la paix du monde, nie la différence du bien et du mal, qui veut affranchir l'homme du joug du démon, la femme du joug de l'homme, le pauvre du joug de la charité, et fonder sur cette religion une société nouvelle. Eh bien! sait-on quelle est la base logique des disciples de Saint-Simon? Sait-on où ils croient lire la prophétie de leurs rêves? Dans l'humanité, qu'ils proclament infaillible, dans le passé de l'homme, dans l'espérance présente du genre humain. Là où M. de la Mennais a vu les dogmes chrétiens successivement développés par la révélation primitive, par la révélation mosaïque et par celle de Jésus-Christ, là même, les disciples de Saint-Simon ont vu le développement de leurs dogmes, qui doivent, dans une quatrième révélation, recevoir encore un développement nouveau. Ils ont saisi, disent-ils, dans l'humanité, une loi de progrès, par laquelle la lutte du bien et du mal, de la lumière et des ténèbres, du bon et du mauvais principe, de l'esprit et de la matière, de Dieu et de la créature, de l'homme avec l'homme, va sans cesse en diminuant, jusqu'à ce qu'enfin naisse des douleurs universelles, comme d'un long et laborieux enfantement, l'unité sans tache de l'avenir, l'unité du bien et du mal, de la matière et de l'esprit, de Dieu et de l'homme, de l'homme et de la femme, du pauvre et du riche, du roi et du sujet; de tout avec tout, de tous avec tous. Et lorsqu'on s'étonne devant eux d'une si prodigieuse doctrine, ils répondent froidement qu'ils ne discutent pas, que l'humanité a prononcé, et qu'elle est infaillible. L'humanité, disent-ils, est pour nous dans ses trois temps : elle est pour nous dans le passé, car il y a eu dans le passé un progrès perpétuel vers l'unité future; elle est pour nous dans le présent, car le présent repousse les vieilles doctrines du catholicisme; elle est pour nous dans l'avenir, car nous sentons que l'avenir nous appartient, comme les premiers chrétiens le sentaient dans les catacombes. Que ce soient là de folles appréciations des choses, que le passé, le présent et l'avenir du genre humain soient mal interprétés par les disciples de Saint-Simon, je le crois assurément, comme je crois que les protestants expliquent mal l'Écriture sainte ; mais il n'en est pas moins vrai que l'infaillibilité du genre humain est aujourd'hui le fondement logique d'une des plus formidables erreurs qui aient encore apparu dans le monde.

Tant il y a de dangers à apporter le moindre changement à la doctrine ancienne! Tous les Pères de l'Église, tous les docteurs chrétiens avaient senti, comme M. de la Mennais, le besoin de l'autorité ; tous ils avaient admiré la Bonté divine qui avait suspendu entre le ciel et la terre ce *lustre immense* de l'Église, pour me servir d'une expression du comte de Maistre, et qui en avait fait une autorité d'autant plus capable d'unir les intelligences divisées, qu'elle était la seule douée d'un organe, la seule qui réunît les caractères d'unité, d'universalité, d'antiquité. Hors d'elle, les hommes pouvaient s'assurer des premiers principes de leur raison par la nécessité invincible qui les force d'y croire, et par le consentement qu'y donnent autour d'eux leurs semblables ; ils pouvaient fonder la science des choses visibles par l'observation des faits et l'accord des savants ; ils pouvaient s'élever jusqu'à Dieu, jusqu'à la notion du bien et du mal, non-seulement par les avertissements qu'ils recevaient de leur conscience, mais par le spectacle des sociétés humaines, dont aucune ne vit sans Dieu et sans lois morales : parvenus là, ils pouvaient bien encore philosopher, s'apercevoir qu'il restait dans le monde des débris d'une sagesse primitive ; mais la philosophie et le genre humain manquaient d'autorité pour réunir les sages et le peuple dans la vérité ; le lien du monde visible et du monde invisible était brisé là. Jésus-Christ le renoua en fondant l'Église catholique, apostolique, romaine ; et c'est sur son autorité une, universelle, liée par l'antiquité à tous les temps, seule parlante et seule infaillible, que reposent à jamais, dans l'ordre des plus hautes vérités, la foi, la certitude et les destinées du monde.

Quiconque *n'écoute pas l'Église* végète, comme les anciens philosophes, dans des conjectures privées, impuissantes pour satisfaire d'autres esprits que le sien, pour satisfaire toujours le sien même ; et, après de grandes espérances trompées, il choisit enfin dans les sombres abîmes du doute, pour se consoler, ou la brutalité du vice, ou les illusions du mysticisme, ou la paix stagnante de l'indifférence. Et quiconque cherche sincèrement l'Église, la trouve et la reconnaît à des marques qu'elle seule possède, et dont la première de toutes est son absolue nécessité. « Car, ou la providence de Dieu ne préside pas
« aux choses humaines, et alors il est inutile de
« s'occuper de religion ; ou elle y préside, et alors
« il ne faut pas désespérer que Dieu lui-même ait
« établi une autorité qui nous soit un chemin sûr
« pour nous élever jusqu'à lui (1). » La nécessité de

---

(1) Saint Augustin, cité plus haut.

l'autorité est le premier anneau de la chaîne qui conduit et qui rattache les hommes à l'Église; la solitude et le doute sont la peine présente de ceux qui méconnaissent son autorité sacrée. Or le système philosophique de M. de la Mennais, en établissant une autorité infaillible autre que l'Église, détruit la nécessité absolue de l'Église, délivre de la solitude les esprits rebelles à l'Église, et néanmoins ouvre la porte à un protestantisme nouveau. Nous croyons l'avoir démontré; nous croyons avoir donné des motifs suffisants de la persévérance avec laquelle ce système a été repoussé par le corps épiscopal.

CHAPITRE XII

CONCLUSION

Je m'arrête ici. Pourtant ces considérations sont loin d'être complètes. Il faudrait encore examiner en elle-même, dans ses bases logiques, la philosophie dont j'ai montré la nouveauté, l'inutilité et le danger. Il faudrait résoudre les divers arguments sur lesquels son auteur l'a établie. Toutefois la solution en est suffisamment indiquée dans ce qui précède, pour les personnes accoutumées à ce genre de méditations. M. de la Mennais a mis en opposition perpétuelle avec le genre humain un homme seul, abandonné à son évidence privée, ne s'appuyant que sur lui et méprisant toute autorité. Or il n'en est pas ainsi : l'homme n'est jamais seul. S'agit-il des premiers principes de la raison humaine, l'homme est en communication avec ses semblables. S'agit-il des premiers principes de la morale, l'homme est en communication avec la société. S'agit-il des sciences, l'homme est en communication avec les faits constatés par les savants. S'agit-il enfin de choses philosophiques et religieuses, l'homme est en communication avec l'Église catholique. L'erreur de M. de la Mennais consiste à n'avoir pas voulu que l'évidence discernât l'autorité, à avoir réduit tous les éléments de la certitude à l'autorité, et toutes les autorités à une seule, le genre humain, dont l'Église catholique ne serait elle-même qu'un développement. Otez cette supposition chimérique d'un homme placé entre le genre humain et la solitude la plus absolue, il ne reste pas debout un seul des raisonnements du second volume de l'*Essai sur l'Indifférence*.

Je m'arrête donc ici. *Les longs ouvrages me font peur.* C'est assez pour moi d'avoir indiqué à mes frères un sujet de réflexions digne d'eux. Si j'en aide quelques-uns à sortir d'un état de perplexité dont j'ai bien connu la douleur; si j'ai averti l'Église qu'une guerre se prépare et se fait déjà contre elle au nom de l'*humanité*, c'en est assez. Qu'il me soit permis seulement d'exposer les conclusions que j'ai tirées pour moi-même de la tourmente philosophique où j'ai été ballotté. Il ne m'appartient pas de donner des conseils; mais on peut toujours dire sans orgueil que l'on s'est trompé, et rendre gloire à Dieu qui *appelle des ténèbres à son admirable lumière.*

Après dix ans d'efforts pour concevoir le véritable

rôle de la philosophie dans l'Église ; après des agitations d'esprit dont j'aperçois à peine la suite, tant le flot a succédé de fois au flot, tant l'orage a troublé l'orage, où suis-je arrivé? Aux mêmes pensées que possédaient sans inquiétude ceux qui avaient plus compté sur l'esprit de l'Église que sur le leur propre. Providence juste et sainte, qui berce doucement dans la vérité ses enfants les plus dociles. D'autres font le tour du monde; ils cherchent quelque chose de plus que la patrie : mais la patrie des esprits est comme celle qui nous donna le jour, le seul lieu du monde où se repose la pensée. Combien j'ai senti avec admiration la supériorité de l'Église, cet instinct ineffable qui la pousse, ce discernement divin qui écarte d'elle l'ombre d'une illusion !

Une philosophie tombe de la plume éloquente d'un écrivain renommé. Elle fait des disciples, elle est défendue avec un zèle inconcevable à une époque d'anarchie où rien n'est défendu par personne, parce que chacun croit avoir quelque chose à défendre ; elle constitue une école qui devient comme une puissance. Le monde lui-même s'émeut ; il admire cette nouveauté qu'il n'était plus accoutumé de voir, quelque chose qui a l'air de vivre et de s'entendre. Cela lui paraît grand, il proclame l'écrivain et le philosophe chrétien comme le seul sauveur de l'Église, si l'Église peut être sauvée. Il s'étonne que l'Église ne dise pas comme lui; il l'accuse d'ingratitude ; il prophétise sa ruine, puisqu'elle n'a pas su reconnaître ses derniers défenseurs. O cité de Dieu ! qui tromperez jusqu'à la fin les vains raisonnements des hommes, ainsi ont-ils parlé de vous! Pour moi, je vous rends gloire; vous ne m'avez jamais paru plus divine.

Il y a sans doute un aspect infirme à toutes les choses qui se passent dans le temps, même aux choses saintes, puisque les hommes y sont mêlés. Dieu leur a laissé ce côté faible pour exercer notre foi. Mais, à la différence des choses humaines qui ont d'abord une apparence de grandeur, et qui bientôt deviennent petites, l'Église grandit avec les siècles, et elle n'a jamais besoin, pour être justifiée, que d'attendre. Encore un peu de temps, *adhuc modicum*, et tout est changé.

J'ai fait une autre réflexion. Je me suis demandé comment une philosophie dont j'aperçois si clairement le vice aujourd'hui, avait pu si longtemps tenir en suspens ma raison; et j'ai compris que, luttant contre une intelligence supérieure à la mienne, et voulant lutter seul contre elle, il était impossible que je ne fusse pas vaincu. Car la vérité n'est pas un auxiliaire toujours suffisant pour rétablir l'équilibre des forces; autrement, jamais l'erreur ne triompherait de la vérité. Il faut donc qu'il y ait dans le monde une puissance qui soutienne les intelligences faibles contre les intelligences fortes, et qui les délivre de l'oppression la plus terrible de toutes, celle de l'esprit. Cette puissance, en effet, est venue à mon secours; ce n'est pas moi qui me suis délivré, c'est elle. Arrivé à Rome, au tombeau des saints apôtres Pierre et Paul, je me suis agenouillé, j'ai dit à Dieu : « Seigneur, je commence à sentir ma faiblesse ; ma vue se couvre ; l'erreur et la vérité m'échappent également ; ayez pitié de votre serviteur qui vient à vous avec un cœur sincère ; écoutez la prière du pauvre. » Je ne sais ni le jour ni l'heure ; mais j'ai vu ce que je ne voyais pas, je suis sorti de Rome libre et victorieux. J'ai appris de ma propre expérience que l'Église est la libératrice de l'esprit humain ; et, comme de la liberté de l'intelligence découlent nécessairement toutes les autres, j'ai aperçu sous leur véritable jour les questions qui divisent le monde aujourd'hui.

Oui, le monde cherche la paix et la liberté ; mais il les cherche sur la route du trouble et de la servitude. L'Église seule en fut la source pour le genre humain, et seule, dans ses mamelles outragées par ses fils, elle en conserve le lait intarissable et sacré. Quand les nations seront lasses d'être parricides, elles retrouveront là le bien qu'elles ne possèdent plus. C'est pourquoi le prêtre ne se mêlera pas aux querelles sanglantes et stériles de son siècle ; il priera pour le présent et pour l'avenir ; il quittera son repas, comme Tobie, pour ensevelir les morts de la captivité ; il embaumera dans la charité les douleurs du monde, le plus qu'il pourra ; il prédira, sans se lasser, aux générations contemporaines, qu'il n'y a ni paix ni libertés possibles hors de la vérité ; il sera plein de compassion et d'espérance ; il recueillera les âmes qui souffrent et qui cherchent

Dieu, versant sur leurs blessures la parole qui ranime ceux qui sont las; il remerciera Dieu de vivre dans un temps où l'ambition n'est plus même possible; il comprendra que, plus les hommes sont agités, plus la paix qui règne sur le front et dans l'âme du prêtre est une puissante chose; que plus les hommes sont dans l'anarchie, plus l'unité de l'Église est une puissante chose; que plus les hommes sont forts en apparence, plus la faiblesse extérieure de l'Église, qui vit de la seule force de Dieu, est une puissante chose; que plus le siècle prophétise la mort du christianisme, plus le christianisme en sera glorieux un jour, lorsque le temps, fidèle à l'éternité, aura balayé cette orgueilleuse poussière, qui ne se doute pas que, pour être quelque chose dans l'avenir, il faut être quelque chose dans le présent, et que rien ne mène à rien. Le prêtre enfin sera ce qu'est l'Église, désarmé, pacifique, charitable, patient, voyageur qui passe en faisant le bien, et qui ne s'étonne pas d'être méconnu du temps, puisqu'il n'est pas du temps.

O Rome, c'est ainsi que je t'ai vue! J'ai visité avec un amour infini les reliques toujours jeunes de tes saints, et les reliques admirables aussi de toutes tes grandeurs. Au pied solitaire de ton Vatican, je n'ai plus entendu les clameurs de tes ennemis que comme une pâle résurrection de ces voix d'esclaves qui, de lustre en lustre, redisaient à ton Capitole que ses triomphateurs étaient mortels. Mais tu as hérité de leur gloire, et non de leur caducité. Après tant de siècles, je t'ai trouvée debout, toujours vierge, toujours mère, toujours maîtresse, éternel outrage de l'erreur et de l'impuissance humaine. Assise au milieu des orages de l'Europe, il n'y avait en toi aucun doute de toi-même, aucune lassitude ; ton regard, tourné vers les quatre faces du monde, suivait, avec une lucidité sublime, le développement des affaires humaines dans leur liaison avec les affaires divines ; seulement la tempête, qui te laissait calme parce que l'esprit de Dieu soufflait en toi, te donnait, aux yeux du simple fidèle, moins accoutumé aux variations des siècles, quelque chose qui rendait son admiration compatissante. La croix brillait sur ton front comme une étoile dorée et immortelle ; mais c'était toujours la croix. O Rome ! Dieu le sait, je ne t'ai point méconnue, pour n'avoir pas rencontré de rois prosternés à tes portes ; j'ai baisé ta poussière avec une joie et un respect indicibles ; tu m'es apparue ce que tu es véritablement, la bienfaitrice du genre humain dans le passé, l'espérance de son avenir, la seule grande chose aujourd'hui vivante en Europe, la captive d'une jalousie universelle, la reine du monde. Voyageur suppliant, j'ai rapporté de toi, non de l'or ou des parfums, ou des pierres précieuses, mais un bien plus rare, plus inconnu : la vérité. Une parole prophétique est sortie de ton sein ; et lorsque le temps aura fait un pas, lorsque sera accompli ce qui doit s'accomplir, cette parole, méconnue du monde présent, qui ne sait rien, éveillera dans son tombeau le pontife qui en a été l'organe, afin qu'il puisse entendre les acclamations de la postérité. O Rome! un de tes fils, à qui tu as rendu la paix, de retour dans sa patrie, a écrit ce livre. Il le dépose à tes pieds, comme une preuve de sa reconnaissance; il le soumet à ton jugement, comme une preuve de sa foi.

DISCOURS

PRONONCÉ DEVANT LA CHAMBRE DES PAIRS

DANS L'AFFAIRE DE L'ÉCOLE LIBRE

LE 19 SEPTEMBRE 1831

DISCOURS

PRONONCÉ DEVANT LA CHAMBRE DES PAIRS

DANS L'AFFAIRE DE L'ÉCOLE LIBRE

Nobles Pairs,

Je regarde et je m'étonne. Je m'étonne de me voir au banc des prévenus, tandis que M. le procureur général est au banc du ministère public; je m'étonne que M. le procureur général ait osé se porter mon accusateur, lui qui est coupable du même délit que moi, et qui l'a commis dans l'enceinte où il m'accuse, devant vous, il y a si peu de temps. Car de quoi m'accuse-t-il? D'avoir usé d'un droit écrit dans la charte et non encore réglé par une loi : et lui vous demandait naguère la tête de quatre ministres en vertu d'un droit écrit dans la charte et non encore réglé par une loi! S'il a pu le faire, j'ai pu le faire aussi, avec la différence qu'il demandait du sang, et que je voulais donner une instruction gratuite aux enfants du peuple. Tous deux nous avons agi au nom de l'article 60 de la charte. Si M. le procureur général est coupable, comment m'accuse-t-il? Et s'il est innocent, comment m'accuse-t-il encore?

J'ai d'autres raisons de m'étonner, nobles Pairs; car la garde d'honneur qui est à vos portes a violé comme moi, et dans le même sens, *les lois existantes*. Longtemps avant que l'armée nationale eût reçu l'organisation qui lui avait été promise par la charte, et lorsqu'elle était encore sous le coup de l'ordonnance qui l'avait détruite, elle s'est formée, elle a élu ses chefs, elle a paru sous les armes, non pas dans un point de la France, mais dans toute l'étendue du pays. Comment suis-je coupable si elle est innocente? Comment se fait-il que, quelque part que tombent ici mes regards, ils rencontrent des complices, et que pourtant moi et mes amis nous soyons seuls au banc des prévenus? L'on a pu demander la tête des ministres en vertu d'un principe de liberté non organisé par une loi, et lorsque nous avons voulu, en vertu d'un principe de liberté non organisé par une loi, mais écrit à la même page et dans le même article de la charte, rassembler quelques enfants de familles pauvres pour leur apprendre les éléments des lettres divines et humaines, on est venu contre nous comme contre des perturbateurs de la paix publique; on a chassé nos enfants, on a ravi mon domicile : ma porte est encore sous le scellé. Je n'ai rien vu, dans tout ce qu'a dit M. le procureur général, qui m'explique tant d'impunité d'une part et tant de rigueur de l'autre, à moins que l'impunité n'ait été justice, et que la rigueur ne soit persécution. Alors je les comprends toutes deux, et après la persécution, nobles Pairs, j'ose réclamer la justice.

Je suivrai M. le procureur général dans sa discussion pied à pied. Ce n'était pas mon plan ; mais le ministère public a feint de croire que mes défenseurs et mes amis n'avaient pas abordé la question, et je désire que personne ne soit tenté de nous adresser ce reproche après m'avoir entendu. M. le procureur général a réduit toute la cause en ces termes : Les décrets constitutifs de l'Université ont force de loi. Néanmoins il a essayé de donner au monopole une origine plus forte que la volonté d'un seul homme, et il a placé à l'entrée de sa discussion la loi du 10 mai 1806, comme on place un signe de vie au devant d'un tombeau. Selon lui, la loi de 1806 avait créé l'Université, et l'avait dotée du droit exclusif d'enseigner la jeunesse de l'Empire ; il ne manquait dès lors au monopole que l'organisation du corps chargé de l'exploiter ; organisation qui devait, il est vrai, être soumise aux délibérations législatives, d'après la loi de 1806 ; mais le principe étant posé, le souverain pouvait en tirer les conséquences par un simple décret. Je m'arrête, nobles Pairs ; car j'ai plusieurs choses à dire sur cette loi, sur l'application qu'on en fait à la cause, et sur cet aveu digne de remarque : le principe étant posé, le souverain pouvait en tirer les conséquences par un simple décret.

La loi de 1806 avait créé l'Université, je le nie. Elle est ainsi conçue : « Il sera formé, sous le nom d'Université impériale, un corps chargé exclusivement de l'enseignement et de l'éducation publics dans tout l'Empire. L'organisation du corps enseignant sera présentée en forme de loi au corps législatif à la session de 1810. » De ce qu'un corps sera formé, de ce que sa formation aura lieu au bout de quatre ans par une loi, il ne s'ensuit pas qu'il existe, mais qu'il pourra exister, si la législature consent à lui donner l'être un jour. Tout au moins, la législature aura le droit de détruire l'organisation préalable qu'on lui aura donnée; et, comme la loi de 1806 n'a été consentie qu'en réservant ce droit à une législature postérieure, il s'ensuit que, la condition n'ayant pas été accomplie, la loi qu'on suppose créatrice de l'Université a péri par sa propre disposition. D'ailleurs, nobles Pairs, peu importe qu'elle soit morte ou qu'elle ait vécu; elle ne prononce aucune peine, elle n'attribuait pas au prince le pouvoir d'en établir à son gré : elle est donc étrangère à une cause où l'on réclame une satisfaction pénale. Il est vrai que M. le procureur général vous a dit : Le principe étant posé, le souverain pouvait en tirer les conséquences par un simple décret. Mais le principe n'était pas posé; mais en admettant qu'il le fût, il l'était conditionnellement, et la nation s'était réservé le droit d'approuver ou de rejeter l'organisation de ce corps destiné, dans les pensées du prince, au monopole de l'enseignement. J'admire le ministère public : il nous poursuit pour avoir tiré les conséquences d'un principe écrit *sans* condition dans la charte, et il justifie sa poursuite en soutenant qu'il est loisible de tirer les conséquences d'un principe écrit *sous* condition dans une loi ; car il n'importe que Napoléon fût empereur, et que je ne sois qu'un simple citoyen : la loi oblige également le peuple et le souverain. Si Napoléon a pu tirer les conséquences de la loi de 1806 par un décret, c'est-à-dire par un acte de sa volonté privée, j'ai pu tirer les conséquences de la charte de 1830 par un acte de ma volonté privée, avec la différence que Napoléon avait promis de soumettre à la législature l'exécution de la loi de 1806, tandis que je n'ai promis qu'une chose à mon pays, le respect et l'amour de sa liberté. Napoléon fut despote en signant son décret, je fus bon citoyen en ouvrant mon école.

Jusqu'ici, nobles Pairs, l'accusation n'a pas fait un pas. Cette ombre de la loi que M. le procureur général a voulu appeler à côté de lui, avant de découvrir la nudité du despotisme, cette ombre sainte n'a pas paru. Nous la verrons s'éloigner toujours davantage à mesure que la discussion se prolongera. On n'osera plus vous parler des lois, mais de décrets impériaux ayant force de loi. Le premier que l'on a invoqué est celui du 17 mars 1808 ; car Napoléon attendit deux années avant d'organiser la servitude de l'enseignement qu'il avait annoncée à la France, et M. le procureur général, en la reportant au mois de mai 1806, s'est montré de deux ans plus pressé que Napoléon. Il se montre aussi plus sévère en sollicitant une peine contre nous, au nom de ce premier décret qui n'en établit aucune, et qui par conséquent n'a pas force de loi, puisque la sanction est une partie intégrante et essentielle de la loi. Napoléon, nobles Pairs, connaissait mieux les hommes et la force de la liberté que M. le procureur général, et quand il voulait fonder la servitude, il s'y prenait de loin, avec d'infinies précautions, qui étaient au moins une sorte d'hommage au droit qu'il avait résolu d'anéantir. Sa politique profonde fait qu'en ce moment nous sommes contraints d'aller jusqu'au 15 novembre 1811 pour trouver la première peine décernée contre ceux qui oseraient enseigner, sans autorisation, la postérité de la France. C'est donc au 15 novembre 1811, et pas plus tôt, que commence le raisonnement de M. le procureur général, c'est-à-dire, cinq ans et demi plus tard qu'il n'a voulu vous le persuader. Or ce raisonnement se divise en trois branches qu'il est nécessaire de distinguer, puisque le ministère public l'a fait : savoir, le décret de 1811 a eu force de loi sous l'empire, force de loi sous la restauration, et force de loi depuis la révolution de 1830. C'est ce que nous allons voir.

Le décret de 1811 a eu force de loi sous l'empire : c'est vous qui l'avez dit, monsieur le procureur général; c'est vous qui avez placé là toute la cause, ou du moins son principal fondement, et qui faisiez remarquer tout à l'heure à la cour, avec une sorte d'orgueil, que personne n'avait été si hardi sous l'empire que de s'opposer à la volonté de Napoléon. Je place volontiers la cause où vous la placez vous-même, et je suis curieux de répéter la preuve par laquelle vous établissez que le décret de 1811 a eu force de loi sous le sceptre impérial. C'est, dites-vous, qu'il a été exécuté. Mais tout s'exécute par l'épée ; et si nulle autre condition n'est nécessaire pour qu'une volonté d'homme devienne une loi, la violence est la suprême législatrice du genre humain, un fait est un droit, le silence de la peur est la voix de Dieu. S'il faut d'autres conditions, quelles sont-elles? Ont-elles été remplies à l'égard du décret de 1811 ? M. le procureur général ne nous en a rien dit. Il s'est borné à ce mot superbe : Le décret a été exécuté, en ajoutant avec intention que c'était sous l'empire. En effet, sous l'empire il y avait alors tant de liberté et tant de courage civil, que l'exécution d'une volonté impériale lui donnait nécessairement la force de loi, c'est-à-dire le caractère du consentement de la nation ou de ses représentants, c'est-à-dire le caractère de la justice ! Non, si la doctrine du ministère public était vraie, s'il était possible qu'en France un décret exécuté devînt une loi par cela seul qu'il est exécuté, il faudrait fuir notre patrie, et aller demander aux civilisations les plus abjectes un peu de cette liberté qui ne se perd jamais tout entière, si ce n'est chez les peuples où l'on parle de la violence comme d'une chose sacrée, et où l'ordre du maître s'appelle une loi, pourvu que l'esclave ait répondu : J'obéis.

Je ne disconviens pas, nobles Pairs, qu'un décret, un sénatus-consulte, un plébiscite, puissent se transformer en lois. Je nie seulement qu'il suffise de leur exécution pour les investir de ce caractère auguste, le plus saint qui soit sur la terre après celui de la religion, et je supplie M. le procureur général de nous dire dans quelle page de la législation française il a puisé cette étrange maxime, qu'un décret exécuté est une loi; ou, s'il ne le peut, de rendre témoignage que cette maxime est la sienne, et non pas celle de la France. Elle ne l'est pas, nobles Pairs; et je vous dirai ce qu'il faut pour qu'une volonté qui n'est pas une loi se change en loi, afin que vous jugiez ensuite si le décret de 1811, tombé sur la France de la main d'un despote, a été relevé par la seule puissance qui pouvait le rendre sacré.

Le droit romain, dont les principes généraux ont passé dans notre législation, établissait que la coutume pouvait faire des lois, ou donner le caractère législatif à des règlements d'un ordre plus ou moins subordonné, et il en était ainsi, soit que la coutume se fût créée en l'absence des lois, ou qu'elle eût étendu les lois, ou même qu'elle les eût violées. Avant d'en dire la raison, je remarque que la coutume devait être libre, prouver un consentement assez général et avoir une certaine durée : conditions d'autant plus rigoureuses, qu'elle devait produire un plus grand effet; par exemple, l'abrogation d'une loi. Nous verrons tout à l'heure si l'exécution du décret de 1811 atteste, en faveur de l'Université, l'accomplissement de ces diverses conditions; je me hâte de chercher avec vous, nobles Pairs, pourquoi la coutume jouissait d'une si grande prérogative chez les Romains. C'est que la loi, chez les peuples libres, n'étant que l'expression de la volonté du pays, la coutume, qui exprime par excellence le vœu et le besoin du pays, est aussi la loi par excellence, la loi telle, que les hommes seraient heureux s'ils n'en avaient jamais d'autre, la loi où l'idée du commandement se lie davantage à l'idée de la liberté. Partant de là, nobles Pairs, je ne puis m'étonner assez du sang-froid avec lequel M. le procureur général vous a dit : Le décret de 1811 a été exécuté; donc il a force de loi. Mais a-t-il été exécuté librement? A-t-il été exécuté du consentement commun? A-t-il été exécuté pendant de longues années? A-t-il été exécuté en telle façon qu'il soit une liberté de la France? Ah! nobles Pairs, quelle dérision! Et c'était avec complaisance que M. le procureur général vous suppliait de remarquer que le décret avait été exécuté *sous l'empire!* Puis donc qu'il a bien voulu prendre mon rôle, il faut que je me résigne à répéter après lui : C'était sous l'empire, c'était du temps où la France ne consentait à rien, parce qu'on ne lui soumettait rien; c'était du temps où les restes de la république, descendus de l'échafaud, adoraient à genoux la fortune impériale; c'était du temps où il n'y avait en France que la gloire et le silence. Mais encore l'esclavage a-t-il été assez long pour qu'on puisse dire au moins qu'il a eu la puissance et la majesté de la durée ? Comptez les jours, nobles Pairs, et remercions la Providence qui les abrégea. Entre le 15 novembre 1811 et le 1er avril 1814, entre le décret qui mit l'Université sous la protection d'une pénalité arbitraire et l'acte qui précipita Napoléon du trône, il s'est écoulé deux ans trois mois et vingt-six jours. Est-ce là de quoi couvrir la servitude du voile que le temps jette sur tout ?

Ah ! une éternité n'eût pas suffi pour ôter à ce décret son infamie. Rendu contre une promesse faite dans une loi, et qui était la condition de cette loi, il était tout à la fois un parjure et une indigne machination politique. Il avait un but d'un despotisme si vaste, que Napoléon, parvenu au plus haut degré de sa puissance, n'osa pas le soumettre à ceux qui avaient sanctionné toutes ses volontés passées. Il y revint à trois fois, en six années, pour le créer, et il s'y prit avec tant de ruse, qu'évidemment il croyait porter le dernier coup à la liberté. Et néanmoins M. le procureur général vous a dit tranquillement : Le décret a été exécuté sous l'empire ; donc il a force de loi. Est-ce par la puissance de la coutume ? M. le procureur général n'oserait le soutenir. Mais si ce n'est pas par la puissance de la coutume, par quelle puissance est-ce donc ? Par celle du despotisme et du parjure, nobles Pairs. Vous me pardonnez de n'avoir pas adoré les œuvres de cette puissance-là.

J'arrive au sort du décret sous la restauration.

Elle n'était pas commencée, que le gouvernement provisoire, par un acte du 8 avril 1814, arrêta que « les formes et la direction de l'éducation des enfants seraient rendues à l'autorité des pères et mères, tuteurs ou familles », et flétrit le système exclusif qui avait permis au gouvernement tombé de diriger l'inclination et les talents de la jeunesse selon ses vues particulières. Plus tard, le 17 février 1815, le roi Louis XVIII rendit sur l'instruction publique une ordonnance dont les considérants et les dispositions réglementaires prouvent également que le décret de 1811 n'était pas exécuté comme loi, mais supporté, même par le pouvoir, comme une tyrannie dont il se proposait de délivrer la France.

« Nous étant fait rendre compte, dit l'ordonnance, de l'état de l'instruction publique dans notre royaume, nous avons reconnu qu'elle reposait sur des institutions destinées à servir les vues politiques du gouvernement dont elles furent l'ouvrage, plutôt qu'à répandre sur nos sujets les bienfaits d'une éducation morale et conforme aux besoins du siècle... Nous avons mûrement examiné ces institutions, que nous nous proposons de réformer, et il nous a paru que le régime d'une autorité unique et absolue était incompatible avec nos intentions paternelles et avec l'esprit libéral de notre gouvernement. »

Viennent ensuite des dispositions qui introduisent de grands changements de formes dans l'Université, mais où il faut remarquer deux choses : l'abolition de la taxe universitaire, et le silence du législateur sur la pénalité du décret de 1811, quoiqu'il renouvelle la défense d'ouvrir aucune école sans autorisation. Après avoir imprimé ses flétrissures au monopole, la restauration ne l'attaqua plus ouvertement : elle éprouva quelque chose qui est devenu depuis fort commun, la peur. Toutefois sa tolérance ne fut qu'apparente, et douze ans plus tard, lorsqu'il semblait que l'Université avait joui d'un règne tranquille, la France apprit tout à coup que quarante-cinq mille de ses enfants étaient élevés en contravention du décret de 1811, par la connivence du gouvernement. Quelle loi, nobles Pairs, et quelle coutume! Le ministère public a beau nous crier d'une voix de tonnerre que ce fut une abomination : abomination tant qu'il plaira à M. le procureur général, je ne demande pas mieux ; car plus l'abomination a été grande, plus le décret a été violé ; et plus le décret a été violé, moins il a eu force de loi. Les ordonnances de 1828 ne servent de rien contre ce raisonnement; elles ont bien pu chasser les jésuites, mais elles ne peuvent pas faire que le décret de 1811 n'ait été violé par le gouvernement lui-même durant dix à douze années; elles ont bien pu opérer une réaction, mais une réaction est la preuve du combat; et tandis que les partis se disputent à qui détruira ou reconstruira l'Université, la coutume ne se forme pas, le décret reste ce qu'il est : un ouvrage de la force battu en brèche par la liberté.

Enfin, nobles Pairs, la restauration tomba comme l'empire. Les vœux de la France parurent encore une fois au-dessus des ruines. Quels furent-ils? Vous le savez. La liberté d'enseignement, consacrée dans la Charte comme un droit inviolable de la nation française, apprit à l'Université que ce n'était pas seulement la restauration et le catholicisme qu'elle avait pour ennemis; mais que, fille d'un despotisme exécrable, elle avait fatigué vingt ans la patrie. Tous les régimes, l'empire, la restauration, la révolution de 1830, tous ont jeté leur malédiction à l'Université; tous, et je ne parle ici que des actes de gouvernement, je tais les injures privées; car qui pourrait les compter? Ainsi, à quelque époque que nous nous placions, nous pouvons demander du décret impérial : Qui lui a donné force de loi? Où est le consentement des citoyens? Où est la liberté? Où est la coutume? A chaque époque, l'Université a été flétrie par des actes du pouvoir, et l'acte même qui lui donna naissance fut un parjure; à chaque commotion sociale, la France l'a réprouvée. Et faut-il s'en étonner? la France combat pour être libre, et l'Université pour l'asservir; la France veut la liberté des opinions et des cultes, la liberté d'intelligence, source de toutes les autres, et l'Université les opprime toutes dès notre berceau; la France veut la liberté de la famille, l'inviolabilité du foyer domestique, et l'Université arrache les fils à leurs pères au nom de la science, qu'elle ne leur donne pas, et de la vertu, qu'elle leur ravit. Encore une fois, faut-il s'étonner qu'elle soit en butte à la haine commune, et que je n'en puisse parler qu'avec un accent d'imprécation ? Oh! oui, nous la haïssons du fond de nos entrailles, et tant qu'il restera dans notre cœur un souffle de vie, tant qu'il restera dans nos veines un peu de sang, nous emploierons ce souffle, nous userons ce sang à la combattre, à la tuer. Car il faut que nous soyons libres, nobles Pairs, il le faut. Et puis, nous tous qui parlons, qui écrivons; nous tous, à cette barre et dans la France ; nous tous qui sommes de ce temps, est-ce que nous ne sommes pas aussi de l'Université? Est-ce que nous n'avons pas éprouvé ses bienfaits? Est-ce que nous ne connaissons pas le ventre de notre mère?

Vous pouvez maintenant, nobles Pairs, juger cette assertion, à laquelle le ministère public a réduit toute la cause : Le décret de 1811 a force de loi. Je ne crains pas de dire qu'il n'existe aucun acte de l'autorité souveraine, dans notre législation, qui porte davantage l'empreinte de l'illégalité et du despotisme, et qui l'ait mieux conservée. Flétri par son propre auteur, qui n'osa pas essayer d'en faire une loi, quoiqu'il l'eût promis dans une loi ; flétri par le Gouvernement provisoire, au premier moment de la chute de Napoléon ; flétri par une ordonnance du roi Louis XVIII, et par tout le gouvernement de la Restauration, qui le viola dix ans d'une manière flagrante; flétri par la Révolution de 1830; flétri par une haine unanime, par des pétitions innombrables, par tous les organes de l'opinion publique, par plusieurs tribunaux, qui ont refusé de l'appliquer, par la cour royale de Paris, qui, dans cette même cause, ne nous a condamnés par défaut qu'au *minimum* de la peine impériale ; c'est en son nom qu'il y a cinq mois le nom de la liberté fut effacé des murs où nous l'avions inscrit, que des enfants furent chassés par la force du lieu où les retenaient les ordres de leurs parents, que j'ai été moi-même jeté hors de mon domicile, et que les scellés m'empêchent encore d'y rentrer. Voilà le décret, nobles Pairs, qu'on veut que la France adore comme une loi, et dont l'histoire, abjecte même dans l'histoire du despotisme, ne rappelle avec des idées d'oppression aucune idée de grandeur. Ce n'est pas même un glaive sanglant, c'est le fer ignoble avec lequel on a cloué ma porte.

J'ai encore plusieurs choses à vous dire, nobles Pairs ; mais je crains d'abuser, après une si longue audience, de votre justice même, et j'ai besoin, avant de poursuivre, de me rassurer contre cette crainte que m'inspire le respect dont je suis préoccupé. Tant de discours ont dû fatiguer votre attention ! Toutefois, nobles Pairs, je vous conjure par vos enfants, par ceux qui seront les enfants de vos enfants, de ranimer mon courage, qu'émeut la pensée de prolonger la défense au delà des bornes convenables. Si nos paroles sont abondantes, c'est que l'oppression a été bien longue. Aujourd'hui même l'accusation a été contre nous d'une inconcevable dureté. Elle nous a fait le reproche de haïr le Pouvoir jusqu'à l'anarchie, nous qui, depuis une année, avons fait tant d'efforts pour rallier les partis autour de la liberté, et qui, sacrifiant des sympathies naturelles, avons eu pour ennemis nos propres frères, et compromis, s'il était possible, dans l'opinion de plusieurs jusqu'à la sincérité de notre foi. M. le procureur général nous a adressé d'autres paroles non moins injustes, non moins amères, et qui attristeraient notre cœur, si le chrétien, descendant dans sa conscience, n'y trouvait des forces contre l'injustice, et surtout contre certaines injures.

Je reprends la discussion, nobles Pairs, et j'écarte d'abord une objection qui peut paraître spécieuse. Elle est tirée des lois de finances qui ont autorisé jusqu'aujourd'hui, et tout récemment encore, la perception de la taxe universitaire, d'où l'on conclut qu'elles ont également autorisé l'institution qui profite de l'impôt. Je le nie. S'il en était ainsi, M. le procureur général n'aurait pas dû nous accuser d'avoir violé un décret ayant force de loi, mais bien d'avoir violé les vingt lois qui, en autorisant la taxe universitaire, auraient sanctionné vingt fois l'existence de l'Université. S'il ne l'a pas fait, c'est que l'objection est un sophisme. Il est clair, en effet, que l'Université existe indépendamment de la question de son monopole ; que dès lors elle peut percevoir des impôts justes ou injustes, sans que la légalité de son monopole en résulte le moins du monde. Le lendemain du jour où la liberté d'enseignement prévaudra, l'Université pourra continuer de vivre et de lever la taxe qui porte son nom, si les lois de finances continuent à lui en donner le droit.

Cette objection résolue, je m'arrêterai un instant sur la Charte de 1830. Je ne dis rien de ses articles 5 et 7, l'un qui abolit la censure, l'autre la religion de l'État ; nos défenseurs vous ont montré leur liaison nécessaire avec la liberté d'enseignement. Je me hâte d'atteindre l'article 70 : celui-là, M. le procureur général a jugé convenable de l'oublier complétement, quelque effort que la défense ait fait pour le lui rappeler. Il stipule l'abrogation expresse *des lois et ordonnances contraires aux principes adoptés pour la réforme de la charte,* principes dont la liberté d'enseignement fait partie. Je soumettrai à son égard deux observations à la Cour. On dit que cet article est clair, invincible, mais qu'il existe contre son application pratique une objection plus claire et plus invincible encore, c'est que tout serait perdu s'il était appliqué. Tout serait perdu parce que, grâce à l'empire et à nos procureurs généraux, il s'est introduit une foule de décrets ayant force de loi, comme celui de 1811, et liés à toute la machine politique, qui croulerait à l'instant si l'article 70 de la Charte recevait à son tour force de loi. J'accorde pour un moment qu'il en soit ainsi : c'est la faute du législateur s'il a fait un article impraticable ; ce n'est pas la mienne ni celle de mes amis si nous l'avons entendu dans son sens naturel, et, à tout le moins, nous sommes excusables de nous être trompés après la législature. Mais il s'en faut, nobles Pairs, que tout soit perdu si l'on applique généreusement l'article 70 de la Charte. Je conviens qu'il est des lois contraires aux principes adoptés pour la réforme de notre constitution, qui ne peuvent être abandonnées à la merci des citoyens tant qu'elles n'ont pas été remplacées par d'autres lois. Ce sont celles dont la chute subite anéantirait l'État, par exemple l'ancienne législation municipale; et il n'est pas à craindre qu'on leur applique l'article 70, parce qu'il y a impossibilité de le faire, et que l'impossibilité est la limite naturelle de toutes les lois. Mais à l'égard de la responsabilité ministérielle, à l'égard de la garde nationale, à l'égard de la liberté d'enseignement, il n'en est pas de même : on peut juger un ministre sans que l'État tombe en défaillance; on peut se faire soldat sans qu'il périsse; on peut ouvrir une école et mille écoles sans que le royaume soit en combustion, sans même que l'Université soit troublée. Quand nous avons ouvert la nôtre, rien n'a été changé en France, sinon que quelques citoyens ont usé d'une liberté dont ils n'usaient pas auparavant. Rien même n'empêchait que l'État ne surveillât notre école; il n'avait qu'à envoyer ses inspecteurs pour examiner si nous étions des forçats, ou si nous enseignions des doctrines contraires aux bonnes mœurs, et nous déférer ensuite aux tribunaux. Que fera-t-il de plus avec la loi qu'il nous force à attendre depuis un an, et qui ne sera pas même prête pour la rentrée des écoles? Il ne fera rien de plus, et il est évident, nobles Pairs, que ce n'est pas le désordre qu'on poursuit en nous, mais la liberté : les dernières paroles de M. le procureur général le témoignent assez. Mais j'invoque l'article 70 de la Charte; car c'est un remède que nos législateurs nous ont préparé contre les lenteurs et les parjures du pouvoir, un remède sans danger, parce qu'il est impossible de s'en servir dans le cas où il y a du danger.

Je termine ici, nobles Pairs, et pourtant je ne vous ai pas dit la pensée avec laquelle j'étais venu devant vous. J'ai tout sacrifié au désir de ne pas vous être à charge et de réfuter avec simplicité le ministère public. Si le temps ne me manquait pas, j'aurais essayé de vous prouver que la question n'a pas encore été traitée sous son vrai point de vue. J'aurais accordé au ministère public tout ce qu'il aurait voulu, et, supposant que nous étions coupables de la violation d'un décret sanctionné par une peine, j'aurais tiré de notre culpabilité même la preuve de notre innocence. Car, nobles Pairs, il est de saintes fautes, et la violation d'une loi peut être quelquefois l'accomplissement d'une loi plus élevée. Dans la première cause de la liberté d'enseignement, dans cette cause célèbre où Socrate succomba, il était évidemment coupable contre les dieux, et par conséquent contre les lois de son pays : cependant la postérité des peuples païens et la postérité des siècles venus depuis le Christ ont flétri ses juges et ses accusateurs; ils n'ont absous que le coupable et le bourreau : le coupable, parce qu'il avait manqué aux lois d'Athènes pour obéir à des lois plus grandes; le bourreau, parce qu'il n'avait présenté la coupe au condamné qu'en pleurant. Et moi, nobles Pairs, je vous aurais prouvé qu'en foulant aux pieds ce décret de l'empire, j'avais bien mérité des lois de ma patrie, bien servi sa liberté, bien servi sa cause et l'avenir de tous les peuples chrétiens. Mais le temps me ravit ma pensée, et je lui pardonne, puisqu'il me laisse votre justice. C'est donc assez. Quand Socrate, dans cette première et fameuse cause de la liberté d'enseignement, était prêt à quitter ses juges, il leur dit : Nous allons sortir, vous pour vivre, moi pour mourir. Ce n'est pas ainsi, mes nobles juges, que nous vous quitterons. Quel que soit votre arrêt, nous sortirons d'ici pour vivre ; car la liberté et la religion sont immortelles, et les sentiments d'un cœur pur, que vous avez entendus de notre bouche, ne périssent pas davantage.

DISCOURS

PRONONCÉ

A LA DISTRIBUTION SOLENNELLE DES PRIX

DE L'ÉCOLE DE SORÈZE

LE 7 AOUT 1856

DISCOURS

PRONONCÉ

A LA DISTRIBUTION SOLENNELLE DES PRIX

DE L'ÉCOLE DE SORÈZE

MESSIEURS,

Lorsque, par une vue de l'esprit, je me reporte aux temps de ma jeunesse, à ces temps rapides qui ne nous sont donnés qu'une fois, il me semble qu'aucun souvenir ne m'est plus vivant encore et plus cher que le souvenir du jour où, à côté de nos camarades et sous les regards de nos mères, nous recevions de nos maîtres la récompense publique des travaux d'une année. Ce qui se passait alors en nous, je crois le sentir encore. Tout n'était pas pur, peut-être, s'il est vrai que le moindre mouvement d'orgueil soit une faute devant l'œil sévère de Dieu : mais pourtant ce premier apprentissage de la renommée, ce premier coup de clairon de la gloire ne nous enivrait pas tout seul ; il était relevé dans notre conscience par le sentiment du devoir rempli, par la joie de nos proches et la bienveillance unanime dont nous étions l'objet. C'était un jour de justice et de sympathie, de présage aussi pour cet avenir obscur où chacun de nous, dans son inexpérience, cherchait à lire sa destinée. Le monde nous apparaissait à travers le bruit des applaudissements et le charme des caresses, prisme trompeur, il est vrai, mais non pas de tout point : car, sans aucun doute, le travail, la conduite, la persévérance, l'estime méritée, ce sont là les fondements d'une carrière honorable, la route solide du bonheur, et les couronnes déposées sur nos têtes, en nous le disant avec éloquence, nous le disaient avec vérité. Aussi, Messieurs, en renouvelant devant vous ces fêtes, que j'appellerais volontiers sacrées, nous ne croyons pas donner à vos fils un enseignement fragile et vain, ni vous donner à vous-mêmes une satisfaction qui soit indigne de votre tendresse et de votre maturité. Oh ! non, les récompenses décernées par des maîtres, les larmes causées par la justice obtenue, les pressentiments des mères devant les triomphes de leurs enfants, non, cela n'est point trompeur, et s'il y a des prophètes plus divins, soyez convaincus qu'il n'y en a pas de plus sûrs.

On pourrait dire que le succès témoigne des dons de la nature bien plus qu'il ne manifeste le travail de l'intelligence, et que par conséquent il est un faux indice du mérite réel : mais la Providence a voulu que sans une culture sérieuse les dons naturels les plus parfaits ne portassent pas leurs fruits, comme ces plantes dont la séve, si riche qu'elle soit, s'altère faute de soins, et ne rendplus à l'homme qu'une moisson dégénérée. Le travail est la condition nécessaire du développement de l'esprit, et le travail lui-même n'est possible, surtout dans la jeunesse, qu'avec le concours généreux de la vertu. Le jeune homme qui méprise la discipline, qui n'aime point ses maîtres, qui ne voit dans une école qu'une prison, dont l'émulation n'est excitée ni par le besoin de sa propre excellence, ni par l'espérance des joies qu'il causerait à sa famille; le jeune homme insensible aux progrès de ses camarades comme aux siens propres, pour qui les jours ne sont qu'un fardeau sous lequel il se débat, qui ne songe ni à Dieu, ni à la patrie, ni même à l'avenir, si ce n'est pour se le représenter sous la forme du plaisir et de la liberté : ce jeune homme, croyez-le, portât-il le germe du talent le plus rare, languira sans honneur, impuissant au succès parce qu'il est impuissant à la vertu. Il y a donc, Messieurs, dans cette solennité, sous des apparences littéraires et bornées, le couronnement sérieux de tous les mérites produits par tous les efforts. Le travail en fait le fond : il est le premier principe de tout bien. C'est lui qui mûrit la pensée après l'avoir entr'ouverte; dans le sillon qu'il creuse chaque jour, la nature sème derrière lui le vrai, le beau, le grand, toutes les idées dont la faculté préexiste en nous, mais qui attendent, pour y devenir des réalités vivantes, la main créatrice de la réflexion. Par elle l'esprit s'étend, l'imagination s'allume, le goût se forme, la langue s'orne et se polit; mais en même temps le corps exercé de concert sous cette patiente discipline perd de sa rudesse et de sa grossièreté. Le front prend des lignes plus amples pour contenir à son aise sous sa noble architecture une intelligence devenue plus vaste; les yeux s'animent d'un feu qui n'est pas celui des passions, mais le feu légitime et pur de la pensée; les lèvres, qui demeuraient immobiles sous l'inaction, ou serrées par l'indifférence, apprennent à se mouvoir, à sourire, à plaire; les joues se colorent d'un éclat où transpire la pudeur : toute la tête devient expressive, et au lieu des traits âpres de l'homme sans culture ou des traits morts de l'homme sans virilité, elle revêt un mélange de force et de grâce, de douceur et de vie, de tendresse et de grandeur, magnifique image d'une âme qui est elle-même une image de Dieu.

Voilà, Messieurs, ce que vous venez chercher ici, lorsque après la longue épreuve d'une année de séparation vous nous redemandez vos fils pour les ramener quelques jours au foyer qui les vit naître et qui ne les oublie jamais. Votre œil scrutateur parcourt leur front avec inquiétude : vous voulez y voir les marques vives du travail de l'esprit, les signes d'une raison qui a pris de l'empire, et le progrès de cette beauté qui vient du cœur. Puis, ce premier regard jeté sur eux dans l'épanchement, vous le réportez sur nous : vous attendez si leur nom sortira de notre bouche, et si les acclamations de leurs camarades vous diront que Dieu les a protégés et que vous avez des enfants laborieux, honnêtes, aimants, dignes d'être aimés. Ah! je comprends votre émotion par la mienne! Chargé de ce dépôt précieux, l'œil ouvert tous les jours sur lui, nous n'ignorons rien de ce qui peut causer vos joies et vos peines; le secret du triomphe, comme le secret de ses causes, nous est connu tout entier : et cependant, quoique nous n'ayons pas comme vous les agitations de la crainte et de l'espérance, nous ne sommes pas moins que vous touchés de ce drame où nous ne représentons pas seulement la justice, mais la tendresse aussi, la tendresse d'une paternité qui vient après la vôtre. Nous nous demandons à nous-mêmes si nous ne nous sommes pas fait illusion, et si nos soins, bénis de Dieu, ont réellement rapproché ces âmes du but élevé de leur éducation.

Avons-nous été des maîtres pour eux? Question délicate dont Dieu peut-être est le seul juge, mais que nous avons le droit d'examiner dans notre conscience, soit pour nous rassurer, soit pour nous instruire. Qu'est-ce donc qu'un maître? Qu'est-ce que ce caractère qui doit être le nôtre, et que la langue, interprète infaillible des idées communes, appelle d'un nom d'autant plus expressif qu'il s'applique aujourd'hui à moins d'hommes et à moins de choses? Les ambassadeurs, dans des occasions solennelles, continuent à dire : *Le roi mon maître.* Mais ce langage n'est plus dans leur bouche qu'une tradition sans écho, et si vous interrogez non pas même un peuple, mais un simple citoyen, il ne vous dira pas que son prince est son maître, car il estime n'en point avoir d'autre que lui-même, dût-il s'exposer au mot de Henri IV : « Mon ami, vous avez un sot maître. » Le soldat, malgré la rigueur de la discipline, n'a que des chefs, et il dit d'eux : Mon général, mon capitaine, mon lieutenant. L'artisan et le commis disent : Mon patron. Le serviteur dit : Monsieur. Nulle part, semble-t-il, il n'y a plus de maîtres. L'écolier seul se sert encore de cette expression, et, malgré la meilleure volonté d'être et de faire comme les autres, il dit comme autrefois : Mes maîtres. Il le dira même plus tard, s'il en a rencontré de véritables, avec une expression de reconnaissance et d'orgueil.

D'où vient cela? Pourquoi ce nom, si pénible à l'amour-propre, revêt-il une couleur heureuse dans son application à ceux qui dirigent nos années de culture et d'effervescence? Est-ce parce que cet âge est plus simple, plus naturellement et plus entièrement soumis à l'autorité? Je ne le pense pas. L'enfant et le jeune homme sont impatients du frein, et, quelque justice qu'ils doivent rendre un jour à ceux qui les auront formés en les retenant sous le joug de l'obéissance, ils n'en ont pas moins l'instinct inné de l'affranchissement. C'est ailleurs, dans le sens classique du mot de maître, qu'il faut chercher les causes d'une popularité qu'il n'a plus que là. Il ne veut pas dire que nous ayons sur nos élèves un empire absolu : car, plus haut que nous, l'État et la famille sont là pour les protéger. Il n'exprime pas non plus le droit qui nous appartient de les punir de leurs fautes : car les magistrats aussi exercent le même ministère de justice, et on ne les appelle point des maîtres. Il ne signifie pas davantage la part qui nous est communiquée de l'autorité paternelle : car le père s'appelle père, et il n'a jamais songé à revendiquer pour lui un nom plus grave ou plus impérieux. Il se contente de celui que la nature lui donne, et qui satisfait son cœur en suffisant à son devoir.

Qu'y a-t-il donc sous ce nom de maître qui nous est conféré par privilége? Quel est son sens, son origine? Quelle est la cause du prestige qu'il conserve pour nous seuls, et quelles obligations nous rappelle-t-il à nous-mêmes qui le portons?

Bossuet disait : « Sortez du temps et du changement. » Je vous dirai : Sortez de toute idée de commandement, de juridiction, de discipline, de pouvoir sous une forme ou sous une autre; car là n'est point ce qui nous fait maîtres. Nous le sommes dans une acception tout autrement élevée, qui nous protége contre les craintes de l'orgueil, en même temps qu'elle nous avertit de la grandeur et des périls de notre mission. Nous sommes maîtres parce que nous sommes initiateurs; nous sommes maîtres au sens où le Sauveur du monde disait à ses disciples : *Ne vous appelez point maîtres, car c'est moi seul qui le suis pour vous*. C'est-à-dire : Ne faites pas comme les sages qui enseignent la vérité en leur nom et se donnent pour les pères de la doctrine ; car moi seul je suis la doctrine et la vérité. Nous sommes maîtres au sens où Raphaël l'était de la foule qui se pressait sur ses pas pour apprendre de lui le génie du dessin, l'inspiration de la couleur et la magie du pinceau. Nous sommes maîtres au sens où l'antiquité l'est encore de nous, par la tradition du goût et de l'harmonie dans les choses de l'esprit. C'est la pensée qui est le siége de notre pouvoir. Il nous vient des régions qu'habitent la vérité, la beauté, la justice, l'ordre et la grandeur, tout ce qui fait de l'homme un être divin, et de l'enfant un être qui a la vocation de devenir un homme. Peut-être ne le comprend-il pas tout d'abord, et ne voit-il en nous que les gardiens austères de ses jeunes facultés : mais, à mesure qu'elles grandissent par la lumière que nous y versons, il connaît son erreur, il connaît que l'âme est la patrie de la vraie liberté, et que la liberté s'y fait par la science et la vertu. Comme la terre enchaînée sur ses pôles pourrait d'abord, si elle venait à prendre conscience d'elle-même, gémir de la force qui la retient autour du soleil, mais ensuite, se voyant inondée de clartés dans le mouvement qui l'emporte, accepterait sa place et sa loi des mains de la Providence : ainsi l'enfant, captif extérieur de la règle et du travail, sent tôt ou tard, au libre vol de sa pensée, à la joie mâle du savoir, à l'onction plus grave encore du bien accompli, qu'il est dans l'orbite de sa destinée véritable, au chemin de l'honneur et de la félicité. Il le sent, et une part de sa gratitude retombe, après Dieu, sur ceux qui l'initièrent à ce règne invisible et tout-puissant des belles choses : il les appelle ses maîtres, comme la postérité reconnaissante appelle de siècle en siècle ceux qui lui ont laissé dans des œuvres dignes d'elle un exemplaire et un souvenir de cette beauté qui n'a point d'âge. Et nous, interprètes vivants de ces grands génies, nous nous présentons avec eux à l'esprit de nos élèves; nous leur donnons le secret de la langue qu'ils parlaient; nous leur apprenons à balbutier, dans des imitations graduées, des mots harmonieux, des phrases puissantes, un discours moins tissu par l'art que par l'inspiration, à trouver enfin dans eux-mêmes, après l'avoir senti dans les autres, la verve qui remue et l'éloquence qui émeut. Par là, quoiqu'en un rang inférieur, nous sommes aussi leurs maîtres; étrangers à la gloire, nous ne le sommes point au sacerdoce, et le dévouement achève en nous l'auréole dont la pensée a dessiné les premiers traits.

Je dis le dévouement, et ce mot me conduit aux devoirs que nous impose le titre dont je viens de vous expliquer l'origine et la force. Ces devoirs sont grands. Il ne s'agit pas seulement pour nous d'éveiller l'esprit de nos élèves et de le rendre sensible aux touches du beau : c'est l'homme tout entier qui est dans nos mains, ce sont toutes ses facultés qui nous sont confiées pour les former dans un long apprentissage à leur exercice légitime. Dieu a commencé, la famille a ébauché, le monde achèvera : entre Dieu et la famille d'une part, le monde de l'autre, notre tâche est de faire assez pour que l'ouvrage de Dieu et de la famille ne soit pas vain, et que l'action du monde ne soit pas impuissante à son tour. Continuateurs et précurseurs, continuateurs de Dieu et de la famille, précurseurs du monde, nous devons réunir en nous des qualités qui tiennent de ces deux extrêmes : la science de Dieu, la tendresse de la famille, et la justice du monde. Il nous faut envelopper tout ce que nous enseignons dans la lumière divine, réchauffer tous nos actes dans l'amour paternel, et tenir sur les fautes le sceptre équitable, mais vengeur, de cette société qui attend l'enfant pour le traiter en homme. Voilà nos devoirs : les avons-nous remplis? Avons-nous porté vers Dieu ces âmes qui nous étaient confiées par lui et par vous? Les avons-nous aimées? Cet amour, s'il a été réel, s'est-il armé d'une justice capable, en réprimant leurs défauts, de tremper leur caractère au foyer d'une vertu digne de leur avenir? Voilà, Messieurs, ce que je me demande en tremblant, ce que vous avez le droit de nous demander vous-mêmes.

Si ma conscience ne m'abuse, si des faits éclatants ne sont pas trompeurs, nous avons rempli le premier de nos devoirs et le plus grand de tous, celui de continuer dans ces enfants l'œuvre personnelle de Dieu. Dieu, au jour de leur naissance, leur avait donné une âme capable de le connaître et de l'aimer; il avait, au jour de leur baptême, ajouté à cette première semence le germe d'une lumière et d'un amour surnaturels : telle était son œuvre. La nôtre était de cultiver ce champ qu'il avait ensemencé, d'y maintenir et d'y faire croître la foi qui ouvre à l'entendement le monde invisible, l'espérance qui fortifie le cœur par la perspective d'une félicité méritée, l'amour qui rend Dieu sensible dans les ombres froides de la vie et nous soutient, malgré elles, à la chaude température de l'éternité. Or, je le crois, je le sais, nous l'avons fait. En rentrant près de vous, ces enfants, sans en excepter aucun, pourront prier avec vous. Aucun d'eux n'a été atteint de ce souffle empoisonné qui s'attaque, dans notre siècle, à des intelligences de quinze ans, et leur ôte la vue du ciel avant même qu'elles aient connu la terre. La religion a repris dans cette école un empire qui ne lui sera plus ravi; elle y règne, non par la contrainte ou par la seule pompe de son culte, mais par une conviction unanime et sincère, par des devoirs remplis en secret, par des aspirations connues de Dieu, par la paix du bien et le remords du mal, par des solennités où le cœur de tous se rapproche et se confond dans un élan que n'inspire pas l'hypocrisie, que n'arrête pas le respect humain, mais qui est le fruit généreux d'une véritable communauté de sentiments. C'est là, Messieurs, ce qui me rassure sur tout le reste, si le reste m'inspirait de l'inquiétude. Là où Dieu n'est ni connu, ni cherché, ni respecté, il n'y a tout au plus qu'un rayon de soleil sur des ruines ; là où Dieu est présent, les ruines elles-mêmes sont déjà vivantes, et le temps, ce fidèle coopérateur de la vérité, achèvera sans peine de les replacer sur leurs fondements.

Mais si Dieu est ici avec nous, si nous l'avons maintenu dans les cœurs de nos élèves, en y agrandissant sa demeure, serait-il possible que nous eussions manqué à notre second devoir envers eux et envers vous, qui est de les aimer, et de continuer ainsi par l'affection l'œuvre propre de la famille? Dieu a voulu qu'aucun bien ne se fît à l'homme qu'en l'aimant, et que l'insensibilité fût à jamais incapable soit de lui donner la lumière, soit de lui inspirer la vertu. Car donner est un acte de bienveillance, et recevoir un acte de persuasion ; or l'insensibilité exclut la bienveillance et détruit la persuasion. Elle ne laisse à l'infortuné qui en est atteint aucune prise morale, aucun désir même d'efficacité, et s'il agit encore, c'est sous l'empire d'un but personnel qui éloigne de lui tout autre que lui-même. C'est pourquoi Dieu, qui est le premier amour, a versé dans le cœur du père et de la mère, en faveur de l'enfant, un amour qui vient immédiatement après le sien, et nous ne pouvons poursuivre l'œuvre commencée au foyer domestique sous de si tendres et sacrés auspices, qu'en revêtant nous-mêmes quelque chose de l'affection paternelle. Notre amour est le second que Dieu ait fait.

S'il manque à l'enfant, son éducation, ébauchée

sous un principe de vie, avortera au contact d'un élément glacé. L'école lui sera triste et étrangère; il y sera prisonnier plutôt qu'habitant, et son regard, perdu dans l'avenir, lui demandera incessamment l'heure d'une liberté qu'il n'aura pas méritée, et dont il ne saura pas user.

Il faut donc, si nous sommes de véritables maîtres, que nous aimions nos élèves, c'est-à-dire, que nous portions à leur avancement dans le bien et dans les lettres un intérêt sérieux, profond, persévérant; que ce progrès de leur intelligence et de leur vertu soit l'occupation de nos jours et le songe de nos nuits; que nous jouissions de leurs succès; que nous soyons affligés de leurs échecs, surtout de leurs fautes, et que notre consolation tout entière gise en eux comme s'ils étaient le fruit de nos entrailles, l'orgueil de notre vie, la récompense de nos travaux, nos enfants, enfin l'espoir et la continuation de nous-mêmes.

Mais cela est-il possible? Une semblable affection est-elle dans la nature, ou n'est-ce pas plutôt un rêve créé par l'imagination pour abuser le cœur et se tromper soi-même? Ce doute, Messieurs, vous pouvez l'avoir; des élèves ingrats peuvent aussi le partager : mais quant à nous, l'erreur ou l'illusion ne saurait être conçue. On sait évidemment si l'on aime ou si l'on n'aime pas; on sait dans sa conscience, par un témoignage infaillible, le mouvement qui y règne, et dont le souffle emporte la volonté. Or le mouvement que nous éprouvons pour nos élèves, je ne puis le définir que par un mot, mot très-simple et très-célèbre : Nous les aimons. Tout artiste aime son œuvre ; il s'y complaît, il s'y attache, il y met sa vie ; et quand l'œuvre, au lieu d'être une statue ou un temple, est une âme, la grandeur de l'ouvrage émeut l'ouvrier ; et, mieux que Pygmalion devant le marbre de Psyché, il croit à la vie de ce qu'il fait, et y adore, sous une forme créée, la beauté divine elle-même. Toujours la culture des âmes fut le sommet des choses et le goût des sages : mais depuis que Dieu s'est fait homme pour les cultiver lui-même, depuis que l'éternel artiste a paru ici-bas et que nos âmes sont le champ qu'il arrose, le marbre qu'il taille, le sanctuaire qu'il bâtit, la cité qu'il prépare, le monde qu'il dispose pour son Père et pour le nôtre, le soin des âmes, qui était déjà si grand, est devenu un amour qui surpasse tous les autres et une paternité qui n'a plus de rivale. L'artiste n'est plus artiste, il est père ; le sage n'est plus un sage, il est prêtre. Une onction surnaturelle s'est ajoutée au penchant de la nature, et l'éducation des âmes, au lieu d'être une culture, est dans la vérité un culte qui fait partie de celui de Dieu.

Il ne nous est donc pas difficile d'aimer nos élèves. Il nous suffit de croire à leur âme, au Dieu qui les a faites et qui les a sauvées, à leur origine et à leur fin. Plus dignes encore d'intérêt, parce qu'elles sont plus jeunes, elles ont à nos yeux le charme invincible de la faiblesse et de la première beauté. Qui touchera le cœur d'un homme si l'âme d'un enfant ne le touche pas? Qui l'attendrira jamais, si l'âme d'un adolescent aux prises avec le bien et le mal ne l'attendrit pas? Ah! nous n'avons pas de mérite à aimer : l'amour est à lui-même sa récompense, sa joie, sa fortune et sa bénédiction.

Mais, Messieurs, si la religion et l'affection doivent être le principe et comme les deux colonnes de notre gouvernement, il faut aussi que la justice y apporte sa sévère figure. L'affection sans la justice est une faiblesse, et sans la justice aussi la religion couvrirait d'un voile d'autant plus dangereux qu'il serait auguste, la corruption du cœur. C'est la justice qui, en récompensant le bien et en frappant le mal, est la sauvegarde de la société humaine, et, si corrompu que soit le monde, il conserve encore, tout autre autel détruit, l'autel nécessaire où la conscience publique a son image, son regard, son sceptre et son inexorable glaive. Nul, si grand qu'il soit, ne peut y échapper, et l'enfant qui n'en a pas fait de bonne heure l'apprentissage sous une forme appropriée à sa faiblesse, n'aura inévitablement ni la crainte du mal, ni la révélation de la vie. Il faut sentir le poids de la justice pour apprendre à courber sa volonté sous la loi du devoir; il faut goûter la joie de la récompense méritée pour apprendre à s'inspirer de l'honneur. Trop souvent, au foyer domestique, la justice est absente. L'enfant, bercé dans des caresses dont il n'est pas digne, grandit avec la pensée qu'il est toujours aimable, et que, quoi qu'il fasse, il sera toujours aimé. Un secret égoïsme se forme dans son cœur au contact d'un amour qui n'a point de règle ; ignorant la peine qui suit le devoir méconnu, se voyant imploré au lieu d'être repris, il contracte dans le mal une adoration de lui-même ; il oppose ses caprices tout-puissants à des supplications qui le dépravent, et il en vient à punir de ses fautes par des bouderies calculées ceux qui devraient lui en infliger le châtiment.

Ici, Messieurs, au seuil même de l'École, l'enfant trouve la justice. Il ne la trouve pas toute seule, séparée de la religion et de l'affection ; mais il la trouve, et il s'accoutume à cette loi du monde où il doit vivre, que toute faute a son expiation, tout manquement son reproche, toute faiblesse sa honte, toute lâcheté son déshonneur. De camarade même à camarade il s'établit un courant généreux d'opinion ; les mérites se classent et les démérites se pèsent : la naissance ni la fortune, pas même le talent, ne suffisent pour conquérir l'estime ; elle s'acquiert surtout par les qualités du cœur, et celui-là seul qui est aimable peut avoir l'espérance d'être aimé.

Je ne puis, en jetant un coup d'œil sur ce côté austère de nos devoirs, m'épargner à moi-même un retour douloureux. Au jour des solennités les plus joyeuses, le père de famille remarque autour de lui les places qui sont vides et qui ne devraient pas l'être ; il se nomme en secret l'enfant qui lui manque et dont la présence eût achevé la fête. Hélas ! quelle est la fête ici-bas où personne n'est absent ? C'est en vain que nous avons tout prévu ; c'est en vain que nous avons compté et préparé les rangs : il y a quelqu'un qui déjoue nos calculs, un hôte invisible qui compte après nous, et qui fait à l'endroit que nous n'attendons pas, quelquefois à l'endroit le plus cher, un signe que nous apercevrons trop tard. Quand Œdipe, aveugle et vieilli, se présenta au seuil du temple, à Colone, pour apaiser la destinée, il portait dans sa main droite une branche d'olivier et dans sa main gauche un rameau funéraire : voilà l'homme dans ses plus beaux jours. Comme Œdipe, je porte aujourd'hui les deux rameaux, et la table où ma famille est assise n'est pas remplie. C'est la justice, il est vrai, qui l'a diminuée; mais la justice d'un père lui coûte toujours des regrets. Je les exprime devant vous, comme un dernier souvenir à ceux que j'ai perdus, comme un hommage à ceux qui me sont demeurés.

Tel est, chers Élèves, le sens de la cérémonie qui va s'accomplir, et dont vous êtes à la fois l'objet et l'ornement. Tel est le prix des couronnes que vous allez recevoir. Elles diront à vos proches ce que vous commencez d'être, et quelles espérances leur tendresse peut concevoir de vous. Elles seront pour vous-mêmes une récompense, un encouragement et un présage. Recevez-les avec modestie, comme un effet des dons que vous tenez de la libéralité divine; avec reconnaissance, comme un hommage rendu librement à des mérites que le temps n'a pas encore éprouvés; avec joie, comme étant la joie même de vos pères et de vos mères. Pour nous, qui allons vous les distribuer, nous ne laisserons personne nous surpasser dans l'effusion des sentiments qui accueilleront votre triomphe. Il nous rappellera les plus chers souvenirs de notre jeunesse, sans nous causer, en nous reportant si loin de notre âge, le regret de n'être plus au vôtre, et d'avoir déjà tant perdu de nous-même au chemin de la vie.

M. de Chateaubriand, courbé sous le poids de la gloire et des années, se retrouvait un jour aux bords solitaires du Lido, à l'extrémité des lagunes de Venise. Le ciel, la mer, l'air, le rivage des îles et l'horizon de l'Italie, tout se représentait aux regards du poëte comme il l'avait autrefois admiré. C'était bien là Venise avec ses coupoles sortant des eaux; c'était le lion de saint Marc avec sa fameuse inscription : *Paix à toi, Marc, mon évangéliste.* C'étaient les mêmes splendeurs obscurcies dans la défaite et la servitude, mais empruntant aux ruines un charme qui n'avait point péri; c'était enfin le même spectacle, les mêmes bruits, le même silence, l'orient et l'occident réunis en un point glorieux, au pied des Alpes illuminées de tous les souvenirs de Rome et de tous ceux de la Grèce. Cependant le vieillard demeurait pensif et triste; il ne pouvait croire que ce fût là Venise, cette Venise de sa jeunesse qui l'avait tant ému, et, comprenant que c'était lui seul qui n'était plus le même, il livra aux brises de la mer qui le sollicitaient en vain, cette parole mélancolique : « Le vent qui souffle sur une tête dépouillée ne vient d'aucun rivage heureux! »

Pour moi, en me retrouvant en présence d'une scène qui fut ma première initiation à la vie publique, je n'éprouve point, malgré la différence des âges, un si cruel désenchantement. Il me semble que ma jeunesse revit dans celle qui m'entoure, et au bruit de vos sympathies pour nos heureux triomphateurs, à la pensée des joies plus intimes et plus profondes qui vont sortir du cœur de tant de mères, je me dirai à moi-même, content et consolé : « Le vent qui souffle sur une tête dépouillée vient quelquefois d'un rivage heureux ! »

DISCOURS

SUR

LE DROIT ET LE DEVOIR DE LA PROPRIÉTÉ

PRONONCÉ

LE 11 AOUT 1858

DISCOURS

SUR

LE DROIT ET LE DEVOIR DE LA PROPRIÉTÉ

Messieurs,

Chaque fois que l'année classique se termine pour nous, une pensée de regret et d'inquiétude nous saisit à travers la joie de nos élèves, non que nous soyons assez injustes pour leur envier le temps de repos qui s'ouvre à leur empressement, mais parce que nous devons nous séparer de quelques-uns d'entre eux, et qu'à la douleur de les perdre se joint l'incertitude de leur destinée. Instruits par notre âge des écueils de la vie, nous précédons d'un regard ému ceux de nos enfants qui vont s'y jeter avec toute l'impatience d'une liberté ardemment souhaitée; nous nous demandons s'ils seront fidèles au souvenir de leur éducation, si Dieu sera toujours pour eux le premier des devoirs, s'ils serviront la vérité et la justice, si leur âme demeurera pure, forte, inébranlable dans la bonne et la mauvaise fortune, si enfin ce seront des hommes ou bien de vulgaires esclaves d'une existence facile, oublieux d'eux-mêmes et oubliés d'autrui. C'est un grand mystère que l'avenir, et il est difficile de l'aborder sans une appréhension de cœur : cependant la bonté de Dieu me rassure. C'est lui, chers élèves, qui sera encore votre Maître après que je ne le serai plus. C'est sa Providence qui vous gouvernera, et si vous la perdez de vue par l'entraînement des passions, c'est sa main qui vous recherchera de loin pour vous ramener. Je vous remets donc à lui, puisque aussi bien c'est lui de qui je tenais mon autorité sur vous, et qui m'avait fait votre père au même titre qu'il était le mien.

Mais au moment où j'accomplis cette abdication de mes droits sur vous, permettez-moi de vous faire entendre encore une fois la parole du maître et de semer dans votre âme, comme dernier souvenir, une vérité digne des leçons que vous avez reçues. Vous êtes nés, pour la plupart, dans un rang élevé du monde, non pas en ce sens que vous apparteniez tous à d'illustres aïeux, mais parce que vous tenez des vôtres, quelle que soit la gloire ou l'obscurité de leur nom, un droit qui les renferme tous, et qui cependant ne vous a rien coûté. Vous êtes nés maîtres d'une portion de la terre. Vos pieds, en s'essayant sur le sol où se jouait votre enfance, n'ont point foulé une glèbe étrangère. Vous étiez chez vous. Le toit qui vous abritait avait abrité vos ancêtres; le jardin où vous ramassiez le fruit tombé, où vous cueilliez la fleur épanouie, vous avait déjà vus dans d'autres générations, et, rois futurs de cet empire, vous jouissiez d'avance du bénéfice héréditaire de la propriété. Demain vous allez revoir ces lieux qui furent votre berceau, ces arbres qui vous ont couverts de leur ombre domestique, ce ruisseau dont vous recherchiez la fraîcheur et la solitude, ces champs, ces prés, ces haies sauvages embaumées, toute cette nature qui vous a salués comme son maître, et au milieu d'elle, plus aimée que tout le reste, plus digne aussi de l'être, cette maison de vos pères où vous avez vécu votre enfance, où votre mère vous a tenus sur ses genoux en endormant vos premières nuits, où vos yeux se sont ouverts sous l'efficacité d'un sourire qui sollicitait le vôtre, où votre oreille a saisi dans des mots de tendresse les prémices de l'harmonie, où tout fut pour vous, même quand vous pleuriez, un apprentissage de ce bonheur qui vient de l'amour et qui n'est pas de ce monde. Vous allez revoir tous ces souvenirs; ils vivent, ils vous attendent, ils vous recevront comme étant à vous, et, quoique n'ayant pas le même langage que vous, ils auront une éloquence pour vous reconnaître encore et vous toucher de nouveau.

L'homme meurt, mais la terre est immortelle. Les siècles ni les générations ne la vieillissent point; telle que la vit le premier homme, telle sa postérité la voit aujourd'hui, toujours jeune dans son antiquité, toujours féconde après s'être donnée, source inépuisable de vie, de richesse et de beauté, dont on peut dire, quelque part qu'on la regarde, ce que le poëte romain ne disait que de sa patrie :

Salve, magna parens frugum, Saturnia tellus,
Magna virûm!

La terre n'est pas seulement la mère des fruits, elle est aussi la mère des hommes, puisqu'elle pénètre jusqu'à leur âme par de mystérieuses influences, et y grave, derrière la main de Dieu, des sillons de force et de vertu : *Magna virûm!*

C'est donc une grande chose que de posséder la terre, que d'en être, pour une part, seigneur incontesté, que de poser son pied sur elle en lui disant : Tu es à moi. Et quand je songe, jeunes gens, que ce droit vous appartient sans que vous l'ayez mérité, par le seul fait de votre naissance, j'entre dans une admiration qui émeut ma pensée et la porte à chercher la cause d'un si étonnant privilége. Quoi! l'homme meurt, et son droit sur la terre ne meurt pas avec lui! Du fond de la tombe où elle le tient renfermé, il lui commande encore et la lègue à son fils comme une portion de lui-même, comme une goutte de son sang réservée au banquet suprême de la séparation! L'homme mort se perpétue dans deux choses : son fils et sa terre, et quand son fils ne sera plus, la terre, plus puissante que l'âme disparue, survivra de nouveau à ce second échec de l'humanité, et ainsi de génération en génération, sans que jamais les siècles puissent opposer à la propriété le bénéfice du temps, qui est de tout détruire. La propriété est un droit, et ce mot de Bossuet la couvre : *Il n'y a pas de droit contre le droit.*

Mais pourquoi est-elle un droit? Qui l'a créé? Est-ce Dieu? est-ce l'homme? est-ce la nécessité des choses ou la volonté des lois? Encore faut-il que vous le sachiez, Messieurs, non pas seulement pour connaître le principe qui vous fait ce que vous êtes et le défendre contre les attaques de l'envie, mais aussi pour juger de la grandeur de vos devoirs et vous préparer à être un jour dignes de les remplir. C'est la propriété qui vous a tirés de la foule; c'est elle qui vous a donné l'éducation, l'instruction, la politesse, et qui vous maintiendra, par un bienfait continué, dans le rang que vous lui devez dès aujourd'hui. Ne vous étonnez donc pas si je vous parle d'elle au moment de nos adieux : trop longtemps la terre vous a portés sans que vous y pensiez; trop longtemps elle fut votre mère sans que vous sachiez pourquoi et comment vous êtes ses fils. Je viens vous révéler ce secret de votre berceau, qui est aussi le secret de votre avenir, et si vous me trouvez trop hardi de vous faire cette révélation, un jour vous connaîtrez que la hardiesse, qui est un droit de la vérité, est aussi, et davantage encore, un courage de l'amitié.

Il n'y a pas de nation sans la propriété. Le premier acte qui fait un peuple est l'acte qui lui donne un territoire, c'est-à-dire qui enlève au genre humain une portion de la terre, pour qu'elle soit désormais le partage exclusif d'une seule tribu. Cette prise de possession est le principe de tout établissement national, et une nation ne subsiste que tant qu'elle est capable de défendre par les armes le sol qu'elle s'est attribué la première ou que la conquête lui a plus ou moins justement soumis. Toutes les guerres et tous les traités des peuples entre eux sont des questions de propriété, et si la propriété n'était pas légitime, l'histoire ne serait qu'une suite d'usurpations, la patrie qu'un vol fait à l'humanité. On peut le dire, si on le veut. Pour nous, qui estimons la patrie le bien de tous les hommes, encore qu'elle ne soit pas la même pour tous, c'est beaucoup de savoir que l'idée et le fait de la patrie reposent sur l'idée et le fait de la propriété. Otez sous les pas d'un peuple la terre qui le porte et le nourrit, la patrie disparaît comme un nuage ou comme un songe; il ne reste tout au plus qu'une horde vagabonde, errant d'un ciel à l'autre avec ses tentes et ses troupeaux, et encore même, dans cet état d'instabilité misérable, faut-il supposer qu'on la laisse paître un jour sur la steppe où elle s'abat, et, pendant ce jour, si bref soit-il, elle fait acte nécessaire de propriété.

C'est par la patrie que la propriété commence; c'est par la famille qu'elle continue. L'homme n'a pas seulement besoin de vivre dans un peuple sur un territoire déterminé; il a nécessairement des ancêtres qui lui transmettent avec la vie leur propre sang, qui le nourrissent de leurs sueurs, l'éclairent de leur raison, l'échauffent de leur tendresse, le tirent enfin de l'immense solitude de l'humanité pour ne faire avec lui qu'un nom, qu'une chose, qu'une joie, qu'une existence. Sans la patrie, l'homme est un point perdu dans les hasards du temps et de l'espace; sans la famille, il peut être citoyen d'une république, capable de défendre son corps de toute violence; mais il ne s'appartient plus, et, brisé par l'impuissance de vivre des plus saintes et des plus chères affections de sa nature, il languit sans liberté, sans épanchement et sans consolation. La famille est le cœur même de l'homme; elle y verse l'amour sous toutes les formes qu'il a reçues de Dieu, et ce qui nous en reste en dehors d'elle est une goutte trop rare et trop amère pour nous contenter. Mais la famille, hérédité du sang et des affections, appelle encore pour s'asseoir une autre hérédité, celle du patrimoine. Le patrimoine est la portion de terre fécondée par le travail des aïeux. Sans le travail, la terre n'a qu'une végétation ingrate et comme dénaturée; elle se couvre de forêts où le soleil ne pénètre plus, de landes sauvages, de plantes dégénérées et éparses, efforts impuissants d'une activité qui ne se suffit pas, toute grande qu'elle soit, et qui appelle à son aide la raison et la main d'un être plus parfait. Sous l'action de l'homme, la scène change. On voit le sol perdre peu à peu ses plus austères âpretés; les plaines se découvrent et permettent à la lumière d'y jeter sa chaleur créatrice; les eaux, conduites sur des pentes ménagées avec art, répandent au loin l'humidité qui fertilise; la charrue creuse la terre dépouillée de ses premiers obstacles, et y trace des sillons où germera par la semence une vie centuplée ; les montagnes elles-mêmes s'abaissent sous un travail qui ne désespère jamais de la nature, et une végétation savante en gravit les sommets jusqu'au point où la stérilité seule a le droit de les couvrir. Mais ce triomphe de l'homme n'a qu'une durée passagère ; à peine a-t-il recueilli le fruit de ses sueurs qu'il doit les répandre de nouveau, condamné qu'il est à perdre par l'inaction tout ce qu'il a conquis par l'effort. La terre, comme l'âme elle-même, n'obéit qu'à la condition d'être condamnée ; elle ne rend qu'après avoir reçu, et le cycle inépuisable de sa fécondité répond au cycle inépuisable aussi de notre activité.

Mais cette activité, ne croyez pas qu'elle tienne aux besoins éphémères du moment et que l'homme s'y dévoue pour lui seul. Non, le travail nous coûte trop pour n'en obtenir qu'une si étroite et si peu durable récompense. C'est l'œil fixé sur l'avenir, c'est le cœur attentif à sa postérité que le travailleur commence et reprend sa tâche de chaque jour. Quand son bras s'affaiblit ou que son courage chancelle, il y a un ange invisible qui descend d'en haut près de lui, qui essuie son front, qui touche ses yeux et les ranime, qui fortifie sa main pendante, et qui, poussant jusqu'à son cœur, par delà toutes les lassitudes de la chair, lui dit un mot toujours sûr de son effet. Je le connais, cet ange, et, mortel comme les autres, il m'est apparu à moi-même dans le champ de mes douleurs : c'est l'ange de l'immortalité de soi-même dans l'immortalité de sa race. L'homme est trop près de son tombeau pour travailler avec la seule perspective de sa propre vie. A quoi bon créer une terre pour qu'elle nous échappe avec nos jours? A quoi bon bâtir une maison pour ne pas même laisser son fils au vestibule? Ah! la mort est déjà trop puissante contre nous; ne livrons pas à son domaine, par un mépris des instincts de la nature, ce que nous pouvons soustraire à sa barbarie. Mortels dans nos corps, immortels dans nos âmes, nous pouvons jeter nos sueurs du côté qui finit, ou bien du côté qui ne finit pas. Nous pouvons associer la terre à cette partie de nous qui s'évanouit dans la tombe; nous pouvons aussi l'unir à cette autre partie de nous qui monte vers Dieu et se perpétue dans l'âme de notre postérité. Pourquoi choisirions-nous ce qui accroît notre faiblesse et notre dénûment? Pourquoi ne donnerions-nous pas à la terre immortelle par elle-même le sceau et le droit de notre propre immortalité?

Ainsi l'ont entendu les peuples les plus fameux par leur civilisation. La Grèce a connu la propriété véritable, celle qui se transmet du père au fils et donne à la famille, héritière déjà du sang et des affections, l'hérédité du patrimoine. Rome l'a connue comme la Grèce; elle l'a inscrite sur les tables de son Capitole, à toutes les pages de ce droit qui ne fut pas sans tache, mais qui a mérité que le christianisme y reconnût l'ouvrage d'une haute raison. Et si d'autres peuples, surtout en Orient, ne donnèrent pas à la propriété la même étendue ni les mêmes garanties, leur histoire nous apprend quelle fut la cause et quelle fut la conséquence de cette aberration. Partout où le despotisme s'est établi dans le monde, il a compris que la propriété était son plus grand, pour ne pas dire son seul ennemi. Car qu'est-ce que le despotisme? L'ambition de posséder l'homme tout entier et de ne lui laisser de lui-même dans son corps, son âme et ses biens, qu'une ombre tremblante devant la volonté d'un maître. Or la propriété, si elle est vraie, c'est-à-dire transmissible et inviolable, est incompatible avec cet abaissement de l'humanité. L'homme, possesseur absolu du fruit de son travail et du travail de ses aïeux, a dans la terre une force qui le soutient contre toute séduction, un asile qui peut bien lui être arraché par l'exil ou par la mort, mais où il subsiste dans les siens, dans ceux qu'il aime plus que lui, et qui, dépositaires de ses exemples, de son souvenir et de son droit, maintiendront la cause pour qui succomba leur père. Semblable à ces arbres puissants qui subissent quelquefois dans leur tronc les outrages de la hache, mais qui renaissent immanquablement de leurs racines, la propriété ne permet à aucun malheur d'être irréparable et complet. Elle élève l'homme jusqu'à la souveraineté; elle ramasse dans sa personne toutes les générations qui sortiront de lui, et les oppose à la tyrannie comme ces remparts élevés les uns derrière les autres par une gradation formidable, et où l'ennemi n'entre que pour se trouver en face d'un obstacle plus grand que celui qu'il a surmonté.

Et si le domaine inamissible de la terre communique à un seul homme une telle puissance de liberté, que sera-ce d'un ensemble d'hommes tout investis de cette même puissance par ce même droit? Que faire par le despotisme contre une nation ainsi armée, où la propriété défend chaque homme contre la tentation de se vendre et contre le péril d'être contraint? Magnifique faisceau d'indépendance que le hasard des événements peut entamer quelquefois, mais où il ne fera qu'éclaircir les rangs, et où tôt ou tard l'honneur renaîtra dans les fils de la même cause qui le produisit dans les pères. L'honneur est le frère de la liberté humaine, et tous les deux ont sur la terre un berceau qui est la propriété, et une tombe qui est la spoliation.

Oui, jeunes et chers élèves, en rentrant sous le toit de vos ancêtres, vous n'y retrouverez pas seulement les souvenirs personnels de votre enfance, vos joies passées et vos plaisirs présents : vous y retrouverez aussi des traditions généreuses, un sentiment délicat de la dignité humaine, un esprit élevé, des convictions fermes, des principes plus fermes et plus sacrés encore, toute une atmosphère de noblesse intérieure s'exhalant par un langage où vous ne surprendrez jamais rien qui ne soit pur, sincère et digne de vous. Or cet air que vous respirerez comme votre parfum natal, il n'a pas suffi d'un jour pour le créer; il est le fruit d'une longue culture et d'une persévérante vertu, il est l'arome héréditaire de votre sang, et votre sang ne serait pas tel que vous l'avez reçu si vos ancêtres n'avaient puisé dans la seigneurie de la terre une liberté qui ne leur laissait d'autre maître que leur conscience, d'autres liens que leur devoir. Car la liberté dont je parle n'est pas seulement la liberté du droit, elle est aussi par-dessus tout celle du devoir. La liberté n'a un nom si grand sur la terre que parce qu'elle implique dans sa notion la faculté d'obéir avec indépendance à la loi de justice et à la vérité. L'homme libre est celui qui n'est ni gêné ni contraint dans l'accomplissement de ce qu'il doit à Dieu, aux hommes et à lui-même, et c'est la propriété plus que tout le reste qui lui confère ce magnifique privilége. Aussi est-elle ici-bas, et c'est son dernier titre de gloire et de légitimité, un des plus sûrs boulevards de la religion.

La religion est dans le cœur de l'homme le sommet des devoirs, des pensées et des affections. Elle est la justice à son plus haut degré, la lumière dans toute sa splendeur, l'amour dans son plus pur et son plus ardent foyer ; et par cela même elle a besoin pour vivre de toute la liberté de notre âme. Quiconque impose à notre âme un joug arbitraire, y affaiblit ou y étouffe la religion, parce qu'il est impossible de dégrader notre nature sans la rendre moins capable de ses élans vers Dieu. Pour aimer Dieu, il faut être doué d'un cœur chaste, généreux, sympathique, emporté facilement dans les sphères de l'invisible, et la servitude, en courbant l'homme sous la loi de la crainte, l'incline ordinairement à la bassesse des vues et des aspirations. Mais restât-il fidèle aux traditions de sa conscience, cherchât-il dans le Dieu de ses pères la consolation des maux de l'esclavage, cette ressource ne lui demeurerait pas assurée. Tôt ou tard la tyrannie, après avoir anéanti le citoyen, s'attaque à l'homme lui-même; elle veut pénétrer dans l'inviolable asile de ses sentiments les plus chers, et lui imposer au nom d'une souveraineté impie la religion qui convient à ses maîtres. La liberté de conscience n'a survécu nulle part à la chute des libertés civiles; toutes les servitudes s'appellent l'une l'autre par la logique inhérente à tout, qui fait que chaque chose se développe inévitablement dans le cycle entier de sa nature. L'esclave espère en vain sauver sa religion et s'y retenir ardemment, comme à une ancre de sainteté et d'élévation; la main qui l'opprime ne saurait lui laisser ce recours intérieur à la majesté de son âme; elle a trop d'intérêt à la corrompre et à l'avilir pour ne pas le poursuivre jusque-là. C'est pourquoi la liberté est nécessaire à la religion, et la propriété étant le plus ferme ressort de la liberté, elle est en même temps et par cela même l'un des boulevards où la religion prend sa solidité.

Ainsi, Messieurs, patrie, famille, liberté, religion, tous les grands intérêts de l'homme ont dans la propriété leur premier et leur plus sûr fondement. Qui l'attaque, attaque l'édifice même de l'humanité, et qui le défend, défend avec elle tout ce qui soutient notre nature, tout ce qui l'élève, la console et la sauve. La propriété est le salut du monde, et si elle était l'invention d'un législateur, ce serait la plus belle loi qui eût été conçue par le génie méditant sur les besoins de l'univers. Mais nul parmi nous, ni dans les temps anciens ni dans les temps nouveaux, ne peut revendiquer cette gloire. Dieu seul a fondé la propriété en donnant au premier homme, pour les transmettre à toute sa descendance, le sentiment de la patrie, le goût de la famille, la noblesse d'un cœur libre et l'aspiration de tout son être vers l'éternité d'où il est sorti. Le premier qui prononça cette parole : *Ce champ est à moi*, n'émit donc point une nouveauté, encore moins un blasphème : il fut l'écho de Dieu et le père du genre humain.

Je vois bien cependant ce que l'on peut dire contre la propriété. On peut se plaindre qu'elle est le bénéfice d'un petit nombre, et, retournant contre elle tous ses avantages, lui reprocher d'être pour ceux qui n'en jouissent pas une cause qui les rend étrangers dans leur propre patrie, sans famille dans leur famille même, esclaves au milieu de la liberté des autres, et victimes d'une religion qui consacre par son ascendant leur douloureuse infériorité. Ce langage, Messieurs, est celui de votre siècle. Il est l'arme des ruines et le drapeau d'une humanité qui ne s'est pas encore vue. Je n'y répondrai qu'un mot.

Sans doute la propriété, en la restreignant au domaine de la terre, n'appartient pas à tous, mais tous peuvent y prétendre et y parvenir par le travail aidé de la vertu. La propriété est la grande récompense terrestre de ce qu'il y a de plus excellent dans l'homme, ses sueurs et ses combats contre lui-même. Si quelquefois une autre route y conduit, si l'improbité n'est pas toujours châtiée par la misère, du moins c'est là un scandale qui n'est qu'une exception, et l'on peut dire généralement que la terre arrive aux mains qui la méritent, et qu'elle demeure aux maîtres qui l'honorent par le travail, la sobriété, l'économie, l'amour du pauvre et le culte de tout bien. Sa possession n'est plus un privilége pour personne; tous peuvent la perdre, tous peuvent l'acquérir. Les progrès du christianisme nous ont conduits là, et désormais, objet d'une émulation généreuse entre tous, la propriété est dans ceux qui la perdent le signe d'une décadence méritée; dans ceux qui l'acquièrent, le signe d'une élévation conquise au prix de l'effort. Quoi de plus admirable qu'il y ait ici-bas un concours universel et permanent à qui possèdera la terre, et qu'elle passe ainsi de main en main, de génération en génération, à qui sait le mieux s'en rendre digne!

Cependant je n'admets pas que le bénéfice de la propriété soit étranger à celui qui n'est pas propriétaire. Non, ce bénéfice s'étend à tous. Comme la propriété est la base même de la patrie, de la liberté et de la religion, tous en jouissent par là; tous, en tant qu'ils vivent dans un pays qui est à eux, sous des lois qui garantissent leur liberté, et à la lumière d'une religion qui guide et remplit leur conscience, tous sont admis au partage et au bienfait de la propriété. Ils lui doivent les joies de la patrie, les honneurs de la liberté, les béatitudes anticipées de la religion, et s'ils estiment que ce ne soit rien, je ne prends pas la peine de leur répondre, parce qu'il est inutile de répondre à l'ingratitude.

Il reste, Messieurs, que la propriété est la sauvegarde de tous nos droits et de tous nos devoirs, et qu'en ceux qui en sont investis, elle est sans doute le plus grand avantage que la société puisse attribuer à ses membres, mais aussi une fonction, un ministère, un sacerdoce, et par conséquent une responsabilité. C'est sur eux que reposent la paix et la grandeur de la patrie; la sainteté du foyer domestique, l'honneur des traditions généreuses, la sécurité de tous dans leurs immunités naturelles et civiles, la liberté de nos âmes, et par-dessus tous ces biens, comme leur couronnement sublime, l'immortelle intégrité du lien qui nous unit à Dieu. Les anciens avaient inventé un dieu pour le placer aux bornes de leurs champs et y jouer à la fois le rôle de gardien et de consécrateur : c'était une idolâtrie, mais une idolâtrie qui contenait une ombre de la vérité. Le champ d'un homme, si petit qu'il soit, ce champ où il a versé ses sueurs après celles de ses pères, où le travail l'a préservé de la mollesse et du vice, où il a semé ce champ et recueilli le pain de sa femme et de ses enfants, ce champ est sacré, et, quoiqu'il ne soit qu'un peu de terre, il touche à Dieu par la vertu; non pas seulement la vertu qui le cultive et le rend fécond, mais la vertu plus vaste qui rejaillit de ses sillons fertilisés jusqu'au cœur d'une nation tout entière et fait d'elle une société d'hommes libres, craignant Dieu et servant la justice.

Sur la tombe de Virgile, au bord de cette mer de Naples si digne de garder le souvenir et les restes du poëte dans la magie de sa lumière, on a gravé ces mots :

Cecini pascua, rura, duces.
Ma voix chanta les prés, les champs et les héros.

C'est là, en effet, toute la gloire de Virgile; mais c'est là aussi et éternellement toute la gloire de l'homme. *Les champs et les héros* sont unis entre eux par une mystérieuse harmonie, et si jamais la culture indépendante disparaissait du monde pour faire place à une culture d'État par des valets de république, il ne resterait qu'un dernier service à espérer de la terre, celui d'un tombeau.

Jeunes gens, je ne vous parle pas sans émotion; car, à peu d'exceptions près, vous serez investis un jour de ce magnifique ministère de la propriété. Vous aurez une maison venue de vos aïeux ou bâtie par vous, un territoire soumis à vos ordres, des clients, des serviteurs, une royauté fruit de votre seule naissance ou conquise par vos efforts personnels; vous apparaîtrez à tous dans un lieu qui vous sera cher, comme un des élus de la Providence au gouvernement de ce monde. On vous flattera, on vous enviera, vous règnerez enfin. Ah! que je crains pour vous le charme trompeur de votre souveraineté! Si vous n'y voyez qu'un droit, qu'un instrument de jouissances privées, une élévation de hasard sans responsabilité de conscience, vous végèterez lâchement dans la frivolité d'une vie à laquelle personne que vous n'attachera quelque prix. Vous ferez ce qui n'est permis impunément à personne, vous déshonorerez votre état, et l'indifférence ou le mépris public ne sera pas votre seul châtiment. Dans ce siècle où rien n'est assis, nul n'est protégé par le droit tout seul, il faut que l'estime soutienne le droit et qu'un service visible se fasse sentir derrière les choses les plus sacrées en elles-mêmes. La propriété est aujourd'hui le but où s'adressent tous les complots de l'esprit de système, et aussi les traits les plus profonds dirigés contre Dieu. Une analyse savante des éléments de l'ordre a démontré à ses ennemis que la patrie, la famille, la liberté et la religion sont des choses qui se soutiennent l'une par l'autre, et que la propriété est à son tour le fondement qui les porte toutes. C'est donc la propriété qu'il faut atteindre pour atteindre le christianisme et tout l'ordre social dont il est l'auteur... Là est le grand combat du siècle. Et si la propriété ne s'en aperçoit pas, ou si, le sachant, elle dédaigne de s'attirer l'estime par ses œuvres, elle en sera punie comme tous ceux qui ont reçu beaucoup de la Providence et qui ne comprennent pas que de grands devoirs sont attachés à de grands dons.

J'ai de vous, chers élèves, une meilleure espérance, et, afin de l'accroître encore, permettez-moi de vous dire en peu de mots ce que se doit à lui-même et ce que doit à sa charge un chrétien revêtu par Dieu du sacerdoce de la propriété.

La propriété est le corps même de la patrie, puisque, sans la propriété, la patrie n'a plus de sol et par conséquent plus de lien. Celui-là donc qui détient une portion de la terre nationale doit à la patrie un plus grand dévouement, parce qu'il jouit plus que d'autres du bénéfice de sa puissance. Inviolable dans le patrimoine qu'il s'est fait ou qu'il a reçu, immortel par lui jusque dans sa dernière descendance, il jouit au plus haut point du droit de cité, et par conséquent il doit porter dans tous ses actes l'âme d'un citoyen, c'est-à-dire une âme libre, incapable d'abaisser sa conscience devant les séductions ou les menaces d'un pouvoir injuste. C'est là, Messieurs, sous l'influence séculaire de la propriété, que s'était formé le caractère français, généreux, dévoué, délicat sur l'honneur, affectionné à ses principes jusqu'à l'enthousiasme, mais conservant avec eux et dans les affaires publiques une certaine fierté, parce que nous nous sentions maîtres chez nous, seigneurs de notre terre, et que nous pouvions dire au roi ce que disait à Charles VII le prévôt des marchands, Juvénal des Ursins : « Sire, quelque chose qu'on dise de votre puissance ordinaire, vous ne pouvez pas prendre le mien ; ce qui est mien n'est pas vôtre. Peut bien être qu'en la justice vous êtes souverain et que va le ressort à vous. Vous avez votre domaine, et chaque particulier a le sien. » Ah! conservez, Messieurs, cette noble tradition du sang français. Héritiers pour une part du sol sacré de la France, montrez-vous dignes d'avoir dans vos mains cette terre privilégiée qui, à l'époque où elle n'était encore que la Gaule, excitait déjà l'admiration d'un ancien, et lui faisait dire que la vue seule de ce pays lui démontrait avec certitude l'existence et la providence de Dieu.

Français par le cœur, il vous sera plus aisé de remplir vos devoirs domestiques et de justifier dans ce cercle moins vaste, mais tout aussi profond, vos titres de seigneur et d'héritier de la terre. La famille n'est pas le lieu des dévouements historiques ; cachée d'ordinaire aux yeux de la postérité, elle est cependant le principe des vertus qui éclatent sur le théâtre du monde, semblable à ces sources obscures d'où sortent de grands fleuves et dont les eaux vont accroître l'Océan. Chacun de vous, Messieurs, est une de ces sources ; vous avez reçu dans votre sang une parcelle de la vie du monde, et dans votre âme une parcelle de l'éternité. Selon que vous en serez de fidèles économes ou d'impurs dépositaires, vous augmenterez ou vous diminuerez, vous purifierez ou vous souillerez l'avenir de toute une race dont vous serez un jour l'ancêtre après en avoir été le descendant. Vous portez en vous, comme dans un vase mystérieux, le germe de la vie et de la mort, une tradition d'honneur ou une cause de décadence. En toute famille, si pauvre soit-elle, c'est là une grande responsabilité. Mais combien cette responsabilité ne s'aggrave-t-elle pas dans une famille que la propriété élève aux yeux du peuple et lui présente comme le modèle de la vie! Ce qu'est l'exemple d'un souverain dans une nation, ce qu'était autrefois l'exemple d'un grand seigneur dans le ressort de son pouvoir féodal, tel est dans de moindres proportions l'exemple d'un fils de famille entouré du prestige de la propriété. Si à tant d'hommes courbés devant vous sous le poids du travail, vous ne montrez que le spectacle de l'oisiveté, de la mollesse, du luxe, de tout ce qui énerve ceux qui jouissent en insultant ceux qui ne jouissent pas; si vous ajoutez à ce scandale de mœurs efféminées le scandale plus révoltant encore d'une dépravation qui ne se cache même plus, ah! que ferez-vous en vous perdant vous-mêmes, sinon de perdre en une multitude d'hommes le sentiment du devoir, la paix de l'âme, le respect de votre nom et de la propriété que vous déshonorerez à leurs yeux? Insensés, qui ne vous croirez rien parce que vous ne vous appelez pas duc, comte, marquis, et qui prendrez prétexte de votre peu d'illustration pour trahir en vous la divinité de l'homme! Plus insensés encore, si vous avez reçu de vos pères un nom célèbre ou antique, et que, sans égard pour lui, sans remords devant vos ancêtres, sans pudeur devant votre postérité, vous jetiez en pâture à tous vos sens le fruit profané de la gloire! Nous n'en voyons que trop, tous les jours, de ces dilapidations d'un illustre passé; nous ne voyons que trop, dès la sortie de l'enfance, de précoces dissipateurs se jouer d'eux mêmes et de leur noblesse, fils ingrats, citoyens sans âme, instruments dénaturés de la corruption publique. En sera-t-il ainsi de vous, jeunes gens? Irez-vous grossir dans d'ignobles voluptés la fange de votre siècle, ou plutôt, ramassant au seuil de la vie le souvenir de tous vos beaux jours, qui furent des jours de conscience et d'honneur, n'irez-vous pas au-devant du mal avec la force acquise de l'homme de bien, athlètes revêtus d'avance du bouclier qui couvre et du courage qui sauve?

J'aime à le croire, vous serez sobres, honnêtes, laborieux, ménagers du temps qui est le père de l'éternité, plus ménagers de votre sang qui sera le père de votre race ; vous ferez de votre jeunesse le portique d'un âge plus ferme encore et plus sérieux, et la maison paternelle, témoin de cette virile préparation, vous honorera d'avance comme un maître digne de l'habiter.

Mais ces vertus ne sont pas les dernières ni les plus hautes que l'on attende de vous. Dieu, qui a donné la terre aux hommes, s'est donné lui-même à eux. La terre n'est que le marchepied de notre destinée, c'est Dieu qui en est le trône. Monter jusqu'à lui par le regard, s'y attacher par le cœur, s'y dévouer par le service, voilà tout ensemble le premier de nos droits et le plus grand de nos devoirs. Mais ce rôle sublime n'est pas accepté de tous. Il y a dans l'histoire une trace d'impiété qui se couvre quelquefois, qui ne s'efface jamais ; elle reparaît à l'heure où on la croit évanouie, comme ces plantes infécondes que la main du laboureur extirpe en vain du sol où germent ses moissons. C'est là le plus triste héritage de l'humanité. Tout autre malheur ne l'atteint que dans le temps et dans l'espace, celui-là l'atteint dans son âme et par conséquent dans son immortalité. Qui la protégera, Messieurs, contre des traits si profonds? Qui prendra parti pour l'âme du peuple et lui sauvera le pain de la vie éternelle? Je n'en doute pas, ce seront ceux pour qui Dieu et le peuple ont fait davantage, ce seront les maîtres de la terre par la propriété. Car la propriété ne donne pas seulement l'abondance des biens matériels : elle donne le loisir, par le loisir la culture de l'esprit, et par la culture de l'esprit la science du monde et de son Auteur. La propriété est la lumière du genre humain ; sans elle nous ne serions que des sauvages errants dans les bois, sans autre connaissance qu'un vague souvenir de Dieu, ou bien, élevés à la vie sociale sous les lois d'une communauté forcée, nous n'aurions qu'une science officielle distribuée par de serviles mandarins à de serviles disciples, doctrine aussi basse que notre servitude, où le génie lui-même, s'il y en avait encore, ne serait que l'instrument corrompu d'une savante irréligion. La propriété nous a fait la lumière libre, et par la lumière libre elle a sauvé Dieu dans le monde.

C'est vous dire, Messieurs, que votre principal devoir dans vos domaines sera d'y représenter la foi, mais la foi éclairée par la science, la foi maîtresse de l'erreur, d'autant plus sûre d'elle-même que rien ne lui est caché de tous les progrès de l'esprit humain, que rien ne lui est refusé non plus de toutes les séductions qui détournent de Dieu, et que, si elle l'adore, son adoration est le fruit et le témoignage d'une âme qui a tout vaincu avant de se prosterner. Je ne vous dirai pas, jeunes gens, que l'irréligion serait pour vous plus qu'une ingratitude envers Dieu et envers le peuple, qu'elle serait aussi un péril et le plus grand de tous : non, je m'en tiens à l'écho que votre âme a rendu dans la mienne. Grâce à Dieu, vous êtes chrétiens ; vous ne sortirez de cette maison qu'avec la fermeté d'une intelligence assise en Jésus-Christ, le rédempteur du monde, et si les passions grondent encore dans votre sang comme une tempête mal apaisée, s'il vous reste des combats à subir, des ennemis à renverser sous un dernier effort, vous emporterez avec vous du moins, comme la grande relique de votre éducation, une vertu qui aura en Dieu sa cause, sa certitude, son rempart et sa solidité.

DISCOURS

SUR

LES ÉTUDES PHILOSOPHIQUES

PRONONCÉ

LE 10 AOUT 1859

DISCOURS

SUR

LES ÉTUDES PHILOSOPHIQUES

Messieurs,

Vous le savez, les études philosophiques ont presque entièrement disparu des écoles françaises. Le peu qui en reste n'est qu'un lambeau étroit et déchiré qui ne porte plus le nom de philosophie, comme si le nom même eût fait peur, et que, profané par quelques esprits, on eût dû lui faire expier les fautes de ceux qui l'avaient usurpé ou déshonoré. C'est la première fois peut-être, depuis qu'il y a des écoles, que le nom de la sagesse en a été banni, et que la sagesse elle-même y a perdu l'honneur d'être enseignée comme la première et la plus illustre des sciences de l'homme.

Cette proscription est-elle juste? peut-elle produire de bons résultats? C'est la question, Messieurs, que je souhaite examiner devant vous dans cette solennité qui nous rassemble au terme d'une longue carrière. Quelque heureux que vous soyez de toucher ce terme, quelque impatience que vous ayez d'en jouir, permettez-moi de vous arrêter un moment au seuil qui va nous séparer, et de vous faire dans une allocution sérieuse un adieu digne de vous.

Lorsque Athènes fut fondée, elle se crut fille de la sagesse et lui bâtit sur une colline ce temple fameux qu'elle appela le Parthénon, c'est-à-dire la Vierge. Deux mille ans plus tard, lorsque le christianisme eut changé la face du monde, et que Constantin eut fait à son empire une capitale nouvelle, il voulut aussi consacrer sa ville à la sagesse, et il érigea, sous un nom qui n'a point péri, cette immortelle basilique de Sainte-Sophie. Ainsi deux fois, aux premiers jours de l'antiquité chrétienne, comme aux premiers jours de l'antiquité grecque, la sagesse a vu son nom et son temple inaugurer l'avénement de la civilisation, et, par un hasard singulier, le Parthénon est encore debout sur sa colline au milieu des ruines de la Grèce, comme Sainte-Sophie couronne encore de son dôme étincelant la dévastation de Constantinople. Athènes n'est plus inspirée par cette sagesse dont elle s'était crue la fille; Constantinople ne reconnaît plus cette autre sagesse qui lui avait été donnée pour protectrice et pour mère : mais toutes les deux contemplent encore au sommet de leurs siècles et de leurs débris l'habitation sacrée qui avait été faite à la fille éternelle de Dieu. Athènes, croyait Minerve sortie du front de Jupiter, Constantinople croyait la divine Sophie issue du Père par une génération qui n'avait point d'âge ; toutes les deux, l'une dans la Fable, l'autre dans la vérité, rendaient hommage à cette lumière descendue de Dieu dans notre âme et y créant la raison.

C'est la raison, Messieurs, qui est en nous le siége et le principe de la sagesse, et la sagesse n'est pas autre chose que ce que les anciens appelaient du nom de philosophie, nom antique et vénérable que le christianisme n'a point répudié, parce qu'il renfermait sous le voile d'une modestie sincère la même idée que Salomon, dans l'Écriture, exprimait par le mot plus hardi de sagesse. C'est Salomon qui fut le père de la philosophie sacrée, comme Socrate après lui fut le père de la philosophie grecque. Dieu, dit l'Écriture, *donna la sagesse à Salomon..., et la sagesse de Salomon surpassa celle de tous les Orientaux et de tous les Égyptiens...; il disputa sur les plantes, depuis le cèdre qui est dans le Liban jusqu'à l'hysope qui sort de la fente des murailles, et aussi sur les animaux, les reptiles, les oiseaux, les poissons, et l'on venait de tous les peuples pour entendre la sagesse de Salomon* (1).

Lors donc que le christianisme hérita du monde, soit qu'il regardât sa lignée directe, qui passait par Abraham, David, Salomon et les Prophètes, soit qu'il regardât sa lignée indirecte, qui passait par Homère,

---

(1) Liv. III des Rois, chap. IV, v, p. 29 et suiv.

Socrate, Platon et Cicéron, il retrouvait des deux côtés la culture et la tradition de la philosophie. La Bible sacrée lui donnait les livres Sapientiaux; la Bible profane lui donnait les livres des grands sages que je viens de nommer. Comment eût-il rompu avec cette double succession et dédaigné une si noble part du patrimoine dont il était l'unique et divin héritier? Il ne le fit pas. Dès ses premiers apôtres, dès saint Paul, on voit poindre dans l'exposition de la foi les hautes vues de la raison; une double corde frémit sous leurs doigts, et l'âme humaine, en répétant la voix de Dieu, Père du Christ, élève aussi la voix de la raison, fille du Verbe. Bientôt les Pères succèdent aux apôtres; l'apologie s'ouvre en face des persécutions, et des philosophes convertis au christianisme sont les premiers qui le défendent avec les vieilles armes qu'ils ont apportées des écoles grecques. La sagesse humaine et la sagesse divine font alliance; un nouveau style se crée du mélange d'Homère et de David, de Salomon et de Platon, de Virgile et d'Isaïe. C'est l'Océan qui retrouve tous ses fleuves et qui s'en nourrit. La raison et la foi triomphent ensemble; Constantin paraît sur le trône, et saint Augustin s'assied dans cette chaire où les siècles l'écoutent encore, incertains de savoir ce qui retentit le plus dans ses oracles, le génie du philosophe ou la conviction du chrétien. Jeune homme pénétré de l'Académie, vieillard rempli du Christ, il n'a qu'un âge pourtant, qu'une âme, qu'une éloquence, et il demeure éternellement au sommet de la doctrine avec ce caractère incontesté qui en fait un Père et un Sage, un Père de l'Église, un Sage de l'École. Comme lui, neuf siècles après, saint Thomas d'Aquin réunit sur sa tête la double couronne; croyant humble et prosterné, il enseigne Jésus-Christ avec la candeur de l'enfant, et, raisonneur profond, il éveille dans sa tombe Aristote étonné de la voix qui l'appelle et qui lui rend l'immortalité. Laissez venir un autre âge. Quel est cet évêque qui s'avance et que nous croirions presque contemporain, si l'antiquité tout entière ne revivait sur son front et n'y imprimait, malgré sa jeunesse, la tradition de tous les siècles chrétiens? Il parle, et Démosthène l'envie; il écrit l'histoire, et Tacite se demande qui lui a ravi son burin; il dispute de la vérité, et saint Augustin, qui croit se reconnaître, admire pourtant un style plus pur que le sien, un goût plus vrai, une élévation plus grande peut-être et mieux soutenue; il philosophe, et de la bouche de Platon à celle de Descartes il court un murmure qui nous fait entendre que nous avons devant nous un des plus hauts représentants de la sagesse humaine. J'ai nommé Bossuet, Messieurs, et, si vos mains ne l'applaudissent pas, c'est que votre cœur se recueille et se tait dans une de ces rares admirations qui font oublier aux hommes leur malheur et leur poussière.

Ainsi partout, Messieurs, de la Grèce au Calvaire, des temps d'Athènes au temps de Paris, dans tout ce qui fut vie et gloire, nous avons rencontré cet élément splendide autant qu'opiniâtre de la philosophie. Mais qu'est-elle donc enfin ? Est-elle autre chose que la raison ? Est-elle plus que la science ou la foi ?

Assurément la philosophie sort de la raison, et rien même de ce qui appartient à l'esprit de l'homme ne peut être étranger à la raison. Quoi que je pense, ma pensée a traversé ce lieu vivant, mystérieux et lucide, qui me sépare de la brute et me permet de connaître l'univers. Mais la raison, foyer primitif de la lumière qui me conduit, peut être inactive et comme ensevelie en elle-même. Elle peut s'éveiller à des degrés divers; elle peut ramper à la surface des choses ou bien s'élever dans des régions qu'elle ne découvrait pas d'abord, et, navigateur inspiré, s'avancer vers des mondes nouveaux. Tout exercice de la pensée est donc un exercice de la raison, soit de la raison laissée à ses seules forces, soit de la raison assistée de Dieu. Mais cet exercice est plus ou moins profond, plus ou moins vaste et pénétrant, selon les objets auxquels s'applique la raison et les procédés qu'elle emploie pour s'en saisir.

Je rencontre une fleur, je la cueille; non content d'en goûter le parfum et d'en admirer les couleurs, mon attention s'arrête sur les différentes parties qui en composent le riche travail. Je compare cette première fleur à une seconde, puis à une troisième, à d'autres plantes encore, et d'examen en examen je finis par connaître les nuances qui rassemblent ou qui séparent en plusieurs familles distinctes ces filles aimables du jour et de la rosée. C'est une science, mais une science d'un ordre inférieur, soit à cause du peu d'importance des objets qu'elle embrasse ou coordonne, soit parce que les sens y jouent un rôle plus grand que la raison.

Si de la terre où germent les fleurs je lève la tête vers le ciel où se meuvent les astres, ces feux, cet ordre et cette immensité s'emparent de ma pensée. Immobile, elle erre longtemps à travers le labyrinthe infini dont elle est prisonnière; longtemps elle ignore les lois qui retiennent autour de leur centre ces mondes lumineux et flottants, et leur trace dans l'éther l'orbite où s'accomplit leur course. Là le regard des yeux ne suffit plus à l'esprit. Il faut à ces perspectives lointaines, à ces rapports, à ces retours, à ces exactitudes, qui se dérobent dans la lenteur des siècles, il y faut une divination d'une autre portée que celle des sens. La raison seule, en se repliant sur elle-même, peut déchiffrer dans l'horizon de sa lumière le sublime hiéroglyphe qui se déroule dans l'horizon du ciel. L'astronomie est autant supérieure à la botanique que les flammes du soleil sont supérieures en puissance et en beauté à la couronne empourprée d'une fleur solitaire.

Mais ce n'est pas en vain que notre intelligence a pénétré le secret des étoiles. Ce secret se dénoue dans les clartés d'une science immatérielle qui règle tous les rapports de nombre, d'étendue et de pesanteur. Encore même que la matière n'existât pas, les mathématiques existeraient comme la loi nécessaire de tous les corps futurs et possibles. Ce sont elles qui soutiennent les astres dans leurs distances et leurs rapprochements, elles qui les meuvent ou qui les retardent, et leur empire, qui n'a d'autres bornes que l'espace et le temps, fait à la fois l'ordre, la magnificence et la profondeur du ciel visible.

Ainsi, Messieurs, notre raison se développe avec la grandeur des objets qu'elle considère et dont elle pénètre la législation. Tout à l'heure elle usait ses forces sur les plantes que notre pied écrase sans les apercevoir; maintenant elle se promène aux rivages éthérés du firmament, elle pèse, elle mesure les orbes immenses qui y sont suspendus, et les mathématiques, puissance souveraine de la matière, lui apparaissent dans leur abstraction et leur immatérialité.

Est-ce là tout? La raison humaine s'arrêtera-t-elle aux confins abstraits de la science des corps? N'y a-t-il rien au delà, rien de meilleur, de plus grand, de plus parfait? Ah! quelque chose en moi proteste contre cette limite, si reculée qu'elle soit. Ma raison, qui est le champ de la science, se sent vivre elle-même dans une région plus vaste que la terre et le ciel; elle ne peut éviter de croire sa propre lumière plus pure et plus vive que la lumière des astres qu'elle s'est assujettis par le calcul, et ce calcul lui-même lui devient une ombre quand elle le compare à la splendeur de la vérité. La vérité! ma raison la nomme, elle la conçoit; l'univers ne lui paraît quelque chose que par la vérité dont il est une image. C'est la vérité qui fait la raison, comme c'est la raison qui fait l'homme, et là, Messieurs, à l'homme même, commence la philosophie.

Quand je considérais la terre, il n'y a qu'un instant, ce n'était pas l'homme. Quand je levais mes regards vers la voûte étoilée pour en compter la poussière, ce n'était pas l'homme. Quand je m'arrêtais à mon propre corps pour le voir et l'admirer, ce n'était pas l'homme encore, et ce n'était pas la philosophie non plus; mais maintenant que ma raison se regarde elle-même, qu'elle se voit, qu'elle se scrute, maintenant c'est l'homme, et avec l'homme c'est aussi cette science suprême que Salomon appelait la Sagesse, et que Socrate, mort pour elle, appelait la philosophie. La philosophie est la science de l'homme, de ses origines, de sa nature, de ses devoirs, de ses destinées; la science de la vérité et de la justice; la science de Dieu, père de la justice et de la vérité; la science, en un mot, des causes, des lois et des substances premières; la science sans laquelle toutes les autres ne remuent que des songes, ne voient que des crépuscules, ne sèment que le néant et ne recueillent que l'inanité.

Je sais bien qu'on dit le contraire, et que le matérialisme ne voit de réalité que dans la science de ce qui est matériel. Mais que nous importent ses dires et ses définitions? Il est très-simple, quand on croit l'homme matière, que la matière soit tout, et que ces noms sacrés d'origine, de devoirs, de destinées, de justice, de vérité, que le nom même de Dieu apparaissent à la pensée comme ces brumes légères qu'une nuit impure jette sur les flots. Je ne parle pas au matérialisme, je le tiens pour ce qu'il est, une passion de se rabaisser pour faire à son corps une bauge libre dans l'univers. Laissons-le à cette volupté de la dégradation, et nous, chrétiens, ou du moins spiritualistes, parlons à notre aise de ce que nous sommes réellement, une raison émanée de la Raison divine, une âme immortelle créée à l'image de l'Esprit de Dieu. Ce haut rang où nous sommes placés fait que la science de nous-mêmes est une science à part, la plus élevée de toutes, et à qui par conséquent il convenait de donner un nom qui marquât sa suprématie. Les anciens l'avaient compris. Socrate, ni Platon, ni Aristote, ni Zénon, ni Cicéron, ne se croyaient de simples savants ; ils se disaient philosophes, et, quand Socrate buvait la ciguë, il ne la buvait pas pour un atome de poussière bien ou mal classé, mais pour l'idée qui est la clef de voûte de la philosophie, pour l'idée de Dieu. Ah ! souffrez que je m'arrête un moment à ce grand homme.

Socrate et Salomon, je l'ai déjà dit, furent les pères de la philosophie, et tous les deux ont laissé dans l'histoire une trace qui n'est comparable à aucune autre. Fils d'un roi célèbre, en qui la poésie habitait comme dans un sanctuaire, Salomon surpassa tous les hommes par une sagesse qu'il avait demandée à Dieu et dont il a laissé trois monuments impérissables : un jugement, un temple, un livre ; un jugement qui s'appelle encore le Jugement de Salomon ;

un temple qui est encore, quoique renversé, le temple de Salomon, et ce fameux livre de l'*Ecclésiaste* qui commence par ces mots : *Vanité des vanités, vanité des vanités, et tout est vanité.* Mais, corrompu par sa gloire même, Salomon mourut dans les plaisirs qu'il avait flétris, et sa mémoire n'a pu trouver dans sa tombe le signe dernier qui couronne à jamais la vertu. Moins grand par la naissance, moins élevé par le rang, Socrate ouvrit dans Athènes, au pied du Parthénon, la vision de Dieu. Une jeunesse éloquente et légère reçut avidement ses leçons, et il laissa derrière lui, pour les continuer, deux ouvrages immortels : sa mort et Platon ; sa mort, où pour la première fois on vit un sage martyr de l'idée de Dieu ; Platon, qui fut comme le verbe de son maître, et dont la voix n'a pâli que devant l'Évangile.

Telles furent les origines de la philosophie ; tels les hommes qui les premiers firent à cette science un nom magnifique, et traitèrent de Dieu et de l'homme avec un génie digne de leur sujet. Vous avez vu quelle suite de maîtres vint après eux, et comment, d'époque en époque, la philosophie tint son drapeau à la hauteur de toutes les gloires humaines. Pourquoi ce drapeau s'est-il abaissé parmi nous ? Pourquoi la philosophie, qui, chez toutes les nations civilisées, occupait le faîte des études littéraires et scientifiques, a-t-elle disparu des écoles françaises, de ce pays qui vit naître Descartes et qui donna Bossuet pour successeur à saint Augustin ?

Hélas! sans doute, depuis plus d'un siècle, la France a beaucoup abusé du nom qu'elle semble proscrire aujourd'hui. C'est au nom d'une philosophie mensongère que le christianisme a été combattu dans notre patrie et dans toute l'Europe. Mais l'abus ne prouve rien contre quoi que ce soit, et s'il fallait détruire ce dont on abuse, c'est-à-dire ce qui est bon en soi et corrompu par la liberté de l'homme, Dieu lui-même devrait être arraché du trône inaccessible où trop souvent nous faisons asseoir près de lui nos passions et nos erreurs. De même qu'il y a de fausses religions, il y a de fausses philosophies, cela est certain; les fausses religions causent beaucoup de mal et les fausses philosophies en causent aussi beaucoup, cela est encore certain. Mais qu'en conclure, sinon qu'il faut opposer la vraie religion à celles qui usurpent ses titres, et la vraie philosophie à celles qui empruntent ses armes pour déshonorer la raison et ruiner la vérité?

A la bonne heure, me direz-vous, s'il en était de la philosophie comme de la religion; mais la religion est nécessaire, et la philosophie ne l'est pas. La philosophie est la science de Dieu et de l'homme par les lumières de la raison; or, depuis Jésus-Christ, nous connaissons Dieu et l'homme par l'Évangile bien mieux que nous ne pouvons les connaître par la raison. Dès lors à quoi sert la philosophie, et pourquoi fatiguer les générations de recherches périlleuses sur nos origines, nos devoirs et nos destinées, lorsque, en ouvrant l'Évangile, nous y trouvons la réponse écrite de la main même de Dieu? Qu'avant Jésus-Christ il y eût des sages tourmentés du désir d'apprendre sur l'homme et sur Dieu ce que leurs siècles ignoraient ou méconnaissaient, c'était là une sainte ardeur, un effort glorieux de l'intelligence, et il faut assurément tenir compte à ces hommes des vérités qu'ils ont découvertes ou ravivées. Mais, aujourd'hui que la parole divine s'est levée sur le genre humain, aujourd'hui qu'elle règne par les mœurs qu'elle a créées sur ceux-là mêmes qui n'y croient pas, la philosophie n'est plus qu'une ruine célèbre, un temple gisant dans la solitude et attirant encore sur ses débris l'admiration de la postérité qui passe et qui regarde.

Voilà, Messieurs, l'objection dans toute sa force.

Je pourrais répondre que l'Église catholique n'en a jamais tenu compte, et qu'elle a constamment philosophé par l'organe de ses plus grands docteurs. Mais il vaut mieux aller au fond de la difficulté.

La raison est le premier don de Dieu à l'homme. *Elle est,* selon saint Jean, *la lumière qui éclaire tout homme venant en ce monde.* Fille aînée de l'intelligence divine, elle ne resplendit pas pourtant comme son père dans la plénitude instantanée et immuable d'elle-même; mais soumise à la loi du germe et du progrès, on la dirait enveloppée de langes, et ce n'est qu'à la longue, par de constants efforts, qu'elle se lève de son berceau, ouvre ses regards, et découvre au loin, dans un horizon indéfini, le spectacle sans rivages de la vérité. La vérité est dans la raison, mais cachée, afin sans doute que l'homme soit libre jusque dans son intelligence, et qu'il ait le mérite et l'honneur de participer à l'édifice de son entendement. Il suit de là que la raison doit être cultivée, et que, plus elle est cultivée, plus elle rend à l'homme qui la travaille une abondante et précieuse moisson. Si vous bornez sa culture à la matière, aux phénomènes et aux lois de l'ordre sensible, elle ne verra rien au delà; un voile épais lui cachera sa propre nature; elle ne saura pas même ce qu'elle est, d'où elle vient, ni quelle est la substance mystérieuse où elle réside et se meut. Attachée à la poussière, tout lui paraîtra poussière, jusqu'à elle-même. Tout au plus, en maniant la cendre de ce monde, ira-t-elle jusqu'à découvrir les lois mathématiques qui en gouvernent l'obscure et froide quantité. Elle se jouera dans le calcul comme si c'était l'infini, et prendra les nombres pour la divinité suprême qui préside à l'univers. Voilà, Messieurs, le danger qu'il y a de retenir la raison sans exercice ou de ne l'exercer qu'à la surface des choses. Et c'est pourquoi, lorsque Dieu voulut préparer le monde à l'avénement de son Fils, il ne se contenta pas de fonder une nation prophétique, chargée d'en annoncer la venue; il fonda presque en même temps ce peuple célèbre où les lettres, les arts, l'éloquence et la philosophie devaient aiguiser à l'envi la raison humaine et la rendre capable de recevoir cet enseignement qui allait nous venir du ciel. Des Pères de l'Église n'ont pas craint d'affirmer que la philosophie avait été pour les Grecs ce que la loi de Moïse avait été pour les Juifs, une préparation au christianisme, et, lorsque saint Paul parut dans Athènes, il put tenir devant l'Aréopage ce fameux discours où il invoqua leurs poëtes, leurs sages, et jusqu'à cet autel que, par un pressentiment de la vérité future, ils avaient dédié au *Dieu inconnu.*

Or ce qui fut utile comme préparation à nos pères d'avant Jésus-Christ, ne le serait-il plus à leur postérité? La raison a-t-elle changé de nature? N'est-elle plus cette faculté endormie dans son berceau et ayant besoin d'un réveil énergique pour prendre possession d'elle-même? Sans doute, une âme simple et ignorante peut recevoir la foi. Grâce à Dieu, la science n'est pas nécessaire pour entendre l'Évangile et en suivre les leçons. Mais ce qui n'est pas nécessaire peut être utile; ce qui n'est pas nécessaire à tous peut l'être à quelques-uns. Le monde ne reste jamais longtemps dans la candeur de l'enfance; il traverse vite, comme chacun de nous, l'âge où la seule autorité le conduit; les passions, le besoin de savoir, l'amour de la nouveauté, mille causes d'égarements s'attaquent à son adolescence, et que deviendra-t-il si la raison, se développant avec tout le reste, n'allume sur sa route des phares qui l'éclairent? Malheur au peuple où l'intelligence décroît avec l'âge, où la science de l'esprit s'abaisse à mesure que la science de la matière y grandit! C'est en vain que la foi toute seule opposera ses tendances au flot montant du matérialisme. On n'entendra plus le *sursum corda*. Les physiciens passeront pour des philosophes, les mathématiciens pour des législateurs, et il ne faudra qu'un homme un peu plus ou moins ingénieux que les autres pour créer, sous le nom barbare de *positivisme*, une religion dont le premier dogme sera que toute recherche des causes est absurde, et que l'adoration du phénomène est le dernier degré d'élévation de l'esprit et du cœur de l'homme.

N'en doutez pas, Messieurs, tuer la philosophie, c'est tuer la raison dans son plus profond exercice et dans sa plus haute manifestation. Là où il n'y a plus de philosophie commence inévitablement le règne de la physique, et vous en avez vu dans votre siècle une éclatante preuve. D'où sont sortis sous nos yeux tant de systèmes, qui aspiraient à changer de fond en comble la face de la société? La plupart, vous ne l'ignorez pas, émanaient d'hommes pour qui les lois mathématiques étaient le dernier mot du monde, et qui croyaient sérieusement que l'ordonnance d'un peuple était affaire de nombre, de mesure et de poids. Il ne leur manquait qu'une chose, la connaissance de Dieu et de l'homme.

Mais la philosophie ne sert pas seulement de préparation au christianisme en exerçant la raison et en la tournant vers le spectacle intérieur de l'âme; elle est aussi son bouclier contre un ennemi terrible qui ne la quitte jamais et qui s'efforce, par une persévérance toujours trompée, mais toujours vivante, de lui porter le coup mortel. S'il est des esprits qui rétrécissent à plaisir le domaine de la raison, afin de donner à l'homme une bassesse qui le tranquillise, il en est d'autres qui se croient plus habiles et plus forts en acceptant la raison tout entière, pour mieux nous ravir la vérité. Ceux-là ne dédaignent point les causes et les lois générales; ils n'enchaînent pas l'intelligence au corps et le corps aux purs phénomènes : scrutateurs hardis et subtils de l'infini, ils s'élèvent comme le philosophe par delà le temps et l'espace, mais pour y détrôner la lumière à son centre même, et y jeter des nuages qui désespèrent l'entendement. C'est la race des sophistes, race éternelle, moqueuse, implacable, qui cherche l'erreur avec passion, et pour qui l'ombre, quelque forme qu'elle prenne, est une découverte et une félicité. Socrate entendait leur voix autour de lui, lorsqu'il enseignait à la jeunesse athénienne l'existence et l'unité de Dieu; ce furent eux qui lui versèrent la ciguë pendant qu'il prophétisait à ses disciples l'immortalité de son âme et de la leur. Jésus-Christ les vit au pied de sa croix, et l'Église, héritière de toutes les vérités qu'il a données au monde, n'a pas cessé un seul jour de traîner à sa suite ces générations corrompues par la splendeur de ce qu'ils voient et la puissance de ce qu'ils savent. Chaque siècle, chaque science, chaque peuple a ses sophistes; il n'est pas un progrès dans la lumière qu'ils ne combattent par un progrès dans l'art du doute et de la négation. Socrate fut leur première victime; Jésus-Christ fut la seconde; ils espèrent que le genre humain sera la troisième, et ils y travaillent ardemment.

Or il ne se peut pas que Dieu ait laissé le champ libre à ces ennemis de notre âme. S'il permet à quelques esprits d'abuser de la raison, de la science et du talent, il faut qu'il y ait dans le monde un contre-poids à cette confédération des facultés humaines contre la vérité. Il faut qu'à côté des intelligences qui profanent leur auguste et sacré ministère, il y en ait d'autres plus élevées encore, plus pénétrantes, plus admirables et plus aimées, qui suivent les sophistes jusque dans les plus ténébreux repaires de leurs conjurations, et leur arrachent ce masque d'une fausse sagesse dont ils couvrent la décadence et la honte de leurs traits. Qu'il en soit ainsi, Messieurs, l'histoire le prouve. Si Gorgias et ses pareils troublent la jeunesse d'Athènes par les leçons d'un scepticisme mercenaire, le siècle de Périclès enfante contre eux Socrate et Platon. Si Lucrèce met en beaux vers l'athéisme qui va faire descendre Rome des hauteurs de ses temples et de ses mœurs, Rome crée, pour défendre ses vieilles croyances, cet illustre esprit, qui fut à la fois l'un des plus grands orateurs et des plus purs philosophes de l'antiquité, Marcus-Tullius Cicéron. Si Celse et Porphyre tendent tous les ressorts de la dialectique pour ébranler le christianisme au berceau, Dieu suscite, pour les humilier, cet enfant d'Alexandrie, dont le père baisait la poitrine avec respect, tant il la croyait pleine du Saint-Esprit, le célèbre et ingénieux Origène. Si Manès amène de l'Orient, sur le théâtre du monde régénéré, l'odieuse doctrine qui porte son nom, l'Afrique lui oppose le plus grand homme qu'elle ait produit, saint Augustin, à la fois théologien, orateur et philosophe. Si Abailard ne sait pas maintenir la raison dans ses limites naturelles à l'égard de la foi, la Providence le place entre saint Anselme de Cantorbéry et saint Thomas d'Aquin, tous les deux irréprochables dans leur génie. Si Montaigne prend pour devise : *Que sais-je?* Descartes naît sur son tombeau, et, faisant de la pensée la première certitude de l'homme, il s'écrie : *Je pense, donc je suis.* Si Bayle, dans un long dictionnaire, s'efforce de ruiner toutes les doctrines par l'artifice d'une contradiction qui semble équilibrer le non et le oui, le siècle de Louis XIV le contraint de s'asseoir entre Pascal et Bossuet. Si Voltaire, le plus mémorable des sophistes, consacre cinquante années de gloire à flétrir toute chose, la France tire de ses malheurs, pour réhabiliter tout ce qu'il a flétri, les Chateaubriand, les de Bonald, les de Maistre. Ainsi, de l'aube de la Grèce à l'aube des jours qui furent les nôtres, jamais Dieu n'a laissé les sophistes en possession de la toute-puissance dans les royaumes de l'esprit. Toujours près d'eux, au-dessus d'eux, il a fait se lever l'astre qui luit dans l'éternité, l'astre indéfectible du vrai et du beau.

Et qu'étaient-ils, tous ces grands hommes que j'ai nommés comme les défenseurs et les représentants de la vérité, qu'étaient-ils, sinon des philosophes, mais des philosophes chrétiens? C'est la philosophie véritable qui fait dans le monde le contre-poids de la fausse; ce sont les philosophes chrétiens qui, d'âge en âge, pied à pied, science contre science, génie contre génie, gloire contre gloire, opposent aux sophistes l'airain invulnérable de la solide lumière. Rejetez la philosophie, déclarez-la suspecte ou inutile, sous le prétexte que la foi du pâtre et de l'enfant suffit au salut de la vérité, et vous verrez bientôt ce que deviendra la foi elle-même, aux prises avec la terrible puissance du sophisme. Ce n'est pas en vain que Dieu a semé les étoiles à la voûte du firmament, et ce n'est pas en vain non plus qu'il a semé dans le genre humain les constellations qui s'appellent Platon, saint Augustin, saint Thomas d'Aquin, Pascal et Bossuet.

Mais, me direz-vous peut-être, qu'est-ce que la philosophie chrétienne? A quels signes la reconnaître? Quels sont ses caractères, ses procédés, ses lois? Votre demande est juste, Messieurs, et je vais y satisfaire, quoique en peu de mots.

D'abord, la philosophie chrétienne croit à la vérité, et par conséquent elle rejette le scepticisme, qui est la négation de la vérité.

Ensuite, elle croit à la grandeur de l'homme, parce que l'homme pense et nomme la vérité, et par conséquent elle rejette le matérialisme, qui fait de l'homme un peu de boue jetée dans le vide par le hasard.

Enfin, elle croit à Dieu, parce que sans Dieu l'homme n'est rien, et la vérité rien non plus, et ainsi elle rejette l'athéisme, qui sous toutes ses formes, grossières ou subtiles, est la négation de Dieu.

Voilà, Messieurs, les trois premiers caractères et les trois premiers principes de la philosophie chrétienne, comme le scepticisme, le matérialisme et l'athéisme sont les trois premiers caractères et les trois principes de la philosophie antichrétienne.

Cela posé, la philosophie chrétienne détermine les attributs de Dieu, qui sont : la spiritualité, l'éternité, l'infinité, la toute-puissance, la toute-science, la souveraine justice et la parfaite bonté. De Dieu à l'homme le passage se fait par la création; Dieu a créé l'homme et l'univers. L'homme est une âme dans un corps; cette âme est spirituelle, libre, immortelle. Par sa spiritualité l'âme connaît le vrai et le bien; par sa liberté elle accepte le vrai ou le repousse, elle accomplit le bien ou ne l'accomplit pas; par son immortalité elle répond de ses actes, elle en reçoit la peine ou la récompense; par tous ses attributs enfin, elle est en communication permanente avec les hommes et avec Dieu. Sa communication avec Dieu fait la religion; sa communication avec les hommes fait la société.

Ce peu de mots, Messieurs, renferme toute la philosophie chrétienne. Quiconque dit cela, quiconque l'affirme, le prouve et le défend, n'importe dans quelle langue et par quels procédés, celui-là est un philosophe chrétien. Il appartient à la lignée généreuse qui a maintenu dans le monde, à travers toutes les dépravations, la dignité de l'espèce humaine, l'honneur de son intelligence, la pureté de ses affections, la sainteté du foyer domestique, la majesté du temple et du tombeau, le droit, le devoir, l'espérance, tous les biens qui nous font vivre et qui nous aident à mourir. Heureux à qui ce ministère est échu ! Heureux l'homme qui a pu revêtir de force et d'éloquence le nom de Dieu et le nom de l'homme ! Heureux qui a laissé derrière lui, dans les ruines du monde, une semence qui se change en vertu, une vertu qui se change en immortalité ! Il vit dans les âmes qu'il a sauvées ; il ressuscite dans les générations qu'il instruit, et des larmes de tendresse, pures comme sa mémoire, montent vers lui jusqu'au ciel pour lui rendre grâces et lui dire qu'on l'aime et qu'on le bénit encore.

Reste à savoir, Messieurs, pourquoi j'ai donné le nom de philosophie chrétienne à la philosophie dont je viens de retracer les principes et les caractères. Ce n'est pas que Jésus-Christ en soit le fondateur ; elle existait dès l'origine du monde, et elle avait été toujours, soit obscurcie, soit lumineuse, le ciment même de la société humaine. Mais, quand vint Jésus-Christ, quand l'Évangile tomba tout à coup sous les yeux de l'homme, sa raison se reconnut dans ces pages divines. Elle y puisa une vue plus profonde, une certitude plus grande des croyances qu'elle possédait déjà, et dès lors la philosophie, sans rien perdre de sa nature propre, s'unit au christianisme par le côté où le christianisme avait avec elle des rapports de ressemblance et d'affinité. Le philosophe devenu chrétien conservait son titre de philosophe, et, les mêlant ensemble comme le nom d'un frère et d'une sœur, il se disait, pour se définir tout entier au monde et à lui-même, un philosophe chrétien, c'est-à-dire un fils de la vérité par la raison et par l'Évangile, par la raison émanée de Dieu, et par l'Évangile, autre ouvrage du même Dieu.

C'est là, Messieurs, que sera éternellement la victoire du christianisme. Si par certains côtés il surpasse la raison humaine, on peut dire qu'il a ses racines au cœur de notre entendement, et qu'il n'est, dans ses plus hautes branches, que l'épanouissement divin de notre conscience et de notre âme. Notre âme n'irait pas si haut toute seule ; mais, fécondée par le Verbe de Dieu, soutenue et comme portée par lui, elle se reconnaît dans l'Évangile comme un fils dans la maison de son père. L'Évangile est à la raison ce que le télescope est à l'œil de l'homme. Quand le télescope fut inventé, l'astronomie ne changea pas de nature ; mais l'observateur connut mieux les astres qu'il avait précédemment découverts, et il en atteignit d'autres qui lui avaient échappé. De même, quand le christianisme vint au monde, la philosophie ne changea pas de nature, mais le philosophe connut mieux les vérités qu'il possédait auparavant, et il en aperçut d'autres qu'il n'avait pas pressenties. L'Évangile n'est pas la destruction de l'homme, il en est le sommet. C'est pourquoi l'humanité ne descendra pas du christianisme, et le plus grand effort que l'on tentera toujours contre lui sera d'affaiblir la raison, comme un des plus sûrs et des plus généreux moyens de le soutenir sera d'accroître les forces de la raison par une philosophie exacte et profonde.

Que conclure, Messieurs, si ce n'est que dans cette illustre école il nous faut à tout prix relever les études philosophiques, et y introduire particulièrement ceux de nos élèves qui, par la distinction de leur esprit, peuvent aspirer à l'honneur d'exercer un jour quelque influence sur la direction intellectuelle de notre patrie? La France, depuis le commencement de ce siècle, se débat contre le poison qui fut versé dans ses veines au siècle précédent. Nul peuple n'était tombé plus loin de Dieu et de son Christ, et l'on eût dit qu'il était en Europe comme la parole du scepticisme, du matérialisme et de l'athéisme. Grâce à une Providence qui n'a cessé de nous être amie, les temps sont bien changés. Mais la lumière n'est pas faite encore à tous les yeux ; elle se lève et s'accroît peu à peu dans les ombres comme un arc-en-ciel incertain. O vous, jeunes gens, qui habiterez après nous ces ténèbres déjà lumineuses, n'y entrez pas sans les armes d'une raison fortement exercée ; et si Dieu, par un don qui fait tout ensemble votre gloire et votre péril, vous a départi dans une intelligence de choix des facultés remarquables, ah! n'en jouissez pas pour vous seuls, comme d'un domaine à qui vous ne devez rien. Si la pensée est le plus bel apanage de l'homme, la pensée qui s'élève par-dessus les autres est le patrimoine de l'humanité tout entière, et l'obscurcir par le défaut d'une culture proportionnée à sa prédestination, c'est ensevelir dans la nuit égoïste de ce monde une étoile qui eût dû briller au firmament de la vérité. Il n'en sera pas ainsi de vous, jeunes gens, mes fils. Vous aimez Dieu, Jésus-Christ, l'Église ; vous aimez la France, qui fut toujours leur épée : ce double amour, qui n'en fait qu'un dans votre âme, vous guidera sans peine aux travaux qui préparent les hommes, aux combats qui les éprouvent, au tombeau qui les récompense.

DISCOURS

SUR

LA LOI DE L'HISTOIRE

PRONONCÉ DANS LA SÉANCE PUBLIQUE

DE L'ASSEMBLÉE DE LÉGISLATION DE TOULOUSE

LE 2 JUILLET 1854

DISCOURS

SUR

LA LOI DE L'HISTOIRE

Messieurs,

L'Académie de Législation, quoique plus naturellement vouée à l'éclaircissement et à l'amélioration des lois positives, ne s'est pas interdit cependant des recherches d'un ordre plus général, et c'est pourquoi, en prenant la parole dans son sein, je ne crois point manquer à mes devoirs et à son attente, si je m'occupe d'une question qui touche de moins près à la jurisprudence qu'à la philosophie. Cette question est celle-ci : L'histoire a-t-elle une loi? En d'autres termes, les événements qui composent l'histoire, et qui ont pour principe la double action de la providence divine et de la liberté humaine, s'enchaînent-ils dans un ordre régulier, ou bien, amas confus de faits qui se reproduisent au hasard dans le temps et dans l'espace, l'histoire n'est-elle qu'un champ de bataille qui n'a point eu d'ordonnateur, qui ne comporte point de progrès et ne mérite pas d'explication?

J'affirme que l'histoire a une loi, parce que Dieu, qui en est le premier acteur, ne fait rien sans un plan qu'il s'est tracé dans son infaillible raison, et que l'homme, qui agit avec lui sur la scène des siècles, ne fait rien non plus sans un but et des moyens qui se coordonnent à ceux de Dieu. Et notre liberté ne souffre en cela ni violence ni diminution, parce que la liberté n'exclut pas l'ordre, la sagesse, le consentement au vrai et au bien, et que, dans le cas où elle s'en écarte, la force des choses dirigées par Dieu se retrouve, sans blesser notre libre arbitre, dans l'ensemble du travail commun.

Mais si l'histoire a une loi, quelle est-elle? Pouvons-nous, après six mille ans de l'œuvre dont nous sommes les coopérateurs, savoir ce que nous faisons, ce que Dieu veut et comment il nous conduit? Peut-être l'ignorons-nous tous, ou du moins ne le connaîtrons-nous pleinement qu'au dernier jour, lorsque, l'histoire étant achevée, le ciel et la terre retirés, nous nous rencontrerons face à face avec l'ouvrage et l'artiste, l'ouvrage où nous aurons eu notre part, l'artiste qui nous expliquera la sienne et nous dira son secret avec le nôtre. Ce secret, il est trop évident, je n'ai pas l'espérance de vous le dire : mais alors même qu'on ne voit pas, il est possible d'entrevoir, et l'ombre n'existe que parce qu'elle contient la lumière, dont elle est une obscure manifestation.

L'histoire est la science de l'homme vieillissant. Tandis que la jeunesse s'avance en regardant l'avenir, l'homme qui a vécu se retourne vers le passé dont il commence à faire partie, et il cherche dans les générations disparues le pressentiment des choses qui viennent, et qu'il ne verra pas. L'esprit de prophétie, qui est celui de l'éternité, s'empare de nous au déclin de notre âge, et, ne pouvant voir en nous-même la vérité encore inédite, nous cherchons dans les mystères du passé le crépuscule de l'avenir. *Qu'est-ce qui a été?* se demandait un roi estimé le plus sage des hommes, et il se répondait : *Cela même qui sera.* — *Quid est quod fuit? Ipsum quod futurum est* (1). Mais pour que le passé révèle l'avenir, il est nécessaire que le cours des choses soit réglé par une loi ; car s'il était sans loi, les événements n'auraient entre eux aucune liaison, et si longue que fût l'histoire, elle ne présenterait à l'observateur qu'une suite d'accidents incapables de donner lieu à aucune prévision.

Or l'homme prévoit, et cette faculté est en lui le résultat de l'expérience, le plus beau fruit de l'âge et de l'étude des temps. Comme Dieu voit dans les causes tout ce qui doit en sortir, l'homme voit dans les effets les causes elles-mêmes et tout ce qu'elles reproduiront un jour après l'avoir déjà produit.

(1) Ecclésiaste, chap. I, vers. 9.

Ce n'est donc pas un spectacle mort, un tableau ruiné que celui de l'histoire : l'histoire est un être vivant, qui a pris naissance dans l'éternité, qui s'y reposera un jour, et qui, sur sa route, à mesure qu'elle avance, nous dit l'avenir avec le passé, ce qui a été et ce qui sera, témoin et prophète à la fois, le plus grand astre enfin qui éclaire le monde, puisque l'Évangile lui-même fait partie de l'histoire et que l'histoire de l'homme est aussi celle de Dieu.

Or ce qui frappe par-dessus tout, quand on considère de loin, par une vue générale, la suite des événements ou des lignes historiques, c'est leur division saillante en époques distinctes, quoique unies entre elles par d'indissolubles liens. Les époques dominent toute l'histoire de l'humanité. On voit successivement se former un principe d'action qui tend à prévaloir dans la conduite des affaires humaines, qui rencontre autour de lui des obstacles plus ou moins héroïques ou désespérés, qui les surmonte, arrive dans un homme, dans un peuple ou dans une idée, au sommet de la puissance et du gouvernement, puis s'affaiblit dans sa victoire, décline peu à peu, et finit par disparaître ou se transformer dens un principe nouveau, qui à son tour combat, triomphe, dégénère et succombe pour faire place à un autre avénement. L'histoire se partage ainsi en cycles reconnaissables à l'œil le moins exercé, et apparaît comme un vaste drame où les actes s'enchaînent aux actes par des péripéties et des moments de repos. On peut différer sur la délimitation des époques, selon que l'œil embrasse un horizon plus ou moins étendu, et que l'esprit discerne avec plus ou moins de perspicacité les relations des causes et des effets ; mais il n'est pas un historien qui ne les ait signalées, comme il n'y a pas un géographe qui, examinant la structure extérieure du globe, n'ait remarqué l'art profond qui en a dessiné les traits et assuré les divisions.

Pour moi, je bornerais l'histoire à six actes accomplis.

Dans le premier, qui se développe d'Adam à Moïse, sur un espace de vingt siècles, Dieu jette les fondements de la paternité d'où sortiront toutes les races. Abraham, le père reconnu par la chair ou par l'esprit des trois souches juive, chrétienne et musulmane, occupe le point le plus élevé de cette époque, qui a précédé et produit toutes les autres : il est, selon l'expression de l'Écriture, *le nom le plus magnifique* (1) de la haute antiquité, le chef primordial *d'une multitude de nations* (2), *le père de tous ceux qui croient* (3) au Dieu unique, créateur du ciel et de la terre. Sa mémoire, conservée dans les livres sacrés les plus anciens et les seuls authentiques, a passé de là dans d'autres livres qui obtiennent encore la foi et le respect d'une grande partie

---

(1) Genèse, chap. XII, vers. 2.
(2) *Ibid.*, chap. XVII, vers. 4.
(3) Épître aux Romains, chap. IV, vers. 11.

du genre humain. C'est de cet homme, de son nom, de son sang, de son souvenir, que procèdent les peuples à qui l'empire du monde et de la civilisation était finalement réservé. Abraham est le roi des âges, et l'avenir sorti de lui comme de sa source première portera sa gloire jusqu'aux extrêmes limites où le temps finira dans l'éternité.

Après lui, l'œuvre de la paternité universelle étant accomplie, commence en Moïse la seconde époque et la seconde œuvre, celle de la législation. Debout au Sinaï, Moïse écoute et écrit : il écoute et il écrit une loi dont trente-trois siècles n'ont pas retranché une syllabe, qu'Athènes a reçue, que Rome vénère, que la conscience reconnaît pour la sienne, et que Jésus-Christ, venu de Dieu pour tout consommer, déclare être aussi sa loi. Cette loi, en formant un peuple pur dans sa doctrine et immortel dans sa vie, prépare au monde tout entier une législation qui n'aura point de frontières, appuyée sur une tradition qui n'aura point de rivale, et bien avant cet heureux jour elle produit pour le hâter David et Salomon, qui sont dans ce second âge ce qu'Abraham est dans le premier, comme Moïse est au Sinaï ce qu'Adam est dans l'Éden.

Cela fait, c'est-à-dire la législation universelle étant assise sur la paternité universelle, un autre ordre paraît : Romulus fonde Rome, et la Grèce prend corps aux jeux Olympiques. Ces deux ères inséparables, l'ère romaine et l'ère des Olympiades, ouvrent en même temps, par deux peuples, le règne des lettres et celui de l'unité politique. La direction des choses humaines passe de l'Orient à l'Occident : l'Orient a enfanté les ancêtres et promulgué la loi ; l'Occident va donner à la pensée des formes qui ne périront plus, et aux cités éparses des liens qui les rapprocheront sous un même joug, en attendant le siècle qui les unira dans une même fraternité. Athènes devient le foyer du beau, la mère et la maîtresse des arts ; Rome, le centre d'un gouvernement unique, où la liberté ne luira pas pour tous, mais où elle aura cependant un nom, une patrie, une tribune, des exemples et des garanties qui étendront sur des âges meilleurs leur immortelle protection. Après Périclès, la Grèce descend ; après Auguste, Rome s'affaisse, et ces deux hommes marquent, chacun en leur temps et pour leur part, le point le plus magnifique du troisième âge de l'histoire.

Le monde désormais possédait, pour ne plus les perdre, quatre éléments de sa vie : des ancêtres communs, une loi universelle, une littérature assurée par sa perfection d'un empire sans retour ; enfin, l'unité politique sous un peuple qui avait abusé de sa force, mais qui l'avait puisée dans des luttes civiles où avait grandi heureusement la science du droit. C'était beaucoup, mais ce n'était pas le terme. Une âme manquait encore à ces éléments dispersés qui se rapprochaient de toutes parts. Celui qu'avaient annoncé les ancêtres et prophétisé la loi, celui qui était obscurément *l'attente de toutes les na-*

tions (1), Jésus-Christ vient au monde, lui apportant un nouvel âge avec un nouveau principe de vie, principe qui ne sera ni anéanti ni surpassé jamais, et qui, par ses élans au travers de ses vicissitudes, marquera de son signe toutes les époques qu'inaugurera l'avenir. Cinq siècles, d'Auguste à Clovis, suffisent au christianisme pour transfigurer l'ancien monde, en accomplissant tout ce qu'il espérait et s'appropriant tout ce qu'il possédait de justice et de vérité. Constantin nomme le point le plus haut de ce quatrième âge. Le premier des empereurs, il reconnaît ce qui n'est plus et salue ce qui est; il tire de dessous la hache, encore levée, la religion de la paix; la croix se montre sur les enseignes de Rome, et le christianisme règne le lendemain du jour où le bourreau l'avait proclamé mort. Mais comme Jérusalem avait pâli sous la postérité des Machabées, comme Athènes s'était trahie en livrant sa liberté à la licence et sa langue aux rhéteurs, comme Rome était descendue des Scipions à Tibère, le christianisme aussi avait rencontré dans son triomphe une épreuve où il eût défailli, s'il n'avait eu pour père Celui qui seul, en donnant la victoire, est capable de sauver les victorieux.

Ce que n'avait pu la violence pour affaiblir et diviser la société chrétienne, les hérésies nées à l'ombre des cours ne le tentèrent pas sans succès. L'empire, en transportant son siége loin de Rome, pour

---

(1) Genèse, chap. XLIX, vers. 10.

fuir à la fois les souvenirs de l'antique liberté et les restes palpitants de l'idolâtrie, n'avait pas su créer dans sa nouvelle capitale des institutions et des mœurs dignes du christianisme. Il le protégeait sans l'honorer, trop souvent sans le connaître, et vingt schismes, précurseurs du schisme suprême qui devait séparer l'Orient de l'Occident, livraient la sainteté de l'Évangile aux opprobres d'une persécution où des chrétiens eux-mêmes étaient les persécuteurs. Ces tristes querelles, mêlées aux catastrophes d'un pouvoir qui passait de main en main par le hasard des intrigues ou des révoltes, précipitaient à la fois l'Église et l'empire dans une décadence qui fût devenue, si l'Église n'y eût échappé, une sorte de démenti à la divinité de sa mission.

Les barbares y pourvurent en tuant l'ancien monde. On vit alors une société où tout était nouveau, les peuples, les mœurs, les langues, les institutions, et où cependant vivait la religion, héritière de tout le passé, tenant d'une main l'histoire et la loi des ancêtres, parlant de sa bouche les idiomes de la Grèce et de Rome, enveloppant enfin le second berceau du monde dans la pourpre sans couture de tous les biens nés de tous les temps. C'était le vaisseau une autre fois échappé du naufrage universel, et portant dans ses entrailles les semences incorruptibles de la régénération. Il faudrait de longues heures pour dire quelle fut cette cinquième époque de l'histoire humaine; quels ennemis elle eut à vaincre, au dedans par la résurrection du vieil empire romain avec ses préjugés et ses orgueils, au dehors par l'avènement prodigieux de l'islamisme ; quels furent ses goûts, ses pensées, ses établissements, ses libertés ; quels ses biens et ses maux, mais toujours dans leur ensemble empreints d'une grandeur qui surpassa celle de Rome et créa ce caractère de l'homme moderne, généreux, doux, aimant, industrieux, avide de progrès, honorant l'obéissance par une noble mesure de liberté, préparant par ses œuvres comme par ses aspirations l'unité future où marche le genre humain. Il a été facile de calomnier cet âge, à cause de ce qu'il y avait d'enfant et de mal formé dans les peuples qui le composaient ; mais à mesure que la science et le sentiment de l'histoire, éveillés par nos révolutions, se sont développés parmi nous, nous avons mieux compris quelle fut la vie de nos ancêtres immédiats, et combien magnifique a été l'héritage qu'ils nous ont laissé. Saint Louis marque le point suprême de cette époque, qui dura mille ans, de Clovis à Luther. Homme singulier par la diversité de ses vertus, saint Louis résume dans sa personne tout ce que fut le moyen âge. Ascétique et touché d'amour, il disait son bréviaire au soir d'une bataille. Armé de la croix contre les infidèles, de l'épée contre les ennemis de la couronne et de la France, d'une infaillible droiture envers tous, il fut le dernier preux des croisades, l'arbitre des rois, le père des peuples, la plus rare créature qui ait jamais tenu le sceptre, et son palais, demeuré debout entre Notre-Dame et le Louvre, a mérité d'être jusqu'à nos jours le temple où siége la justice.

Les siècles de Périclès et d'Auguste furent plus grands par les lettres que le siècle où saint Louis nous apparaît entre Innocent III, saint François d'Assise, saint Dominique de Gusman, saint Bonaventure et saint Thomas d'Aquin : mais aucun ne l'a surpassé dans les ardeurs de la foi et dans les conceptions de l'intelligence. Aucun non plus n'a été suivi d'une époque plus énergiquement avide de détruire celle qui l'avait précédée. Jusque-là, d'Abraham à Moïse, de Moïse à Jésus-Christ par David, de Jésus-Christ à Clovis par Constantin, de Clovis à saint Louis par Charlemagne, le christianisme avait marché dans une voie progressive, où le sang même des martyrs n'avait été qu'une gloire et qu'une fécondité de plus. Mais, au sortir de saint Louis, les grandes eaux de la vérité baissent peu à peu, et Luther, en fondant le protestantisme, cause dans le corps vivant de l'Église universelle une plaie que trois siècles n'ont pas fermée, et que Voltaire, le prince de cette sixième époque, élargit encore en y versant le poison de la première incrédulité qui ait ravagé le monde chrétien. Ce qui distingue le protestantisme, ce n'est pas l'altération ou la négation de tel ou tel dogme ; le protestantisme subsisterait même en acceptant tous les symboles de l'Église catholique : car il n'est, dans son essence, ni une hérésie particulière ni un confluent d'hérésies. Le protestantisme est une passion profonde contre le sacerdoce fondé par Jésus-Christ, un effort désespéré pour se passer de l'homme dans les rapports de l'âme avec Dieu. Tout le reste est une conséquence de cette aversion primitive. Faites qu'un protestant puisse croire qu'un homme est le ministre avoué de Dieu, son vicaire réel en terre, et il abjurera sans peine les plus multiples erreurs où il soit retenu. La faiblesse du protestant est de ne pouvoir admettre une atmosphère médiatrice entre le soleil et lui, comme la faiblesse de l'incroyant est de perdre la vue dès qu'un nuage s'interpose entre la lumière et ses yeux.

Ce n'est qu'après cinq âges de foi et de création, que Dieu a permis l'époque négative où s'arrête aujourd'hui l'histoire de l'humanité. Épreuve suprême entre la vérité et l'erreur, entre le bien et le mal, cette époque décidera du sort commun. Si le tempérament de l'homme, tel que soixante siècles de Providence active l'ont trempé, est assez fort pour rejeter le poison qui le dévore, il faut s'attendre au miracle le plus élevé de tous, qui est la résurrection. Si, au contraire, notre intelligence affaiblie ne discerne pas les éléments de salut qui nous restent, ou si, tout en les discernant, notre volonté ne répond pas à la grandeur de nos devoirs, il ne faut plus espérer que les dernières joies de l'orgueil qui repousse la vie et méconnaît la mort.

Aussi est-ce avec une anxiété douloureuse que les âmes occupées de Dieu et de l'homme interrogent les signes des temps. Comme les stoïciens, ce seul généreux débris des beaux siècles de l'antiquité, consultaient l'avenir dans leurs vertus, ainsi les âmes qui ont encore foi, les restes vivants de l'amour attiédi, lèvent des yeux inquiets sur l'horizon d'un âge qui a tant fait de ruines, et qui a tant espéré de ses ruines. Moi-même, après eux et bien loin d'eux, je regarde aussi : le regard est déjà une espérance, et, si triste qu'il soit, une consolation.

Je me demande donc ce qui vient, en étant assuré par l'histoire, qu'à quelque point du temps que l'on regarde, l'humanité appartient toujours ou à une époque d'avénement, ou à une époque ascendante, ou à une époque de chute. Telle est, nous l'avons vu, la loi du développement historique.

Or il est manifeste que le protestantisme est, avant nos jours, la dernière grande puissance qui ait fait son avénement dans le monde, puissance malheureuse et destructive sans doute, mais puissance énergique, qui a ravi à l'Église une moitié de l'Europe et mutilé sur la terre le règne de Dieu. Il est manifeste aussi que le protestantisme a traversé son apogée, et que, malgré d'opiniâtres efforts, son ascendant est moins à craindre que sa décadence ; car sa décadence n'est que l'esprit de doute et de négation, dont le souffle, parvenu jusqu'au sein des peuples catholiques, y a diminué l'empire de la vérité. Mais cette décadence même n'est-elle pas précisément l'état de l'humanité dans la phase qu'elle traverse aujourd'hui? Sommes-nous autre chose que les fils dégénérés du protestantisme, la proie d'une raison exaltée et affaiblie par l'absence de toute autorité? Y a-t-il sous nos yeux, dans notre cœur, dans le sort auquel nous appartenons, l'avénement d'une puissance nouvelle, d'un principe capable de surmonter les misères de l'âge qui a précédé le nôtre? Telle est la question.

Cette question souveraine est résolue bien diversement. Les uns espèrent, les autres doutent; ceux-ci tremblent, ceux-là méprisent. Oserais-je vous dire ma pensée avec sincérité?

Qu'il y ait de nos jours, sous nos yeux, dans notre cœur même, l'avénement d'une nouvelle et grande puissance, il n'est possible à personne d'en douter. Son nom est sur toutes les lèvres, objet de terreur et de haine pour les uns, d'admiration et de culte pour les autres. Le Nil a vu ses soldats, le Tage et le Borysthène ont entendu le bruit de sa marche, et plus loin, son bras s'est étendu des vallées des Andes aux plages immobiles où Confucius croyait avoir enchaîné pour toujours l'âme des générations. Le monde est debout, et ceux-là mêmes qui sont encore assis pressentent que le flot montera jusqu'à eux, et que, selon la prophétie d'un des premiers orateurs de cette gigantesque puissance, *la révolution fera le tour du globe.*

Je l'ai nommée! Mais l'avoir nommée, ce n'est pas avoir répondu. Il est certain seulement que nous ne sommes plus sous l'ère du protestantisme et de l'incrédulité, mais sous l'ère de la révolution. Est-ce quelque chose de pire ou quelque chose de mieux? Est-ce un progrès dans le mal où un retour vers le bien? Est-ce un passage douloureux du mal au bien?

Pour l'entendre, il faut remarquer que la révolution porte sur deux pôles bien distincts, le pôle négatif et le pôle affirmatif, le pôle de la destruction et le pôle de l'édification. Regarde-t-on le premier, tout est atroce. On ne voit que le renversement d'une société ancienne et illustre, la spoliation, la proscription, le meurtre, un roi honnête et généreux mourant sur l'échafaud, et par-dessus ces crimes, pour les représenter à jamais, la figure éternelle de Robespierre et de Danton. Mais est-ce là tout? La révolution n'a-t-elle été que le délire d'une tempête dans une débauche de sang? S'il en était ainsi, nous n'en parlerions pas comme d'une puissance; elle eût passé, à la façon de Marius ou d'Attila, sans laisser parmi nous qu'une ombre tragique. Et cependant elle vit! Après avoir été la contemporaine de nos pères, elle est déjà la contemporaine de notre postérité. Sa main a tracé les limites qui divisent notre territoire; ses armées l'ont défendu contre l'Europe; ses lois régissent depuis soixante ans tous nos rapports sociaux. Elle abaisse et élève nos princes. Enfin, maudite ou adorée, elle inspire ceux-là mêmes qui se croient ses ennemis, et tout le monde soutient son trône, jusqu'à ceux qui veulent le renverser. Une telle puissance ne s'explique point par le crime, elle ne s'explique que par des idées. Si la révolution n'eût été qu'un crime, elle eût expiré au pied de l'échafaud de Louis XVI.

Comme tout ce qui a exercé sur le monde une influence durable, la révolution a sa racine dans des idées remontant elles-mêmes à d'antiques sources, et qui, après un cours longtemps obscur et contenu, ont fait à la fin une soudaine irruption dans les esprits. Quelles sont ces idées? J'ai à peine besoin de vous les dire, tant leur présence est vive au cœur de tous. La révolution a voulu trois choses : l'égalité civile par des lois ne conférant de privilége à personne, la liberté religieuse par le respect de tous les cultes qui ne sont pas immoraux, enfin la liberté politique par des assemblées représentatives qui concourent à l'œuvre souveraine de la législation. En dehors ou au delà de ces trois points, ce n'est plus la révolution qui pense et agit, mais de simples systèmes où vient périr l'unanimité des vœux. Presque tous les grands fleuves se partagent en plusieurs branches avant d'entrer dans l'Océan ; il en est de même de toute pensée qui devient prépondérante; elle a son Delta aux frontières de son cours. Mais le gros du fleuve n'en est pas moins reconnaissable, et nul ne se méprend sur le vrai Nil. Il en est de même, sous ce rapport, du catholicisme, du protestantisme et de la révolution : chacun sait bien où est l'Église catholique, malgré les rameaux qui se sont séparés d'elle, et chacun sait aussi où est le protestantisme et la révolution, malgré les systèmes qui veulent se couvrir de leur nom et de leur égide.

Une fois la révolution définie dans ses lignes premières et incontestées, remarquons, Messieurs, combien elle diffère du principe qui a gouverné l'ère immédiatement précédente, je veux dire le protestantisme et l'incrédulité.

Le protestantisme niait l'autorité de l'Église, par conséquent la base positive et populaire sur laquelle Jésus-Christ avait fondé la certitude du christianisme, la direction des âmes et la propagation de la foi. L'incrédulité, d'une autre part, fille plus ou moins dénaturée du protestantisme, niait, avec toute révélation, l'Écriture et Jésus-Christ, et si elle n'attaquait pas sans réserve l'existence même de Dieu, du moins elle en ébranlait la notion dans beaucoup d'esprits. C'était donc, au XVIe et au XVIIIe siècle, le christianisme qui était en question : il s'agissait de savoir si le genre humain, après avoir répudié l'autorité de l'Église, ne répudierait pas aussi tout commerce de l'homme avec Dieu, passant de la seule vraie religion, et, dans tous les cas, de la plus haute et de la plus pure qu'il eût jamais professée, à une absence totale de sentiment et d'adoration de la Divinité. Certes, le péril était immense, et ceux qui, voyant tant de peuples soustraits au joug de l'Église, voyaient encore se répandre sur l'Europe entière le flot de la négation philosophique, ceux-là pouvaient croire qu'ils touchaient au dernier jour de la vérité.

Ils se trompaient. Par un prodige le plus étonnant du monde et qu'il faudra expliquer tout à l'heure, s'il est possible de l'expliquer autrement que comme un acte souverain de la bonté divine, on vit paraître une révolution qui, au lieu de demander la chute de Dieu, demandait seulement l'égalité civile, la liberté religieuse et des assemblées représentatives pour la discussion des lois. Il est vrai que, plus tard, le sceptre de la nouvelle puissance étant tombé en des mains scélérates, tout fut fait contre l'homme et contre Dieu. Mais bien avant que le jour de la réparation fût venu, et fût venu de la révolution elle-même, dans l'ardeur sanglante du triomphe, on vit déjà les temples se rouvrir, et le nom de Dieu s'y graver sous la main d'un homme qui était la plus haute expression de la mort et de la terreur.

Il ne s'agit pas d'ailleurs de nier les crimes. Si la révolution n'était pour nous que les années comprises entre 1789 et 1800, entre Mirabeau et le premier consul de l'an VIII, je n'aurais pas plus à m'en préoccuper que des expéditions de Gengis ou de Tamerlan. Mais la révolution a survécu, elle vit, elle ne s'appelle pas seulement Mirabeau et Robespierre, elle s'appelle aussi le concordat de 1801, la charte de 1814, celle de 1830, la constitution de 1848, et une dernière qui nous régit à l'heure où je parle. Voilà la révolution. Voilà la puissance qui a succédé au protestantisme et à l'incrédulité, que je leur compare, et que je leur compare afin de nous rendre compte si le principe des choses qui règne au XIXe siècle est meilleur ou pire que celui qui régnait sur nos ancêtres immédiats, au temps de Voltaire appuyé des temps de Luther.

A ce point de vue, la question prend un aspect qui n'est pas indigne de votre attention. Luther avait brûlé sur une place publique les bulles du Pape, soulevé contre son siége une partie de l'Europe, et sa postérité, fidèle à ses exemples comme à ses leçons, n'a cessé jusqu'aujourd'hui de poursuivre dans la papauté l'ennemie du genre humain et l'avant-garde de l'Antechrist. La révolution, ou, si vous l'aimez mieux, l'esprit moderne, car je me lasse de me servir d'un mot équivoque, l'esprit moderne, représenté par le jeune consul de l'an VIII, se hâte de traiter avec le souverain pontife, et de stipuler dans un concordat la réconciliation des temps nouveaux avec l'antique hiérarchie à qui Dieu a confié la garde des immuables vérités de la foi. La liberté religieuse, voulue de l'esprit moderne, se trouve ainsi marquée d'un sceau bien différent de celui qu'elle avait reçu des mains de Luther. Sous l'inspiration de Luther, la liberté religieuse était la négation de l'unité chrétienne et de l'autorité qui la maintient : sous l'empire du concordat, la liberté religieuse reconnaît le principe et le besoin de l'unité chrétienne; elle se tourne vers le pontife qui la réalise dans sa personne par les droits qu'il tient de Jésus-Christ. Dans Luther la liberté religieuse est une révolte : selon l'esprit moderne, la liberté religieuse n'est que le respect des convictions d'autrui, tant qu'elles ne blessent pas l'ordre public par un culte immoral. Luther atteint le christianisme dans son fond en livrant la foi aux hasards des conceptions privées : l'esprit moderne ne touche en rien aux dogmes, à la morale, au culte, à l'autorité du christianisme ; il lui retire seulement le secours du bras civil pour rechercher et punir l'hérésie, se fiant à la force intime et divine de la foi qui ne saurait faillir faute d'un glaive matériel levé contre l'erreur. Entre deux libertés, quoique portant le même nom, ce n'est pas une différence qui existe, mais un abîme.

On peut blâmer la liberté religieuse, même au point de vue de l'esprit moderne, si on le juge à propos ; mais on ne peut pas dire que le principe du xixe siècle ne soit pas meilleur que le principe du xvie, et c'est là que j'ai mis la question. Aussi, remarquez-le, tandis que la liberté religieuse promulguée par Luther a séparé de l'Église des peuples nombreux, la liberté religieuse promulguée par l'esprit moderne n'a pas enlevé un pouce de terre à la juridiction du pontife romain. Rome étonnée a vu des diocèses surgir en des lieux d'où elle n'attendait que la persécution, et le protestantisme lui a rendu en Angleterre et aux États-Unis, au nom de la liberté religieuse, des troupeaux qu'elle avait perdus au nom d'une autre liberté religieuse.

En France, sur la terre native de la révolution, d'autres phénomènes encore moins attendus se sont révélés à l'envi. La foi s'y est relevée des coups que lui avait portés la conjuration unanime des esprits supérieurs de l'âge précédent. Elle a trouvé des écrivains et des orateurs pour la défendre dans un style ou avec une éloquence digne d'elles; et, parmi ceux-là mêmes qui n'en ont point arboré les couleurs, les plus illustres ont fait preuve d'un spiritualisme dont le parfum se ressent de saint Augustin autant que de Platon. A qui comparera, dans la philosophie, l'histoire et les lettres, les noms français du XIXe siècle aux noms français du XVIIIe, il ne restera aucun doute que, même en dehors de l'Église ou sur ses extrêmes frontières, la vérité n'ait reconquis dans les intelligences élevées la presque plénitude de son ascendant. Je ne veux nommer personne, ni les vivants, ni les morts, ni ceux qui ont eu la pleine lumière, ni ceux qui en ont approché ou qui la découvrent de plus près chaque jour : la gloire de tous est trop jeune encore pour la faire paraître sans la précaution du silence et sans le voile de la pudeur.

A côté des œuvres de la pensée, on a vu se produire les œuvres du cœur : la jeunesse s'enrôlant, au nom de saint Vincent de Paul, dans la sainte hermandad d'une nouvelle inquisition, l'inquisition des pauvres; la propagation de la foi dotée par le denier obscur de tout un peuple d'un tribut vraiment royal; les femmes cachant, sous les formes innombrables de congrégations inconnues, des dévouements aussi ingénieux que les besoins sont vastes ; les ordres d'hommes se reconstituant à l'envi l'un de l'autre, sans autre secours que la liberté elle-même; enfin l'éducation rendue libre au prêtre et au religieux, comme aux jours où la science n'était pas divisée et n'avait qu'un grand maître, Jésus-Christ.

Telles ont été jusqu'aujourd'hui les suites de la liberté religieuse du XIX° siècle. En les comparant aux résultats produits par la liberté religieuse du XVI°, on voit dans le passé la ruine, dans le présent l'édification, ce qui donne lieu de conclure que l'ère où nous sommes entrés est, par rapport à l'ère précédente, une époque d'ascension et de renouvellement.

Cette conclusion ne sera point affaiblie si nous considérons les deux autres éléments de l'esprit moderne, c'est-à-dire l'égalité civile et la liberté politique. En effet, l'égalité civile n'emporte pas l'égalité absolue, qui est une chimère désavouée par la diversité des aptitudes et des mérites ; elle ne fait que placer l'homme devant la loi comme il est devant Dieu, en lui assurant une justice impartiale, la récompense légitime de ses travaux, un honneur proportionné à ses services, quelle que soit sa naissance, et même dans un nom glorieusement acquis un héritage de plus à transmettre ou à recevoir. Il n'y a là rien de faux, rien d'exagéré, et si la société ancienne accordait davantage à la tradition sans nier la vertu personnelle, la nôtre accorde davantage à la vertu personnelle sans nier la tradition. Dans la seule constitution humaine dont Dieu ait tracé le plan, l'aristocratie proprement dite n'était pas connue ; le peuple fondé au pied de l'Horeb n'emporta du désert que des juges et des pontifes avec un conseil d'anciens, et quand la royauté prévue par Moïse comme un accident vint à prendre place dans ses institutions, David et ses successeurs ne trouvèrent dans leurs sujets que des citoyens égaux dans des tribus égales. Le christianisme, en étendant à toutes les nations les droits issus d'une paternité commune en Dieu, en Adam et en Jésus-Christ, n'a pas exclu sans doute du régime des peuples chrétiens toute part faite à l'ancienneté des aïeux ; mais il a déposé au cœur de tous un sentiment de fraternité qui incline ses disciples à donner plus à la race divine qui nous fait semblables, qu'à la race humaine qui nous fait divers.

Quant à la liberté politique, on ne saurait non plus la réprouver comme mauvaise en soi. Les peuples les plus fameux de l'âge qui a précédé le Christ, et qui avaient pour mission ignorée d'eux d'en préparer l'avénement, les Grecs et les Romains avaient joui de cette liberté, et les barbares suscités de Dieu pour mêler un autre élément aux exordes de la société chrétienne apportèrent de leurs forêts l'ébauche d'institutions plus libérales encore, parce que la personne n'y était point sacrifiée à l'État comme dans la cité classique, et que tout guerrier y prenait part à l'élection des chefs, au jugement et à la loi. La monarchie avec des assemblées parlementaires naquit peu à peu de ces mœurs que Tacite avait vantées, et où le christianisme introduisit l'épiscopat comme une nouvelle puissance protectrice des droits de tous. Au lieu d'une cité délibérant tout entière dans un *forum*, au lieu d'une tribu assemblée à l'ombre de forêts séculaires, il se forma des nations représentées par des guerriers et des évêques au conseil de leurs souverains. Ainsi l'élection, la délibération, la représentation, la liberté politique enfin n'était pas étrangère à la chrétienté lorsque l'esprit moderne s'en empara, et sa résurrection, si elle a été accompagnée de catastrophes encore vivantes, ne nous a rien apporté de pire, dans l'ordre des mœurs, de la pensée et de la foi, que le XVIe et le XVIIIe siècle. Avec sa part de responsabilité dans le mal, la liberté politique a aussi sa part dans les bienfaits que je signalais tout à l'heure, et les fautes elles-mêmes, en donnant lieu à de grandes leçons, ont donné lieu à de grandes restaurations de la vérité.

Il me semble donc, Messieurs, malgré les misères de notre temps, que nous ne sommes pas tombés au-dessous de l'âge de Luther et de Voltaire, et que le principe de vie qui nous anime aujourd'hui, loin de procéder d'eux, procède d'un esprit qui leur est à la fois hostile et supérieur. Ici nous rencontrons la question d'origine, question capitale pour achever d'asseoir notre jugement sur l'époque à laquelle nous appartenons.

De même que tout être vivant a un père dont il est l'image, tout siècle remonte aussi à un autre siècle qui l'a tiré de ses entrailles et lui a donné pour mission de continuer la sienne. Rien n'est isolé, rien ne naît spontanément dans la nature, encore moins dans l'humanité. L'homme procède de l'homme, un peuple d'un autre peuple, une époque d'une autre époque, un esprit d'un autre esprit, et tout, à l'origine première, vient de Dieu, qui est l'ancêtre universel et éternel. Cependant, au travers de cette succession ininterrompue, il intervient des secousses qui font que l'ordre apparent n'est pas toujours l'ordre réel, et que ce qui précède immédiatement n'est pas l'origine de ce qui suit sans intervalle. Quand Jésus-Christ vint au monde, il avait pour prédécesseurs immédiats les siècles de Périclès et d'Auguste, et pourtant ce n'était point là sa véritable généalogie : elle se dessinait à côté, parallèlement, dans des profondeurs où Athènes et Rome, au lieu d'être des aïeux et des causes, n'avaient plus que le caractère de conséquence et de postérité. Ainsi, de ce que le XIXe siècle a succédé matériellement au XVIIIe, il ne s'ensuit pas que ce soit là pour lui son véritable ordre de filiation. Si le XVIIIe siècle était le père du XIXe, le XIXe aurait son esprit, et il ne l'a pas : il aurait sa philosophie, et il en a une autre ; sa littérature, et il en a une autre ; ses mœurs, et il en a d'autres ; sa gloire, et il en a une meilleure dans la guerre et dans la paix. Jamais deux siècles ne se sont moins ressemblés. Il faut donc que l'éruption par où s'est clos l'ancien, ait ouvert des sources qui ont rejailli sur la nouvelle génération et rattaché son cours à des eaux venues de plus haut et de plus loin.

Or remarquons que c'est la France qui a été et qui est encore le siége de l'esprit moderne ou de la révolution. La France, pays constamment catholique et monarchique, que rien n'avait pu, en quatorze cents ans, séparer de la vraie foi, et qui portait à ses princes un tel amour, que le trône où ils étaient assis passait dans l'opinion universelle pour le premier trône du monde, le plus doux et le plus glorieux où il fût donné à un homme mortel de commander à des hommes. Trois races de rois, où l'on comptait des saints, des preux, de grands capitaines, des âmes chaudes, des caractères aimables, avaient présidé aux destinées de ce peuple, agrandi et affermi son unité, formé sa langue dans leurs cours, tellement entrelacé leur histoire à la sienne, que dans leurs fautes ils n'en perdaient guère l'affection, et que dans leurs malheurs ils étaient sûrs de la recouvrer. « Si vous perdez encore une bataille, disait Louis XIV au maréchal de Villars, écrivez-le à moi seul. Je connais mon peuple, je monterai à cheval, je traverserai Paris votre lettre à la main, et je vous amènerai cent mille hommes, avec lesquels je vous dégagerai ou m'ensevelirai avec vous sous les ruines de la monarchie. » Un des caractères de cet amour entre le prince et le peuple était leur commune et inébranlable fidélité à l'Église. Depuis Tolbiac, jamais l'erreur ou l'hérésie n'avait approché l'âme d'un roi de France, et le seul qui en eût été atteint loin des marches du trône ne put y monter qu'en recevant à Saint-Denis, par une abjuration nécessaire, l'onction sans tache de la royauté française. C'était donc au monde ce qu'il y avait de plus catholique et de plus monarchique que notre pays, ses instincts, ses mœurs, ses lois, ses souvenirs : et pourtant c'est ce pays qui est la révolution ! Croyez-vous que cela fût possible s'il n'y avait entre la France, telle que le temps l'avait faite, et la révolution telle que je l'ai définie, une mystérieuse mais réelle affinité? Nos ennemis l'ont remarqué, et même en un sens plus étendu. Ils ont dit que la révolution hantait de préférence les peuples catholiques, que c'était son lieu natal et son lieu d'affection. Faut-il accepter ce reproche ou faut-il le repousser? Est-ce une gloire? Est-ce une honte? Est-ce avant tout la vérité?

Je crois que c'est la vérité, pour la France du moins.

Le premier caractère de l'esprit moderne, avons-nous dit, est l'amour de cette égalité mesurée que nous appelons l'égalité civile. Or, sans parler de notre nature cordiale, qui nous rapproche les uns des autres et de tout le monde, en nous taisant de la fierté de cœur qui nous rend sensibles au moindre regard qui tombe de haut, ne sont-ce pas nos rois qui, depuis la troisième race, connaissant notre faible, ou notre génie, si vous l'aimez mieux, ont pris à tâche de rapprocher d'eux ce qui en était le plus loin? Tandis qu'en Angleterre les communes s'unissaient aux barons pour mettre un frein aux excès de la royauté, la royauté française s'unissait aux communes pour restreindre ou abaisser le pouvoir des seigneurs, alliance diverse et persévérante qui a fait le sort des deux pays : en Angleterre, un patriciat vigoureux se recrutant avec habileté de toutes les illustrations qui surgissent au-dessous de sa sphère ; en France, une monarchie incomparable dans sa durée, sa force et sa modération, parce qu'elle avait pour elle le fond du peuple qui s'élevait avec elle. Dans ce mouvement d'ascension réciproque, où le roi poussait le peuple et où le peuple poussait le roi, l'aristocratie finit par s'amoindrir dans des honneurs de cour, et, bien que son sang, sa fortune et ses traditions fussent toujours au service de la France, il vint une heure où le peuple parut plus grand qu'elle : cette heure fut la révolution. Elle avait commencé avec notre nature ; secondée par notre histoire, elle éclata comme tout ce qui est mûr, par un accident.

J'ai déjà fait remarquer comment la liberté politique était un autre rejeton de notre nature et de notre histoire. Sans doute la France n'eut pas, comme l'Angleterre, l'avantage d'avoir de bonne heure des institutions nettement définies, une charte enchaînant le roi, les barons, les évêques et les communes, dans des droits et des devoirs plus forts que chacun d'eux, et faisant d'eux ensemble un corps aussi grand par la liberté que par l'autorité. Les excès des rois anglais et la tradition germanique, plus vivante au sein de leur peuple, avaient amené, dès le XIIIe siècle, ce résultat qui devait survivre aux temps et aux révolutions. La France, plus romaine que n'était l'Angleterre, gouvernée par des rois plus habiles et plus doux, se trouvait satisfaite de garanties moins savamment ordonnées, et qui laissaient au trône appuyé sur l'amour une sorte d'indépendance libérale. Mais si les droits et les devoirs des parties n'étaient pas aussi clairement déterminés, ils n'étaient pas moins vivement sentis, et la France, sans avoir ni sa charte ni son parlement, avait aussi ses assemblées et ses libertés. Les états généraux, issus du souvenir des champs de mars et de mai, étaient la dernière forme que le cours des choses avait imprimée à la représentation politique du pays, et, jusque sous Louis XIII, on les vit réunir en trois chambres toutes les grandeurs qui limitaient la puissance royale, en lui rappelant qu'elle commandait à un peuple où la religion, la propriété, la justice et la dignité des personnes entendaient être sauves, et qui *ne craignait rien,* selon une expression fameuse, *que la chute du ciel.*

Le règne de Louis XIV suspendit par son éclat et son omnipotence le cours naturel de nos institutions. La noblesse se trouva diminuée, le clergé amoindri, le tiers-état seul gagnant toujours en industrie et en richesses, mais sans conserver plus que les deux autres ordres sa part de l'ancienne représentation. La liberté subsista dans les mœurs; elle vécut de souvenirs mal définis, d'espérances non moins vagues, dont le *Télémaque* de l'archevêque de Cambrai fut la plus vive et la plus courageuse expression. L'égalité, retenue, ce semble, par les formes majestueuses qui entouraient toutes choses à Versailles, continuait cependant sa marche, parce qu'on peut bien suspendre la liberté politique en fermant les portes d'un parlement, mais non pas arrêter le sentiment, l'éducation, le geste et la parole, qui font les hommes égaux.

De l'égalité croissante et de la liberté comprimée naquit la Révolution. Elle éclata au XVIIIe siècle, mais le XVIIIe siècle n'était pas son père.

Nous avons dit cependant que la liberté religieuse était l'un des trois éléments fondamentaux de la Révolution ou de l'esprit moderne, et, sous ce rapport, il semble que rien dans les traditions historiques de la France n'avait préparé l'avénement de ce principe. Mais c'est une erreur facile à dissiper. Au XVIe siècle, si vivant et national que le catholicisme fût parmi nous, il ne put empêcher qu'une partie de la noblesse se jetât dans l'hérésie et y entraînât à sa suite de fortes convictions. Victorieux en Angleterre, non par le libre mouvement des âmes, mais par la plus épouvantable oppression qui fût encore descendue du trône sur des peuples chrétiens, le protestantisme ne put obtenir en France que des succès mêlés de revers, assez grands pour le faire craindre sans être assez grands pour lui assurer l'empire. Au milieu de ces hasards, un des siens, capitaine habile et valeureux, parvint au trône et pacifia la France en donnant aux catholiques le gage de son abjuration, et à ses anciens coreligionnaires la liberté de conscience stipulée dans un édit solennel. Ce fut le point de départ d'un ordre nouveau dans l'Occident. Tandis que l'Angleterre, la Suède et le Danemark accablaient l'Église sous des persécutions confirmées par des lois de fer, la France accordait la liberté à une religion qui n'était pas la sienne et par qui la sienne était opprimée ailleurs. Elle faisait plus encore. Les protestants d'Allemagne et de Hollande ne se maintenaient qu'avec peine contre la prépondérance toujours hostile de la maison d'Autriche : la France vint à leur secours. On vit dans la guerre de Trente ans le cardinal de Richelieu au nom de Louis XIII, et le cardinal Mazarin au nom de Louis XIV, soutenir par l'intrigue et l'épée la cause du protestantisme, et amener enfin les choses à ce fameux traité de Westphalie, qui assura l'indépendance de la Hollande contre l'Espagne, et confirma les droits acquis par les princes et les pays protestants au delà du Rhin. Pourtant on ne peut pas dire que la France eût alors le sentiment de la liberté religieuse : ce qu'elle avait fait, elle l'avait fait sous l'inspiration de la politique et non de la tolérance, bien que le caractère de Henri IV et le sien propre eussent contribué à la paix de religion.

Un événement inattendu vint, après un siècle, achever l'œuvre commencée par l'édit de Nantes et le traité de Westphalie. Louis XIV, qui avait déjà suspendu le cours de la liberté politique, se trouva importuné de la présence des protestants dans son royaume, seul reste d'un pouvoir qui ne fût pas le sien ou d'une pensée qui méconnût la sienne. Il révoqua l'édit de Nantes. Les supplices et les misères qui furent la suite de cet acte accompli en pleine paix,

éveillèrent en Europe, et plus tard en France, un sentiment d'horreur qui ne s'est jamais éteint. La reine Christine de Suède écrivait de Rome, le 2 février 1686 : « Le projet de convertir les hérétiques
« et les infidèles est très-louable, mais le mode est
« nouveau ; et comme Notre-Seigneur ne s'est pas
« servi de cette méthode pour convertir le monde,
« elle ne doit pas être la meilleure. J'admire et ne
« comprends pas ce zèle et cette politique supérieure
« à ma capacité, et je suis satisfaite de ne pas les
« comprendre... J'ai à cœur autant que la vie l'in-
« térêt commun de l'Église ; mais cet intérêt pré-
« cisément me fait envisager avec douleur ce qui
« arrive, et je vous avoue que j'aime assez la
« France pour déplorer la désolation d'un si beau
« royaume (1). »

Sans doute on avait vu en France contre les Albigeois, et même contre les protestants, de grandes rigueurs. Mais les uns et les autres étaient armés, ils étaient comptables d'une agression violente contre les choses les plus sacrées en elles-mêmes et les plus chères à la conscience des peuples : ici, la paix était ancienne et évidente pour tous. Ce n'étaient plus des hérétiques abjurant par un acte de volonté personnelle l'Église où ils avaient été reçus et nourris : c'étaient des générations nées dans l'erreur, sous la protection de traités solennels, et en qui

---

(1) Lettre au chevalier de Terlon, ancien ambassadeur de France en Suède.

le sang et l'éducation avaient gravé la foi de leurs aïeux. Jamais l'Église, même au temps de sa plus grande puissance civile, n'a confondu des peuples appartenant au schisme ou à l'hérésie par le fait de la tradition, avec des hommes baptisés dans sa lumière et dans sa charité, et se séparant d'elle hautement par une prévarication de leur propre esprit. Si elle a tenu ceux-ci pour coupables devant Dieu et devant les lois pénales de la chrétienté politiquement constituée, elle a toujours environné ceux-là d'une maternelle compassion. C'est l'Église qui protégeait les Juifs, au moyen âge, contre la haine populaire et contre la savante rapacité du fisc. C'est elle qui, ayant à sa disposition pendant deux siècles des armées de croisés, ne les employa qu'à défendre l'Église grecque contre ses ennemis, et excommunia par les foudres d'Innocent III les glorieux fondateurs du royaume latin de Constantinople, parce qu'ils avaient violé les droits d'un peuple qui était cependant hérétique, schismatique, et, de plus, sans reconnaissance et sans foi pour ses libérateurs.

La reine Christine exprimait donc les vrais sentiments de l'Église en témoignant sa douleur des poursuites sanglantes exercées contre des populations qui n'avaient failli à aucun devoir civil, et qui, en demeurant fidèles à leur conviction religieuse, ne faisaient qu'obéir à l'éducation qu'elles avaient reçue de leurs pères sous le bénéfice traditionnel des traités publics. Ce que pensait et ce qu'écrivait de Rome la reine de Suède, l'Europe le pensa, l'écrivit, le publia, et les adulations prodiguées à Louis XIV pour un acte dont il ne prévit ni ne connut jamais les suites, ne tardèrent pas à s'évanouir sous le poids d'une opinion qui est devenue celle du monde. Le xviii° siècle recueillit cet héritage, il n'en fut pas l'auteur. Quand des peuples tout entiers se séparent de l'unité divine, tôt ou tard la tolérance qui rejette le glaive sans désarmer la foi s'introduit au fond des cœurs. On se lasse de s'exterminer de part et d'autre sans profit pour Dieu ni pour les hommes, et le jour arrive où le genre humain recueilli, la main sur ses blessures et l'esprit levé vers son Père, n'attend plus que de la charité le triomphe de la vérité.

Telles sont, Messieurs, les véritables origines de l'esprit moderne. Le xviii° siècle peut-être en hâta le développement ; mais ce fut pour leur malheur bien plus que pour leur progrès. Instrument de scepticisme et de matérialisme, le xviii° siècle a corrompu tout ce qu'il a touché, même le bien. C'est à lui que notre âge doit ses impuissances et ses douleurs ; c'est lui qui a préparé les excès, qui cause les défaillances, et si tout ce que nos pères nous ont légué d'aspirations et d'efforts devait périr sans fruit, les générations futures, en retrouvant nos maux dans notre histoire, n'accuseraient pas ce que nous avons aimé, mais elles nous accuseraient d'avoir mal servi ce que nous avons sincèrement et légitimement voulu. Et, si nous servons mal de généreux vouloirs, si notre âme n'est pas aussi grande que nos vœux, il faut croire que deux sangs coulent à la fois dans nos veines partagées : le sang fécond de l'antiquité chrétienne et le sang énervé d'un scepticisme corrupteur. L'un nous pousse aux abîmes où rien ne s'assoit, puis aux découragements où tout se flétrit : l'autre, à travers nos élans et nos chutes, nous ramène à Dieu, qui est le principe de toutes les saintes causes, le gardien de tous les désirs justes, et qui seul, par les hommes de foi, a créé les siècles où le genre humain se regarde pour s'estimer. Notre siècle sera-t-il un de ceux-là? A-t-il assez souffert pour être une victime pardonnée, assez fait pour être un instrument élu, Dieu seul le sait. Pour nous, quoi qu'il en soit du jour et de l'heure, nous n'avons point écrit ces pages sur des ruines; mais que Carthage ou Palmyre fût à nos pieds, nous n'avons entendu que la voix qui disait au prophète : *Fils de l'homme, ces ossements sont mon peuple. Ils disent : Nous sommes desséchés, et il n'y a plus d'espérance. Mais toi, dis-leur : Voici la parole de Dieu sur vous : Je vous enverrai un esprit, et vous vivrez* (1).

(1) Ézéchiel, chap. XXXVII, vers. 11 et 12.

DE LA LIBERTÉ

DE

L'ITALIE ET DE L'ÉGLISE

DE LA LIBERTÉ

DE

L'ITALIE ET DE L'ÉGLISE

Trois grandes causes, mêlées ensemble, se débattent aujourd'hui en Europe, et y tiennent tous les cœurs dans une émotion et une attente qui furent rarement aussi profondes. La plupart des contemporains, à en juger par ce qui s'entend et ce qui se lit, séparent ces trois causes qu'ils estiment indifférentes l'une à l'autre ou même ennemies, et s'attachant à l'une d'elles, ils en font l'objet unique de leur conviction, l'affaire exclusive du temps présent. Pour nous, qui les croyons toutes trois légitimes, qui les aimons toutes trois d'un amour sincère et ancien, nous avons hésité longtemps à dire notre pensée dans une controverse où nous redoutions de trouver peu d'esprits sympathiques au nôtre. Mais un silence persévérant pourrait faire croire, ou que nous trahissons la vérité, ou que nous avons peur de nous dévouer pour elle, ou, enfin, que nous n'avons dans ces graves matières aucun parti qui nous attache, aucune ardeur qui nous presse au combat. Et cependant, Dieu le sait, la trahison, la crainte ou l'indifférence sont également loin de nous. Nous souhaitons la liberté de l'Italie, nous sommes prêt à verser jusqu'à la dernière goutte de notre sang pour celle de l'Église, et quant à la liberté du monde, c'est-à-dire aux droits vrais et imprescriptibles des nations, nous n'avons pas cessé un seul jour d'y croire et de les servir dans la mesure de nos faibles moyens. Cette triple cause n'en fait qu'une à nos yeux. Chrétien, nous sommes persuadé que c'est Jésus-Christ qui a introduit dans le monde l'égalité civile, et avec elle la liberté politique, qui n'est qu'une certaine participation de chaque peuple à son propre gouvernement. Catholique, nous vénérons dans l'Église une cité spirituelle fondée par Jésus-Christ, indépendante de tout empire humain dans l'orbite qui lui est propre, et dont la liberté n'est autre chose que la liberté même des âmes dans leurs rapports avec Dieu. Romain, nous attachons des yeux pleins de tendresse sur la chaire prééminente qui est le centre et l'organe de l'Église universelle, et l'Italie, où s'élève cette chaire sacrée, nous apparaît, à cause de cela même, comme un peuple béni, plus digne que tous les autres de participer aux bienfaits civils et politiques qui sont venus de Jésus-Christ. Rien dans ces pensées et ces affections ne nous semble inconciliable. Nous y vivons à l'aise, comme un citoyen dans sa patrie, comme un père dans sa famille, comme un hôte dans une maison peuplée d'amis.

Il est vrai que des dissensions invétérées ont aigri le cœur des hommes, et que l'Église, l'Italie et le monde, loin de s'entendre, s'accusent réciproquement des malheurs qui les menacent et de ceux qui les accablent déjà. Mais cette erreur est-elle donc sans remède? N'y a-t-il nulle part, au-dessus des conceptions et des haines vulgaires, un sommet où l'on puisse mieux juger des intérêts de tous, et se rapprocher par le spectacle même de ce qui nous désunit? Je l'ai toujours cru; je le crois plus que jamais. Étranger à tous les partis, hors celui de la justice et de la vérité, je n'ai versé aucune parole d'amertume et de découragement dans les blessures de l'Église, ni dans celles du monde. Je ne le ferai pas davantage à l'heure qu'il est, heureux, au contraire, si, à force de calme et d'équité dans des questions ardentes, je puis adoucir en quelques cœurs amis ou ennemis la passion qui trompe, la douleur qui égare, le désespoir qui pousse à toute extrémité les pensées et les événements.

L'Italie, à commencer par elle, est un grand et malheureux pays. Il est grand parce qu'il a une fois gouverné le monde, parce qu'il l'a plusieurs fois éclairé; il est malheureux parce qu'il subit depuis nombre de siècles, et surtout depuis cinquante ans, le joug de la domination étrangère.

Il n'y a pas, dit quelque part le comte de Maistre, *un plus grand malheur pour un peuple que d'être gouverné par un autre peuple*. Représentons-nous que, depuis 1814, la France soit anglaise ou autrichienne, que nos préfets et nos magistrats nous soient envoyés de Vienne ou de Londres, et qu'à chaque pas, dans nos rues, devant nos palais, à la porte de nos maisons, nous heurtions l'uniforme et l'accent étrangers : quelle haine n'eût pas germé dans nos cœurs, et à quelle exaltation le patriotisme opprimé n'eût-il pas conduit les plus lâches d'entre nous?

Une seule fois, la France a vu sur le trône de ses rois un sang qui n'était pas le sien, et, entre tant de figures mémorables de notre histoire, aucune n'a pris dans le souvenir populaire une place plus vivante que Jeanne d'Arc, la libératrice du sol français. Dieu créa cette noble et singulière fille pour nous rendre, avec l'empire, la patrie perdue, et il voulut qu'un caractère miraculeux environnât sa mission, comme s'il eût tenu à nous montrer le prix que sa Providence attache à l'indépendance des nations sauvées par son Fils.

Ne nous étonnons donc pas, ne nous plaignons pas si l'Italie aspire à secouer la domination de l'étranger. C'est ce que fit Moïse en tirant de l'Égypte le peuple de Dieu, Guillaume Tell en affranchissant la Suisse, Jeanne d'Arc en chassant l'Anglais de la terre de France, Charles X en fondant le royaume de Grèce sur des ruines consacrées par une prescription trois fois séculaire. Le temps n'ajoute rien à l'injustice que la durée ; il ne diminue pas la dette, il l'accroît. La cause de l'Italie contre l'Autriche est juste; elle est juste au point de vue de la raison : combien plus au point de vue chrétien! C'est le christianisme qui a définitivement élevé le droit au-dessus de la force, en donnant à la conscience une lumière et une énergie qu'elle n'avait pas avant Jésus-Christ. C'est lui qui a fait les nations chrétiennes, admirables communautés d'hommes naturellement unis par la tradition, la langue, les mœurs, le sol et une consanguinité d'âme que rien ne peut établir quand elle n'existe pas d'elle-même. Sans doute on a vu des accessions de territoire accroître le domaine d'un peuple; mais ces accessions se formaient comme les alluvions de la mer, par la nature et par un bienfait. Quelle est la province de France qui ait regretté son incorporation à notre pays? Quand la révolution éclata, la Lorraine, le vieux peuple éclos entre la Meuse et le Rhin, se souvenait à peine qu'elle n'eût pas été française, et ses soldats comptèrent dans les bataillons de la république et de l'empire par un courage patriotique qui ne permit pas à l'ennemi de les distinguer de nous. Lorsqu'une nation s'assimile ainsi une conquête, il y a preuve sans réplique que la conquête a disparu, et qu'un lien moral, juste par conséquent, a fondu en une seule les deux nationalités. C'est de la sorte que se sont lentement développées les principales familles qui composent l'Europe chrétienne, généreux assemblage, sous des lois et des chefs divers, d'hommes qui ont reçu de leurs ancêtres le premier des biens terrestres, une patrie.

Le crime de l'étranger qui domine un peuple par les armes, c'est de lui ôter sa patrie sans lui en rendre une autre. Il n'y a pas de plus grand crime sur la terre, excepté ceux qui se commettent contre l'Église, qui est la patrie divine de l'humanité.

La cause de l'Italie contre l'Autriche est juste : je le crois, je l'ai dit, je le répète. En est-il ainsi de la cause de l'Italie contre la Papauté ? Je ne le pense pas.

L'Italie reproche à la Papauté son domaine temporel, et le considère comme un obstacle à sa nationalité et à son unité. Ce sont là de grandes accusations, et d'avance, indépendamment de l'histoire et du raisonnement, je ne les suppose pas fondées, par cela seul que le domaine temporel de la Papauté existe et se soutient dans le monde depuis mille ans. Je crois à l'œuvre des siècles. J'y crois parce que je crois à Dieu et aux hommes. Tout ce qui s'est perpétué longtemps, à travers d'innombrables vicissitudes, s'est fait par beaucoup d'hommes et a été aidé par ce quelque chose d'invisible et de supérieur que nous appelons la Providence. Personne ne peut le nier, hors ceux qui n'admettent dans le monde que le concours et l'effet des causes aveugles. Or ce qui a été fait par beaucoup d'hommes, dans des temps très-divers, et aidé d'âge en âge par l'intelligence première et souveraine, me paraît digne d'une grande attention, et je n'estimerais pas volontiers qu'un tel ouvrage fût contre le droit et l'intérêt d'une multitude de générations. Dieu ne peut pas sacrifier sa justice contre un atome, combien plus contre un peuple ! Et les hommes eux-mêmes, si livrés qu'ils soient à leurs passions, je ne les crois pas capables d'une iniquité immensément prolongée. Si donc le domaine temporel du Pape s'est créé et assis en Italie, s'il a eu pour se fonder et se soutenir de grands hommes, de grandes alliances, une grande opinion et la majesté des siècles, j'en conclus qu'il n'a jamais fait de mal à l'Italie par essence, mais par accident, comme il arrive aux meilleures choses et aux plus saintes institutions.

Lorsque je parcours l'histoire de l'Italie depuis que Charlemagne y eut confirmé et étendu le domaine temporel de l'Église, j'y remarque deux partis principaux qui me semblent résumer sa vie politique, le parti guelfe et le parti gibelin. Le premier, qui est celui des Papes, est aussi le parti de l'indépendance nationale ; le second, qui est celui des Empereurs, est le parti de la domination étrangère. Il était naturel qu'il en fût ainsi. Italiens le plus souvent par leur naissance, les Papes l'étaient aussi par l'intérêt de leur souveraineté. L'Empire, qui était quelquefois leur sauvegarde, était bien plus encore leur obstacle et leur servitude ; et il fallait sans doute qu'il en fût ainsi pour que le parti guelfe mêlât ensemble la haine de l'étranger et l'amour du pontificat. Si l'on nous oppose qu'en ces derniers temps la Papauté s'est presque constamment alliée à l'Autriche, je répondrai que c'est là un accident qui ne peut faire juger de la direction essentielle du principat romain. Si le général Bonaparte n'avait pas ouvert les portes de l'Italie à l'Autriche par la destruction de la république de Venise ; si l'Europe de 1815, inspirée par des vues plus généreuses et plus profondes, n'eût pas consommé la faute du général Bonaparte en consacrant la ruine de l'État vénitien ; si l'Autriche elle-même n'eût pas étendu sur la Péninsule, en vertu de ces circonstances néfastes, un sceptre aussi lourd qu'inintelligent, jamais la Papauté n'eût apparu à l'Italie comme une complice de l'étranger. Victime de l'Autriche d'abord, victime aussi des passions irréligieuses qui ont empoisonné presque partout en Europe la sainte cause du droit, Rome n'a pu prendre entre ces deux despotismes son assiette naturelle. Pie VII vit la difficulté, et son grand cœur essaya d'y pourvoir ; Pie IX, vingt-trois ans après la mort du prisonnier de Fontainebleau, voulut à son tour rompre la destinée que faisaient au Siége apostolique les erreurs du XIXᵉ siècle. On sait la récompense qu'obtint son magnanime effort, et si l'ingratitude, la faiblesse et la perversité, en trahissant son cœur, y ont éteint la lumière ou la force de ses desseins, il n'en est pas moins vrai que Rome, opprimée par deux malheurs, tenta deux fois d'en vaincre la fatalité et de se montrer à l'Italie telle qu'elle eût souhaité d'être pour elle.

Pourquoi le Pape serait-il par nature étranger

à l'Italie, ennemi de son indépendance nationale, ne cherchant que sa ruine et son déshonneur ? Pourquoi ne serait-il pas un Italien sincère, un serviteur dévoué de ses véritables intérêts ? L'histoire prouve qu'il l'a été souvent, la raison demande pourquoi il ne le serait pas toujours. Est-ce parce qu'il est Pape avant d'être prince, c'est-à-dire le chef spirituel de deux cents millions de chrétiens avant d'être chef temporel de trois millions d'hommes ? Mais en quoi le devoir de l'un nuit-il au devoir de l'autre ? Prince italien, le Pape doit aimer et servir l'Italie ; vicaire de Jésus-Christ, il doit aimer et servir l'Église universelle. Ces deux amours et ces deux services, loin d'être incompatibles, se prêtent bien plutôt un mutuel appui. Là où le cœur du prince ne verrait qu'une patrie, l'âme du Pontife lui fait voir une portion de la chrétienté. Il aime deux fois l'Italie : d'abord d'un amour naturel, comme son pays ; ensuite d'un amour divin, comme une part de l'héritage de Jésus-Christ. En temps de paix ce double sentiment n'a point d'obstacle ; il peut souffrir en temps de guerre, soit que le Pape s'y mêle, soit qu'il reste neutre ; mais c'est là un malheur qui n'altère pas en soi l'esprit de nationalité. Est-ce que la nationalité germanique a jamais été compromise par les innombrables guerres que se sont faites les divers peuples de cette noble race ? Est-ce que la Bavière a cessé d'être Germaine pour s'être alliée à la France dans un intérêt de conservation, ou la Prusse à la Suède, ou la Saxe à la Pologne? Ces alliances, nécessitées par l'intérêt propre de chaque communauté particulière, les ont-elles séparées de la grande communauté germanique? S'est-on avisé de haïr la Bavière ou le Mecklembourg, le duché de Bade ou celui de Weimar, pour avoir tenu au maintien de leur personnalité au sein de la confédération qui les unit?

Chose digne de remarque! c'est bien plus le Chef de l'Église qui a été sacrifié au prince italien, que le prince italien au Chef de l'Église. En effet, le Pape est presque toujours un Italien, et depuis plusieurs siècles il n'a pas cessé de l'être; son conseil, le collége des cardinaux, est composé d'Italiens; les consulteurs des congrégations romaines, c'est-à-dire les tribunaux qui décident toutes les affaires de la chrétienté, sont pour la plupart originaires des diverses contrées de l'Italie. Certes, s'il y avait lieu de se plaindre, ce ne serait pas l'Italie qui en aurait le droit, mais les Églises de France, d'Espagne, d'Angleterre, d'Irlande, d'Allemagne, de Hongrie, d'Amérique, qui se voient complétement exclues du gouvernement général de la chrétienté, ou qui n'y participent que par la présence d'une faible minorité de cardinaux dans le conclave qui élit le Pontife romain.

Supposons que Cologne, au lieu de Rome, eût été choisie par la Providence pour être le siége de la Papauté, et que le Rhin au lieu du Tibre coulât sous les fenêtres du Vatican : que serait aujourd'hui la principauté temporelle du vicaire de Jésus-Christ ? Une province de la Confédération germanique, indépendante à l'intérieur des autres États allemands, soutenue à l'extérieur par une armée de huit cent mille hommes empruntant à la patrie commune la majesté incomparable de son histoire, de ses traditions, de ses mœurs, de sa littérature, et de cette vaste unité assise depuis mille ans sous la garde des plus beaux fleuves et du plus mâle courage. A son tour, du Rhin à l'Elbe, le vicaire de Jésus-Christ jetterait sur sa patrie l'éclat d'une autorité morale et divine aussi grande que le monde. Homme de tous par l'onction du sacerdoce, mais Allemand par la race, entouré de cardinaux, de prélats et de théologiens du même sang que lui, il paraîtrait à Francfort par ses envoyés comme la plus magnifique expression de la grandeur nationale, et il ne viendrait à personne l'idée de lui appliquer le titre douloureux d'ennemi ou même d'étranger. Mêlé aux guerres de l'Allemagne ou protégé par une neutralité reconnue, on ne lui imputerait pas plus qu'à d'autres les malheurs inévitables dans une longue existence. Père, on le jugerait comme un père ; roi, on le jugerait comme un roi. L'histoire lui ferait avec équité sa part dans les maux et les biens, et peut-être dirait-on de lui ce que le paysan du Rhin disait volontiers des évêques électeurs : *Il fait bon vivre sous la crosse.*

Longtemps il en fut ainsi en Italie. Mais l'Italie a cessé d'être indépendante et heureuse ; elle n'a pu, comme l'Allemagne, demeurer maîtresse chez elle, unir en confédération durable ses magnifiques provinces, et dresser sur un peuple libre la cime étincelante de ses immortels monuments. Captive de l'étranger, humiliée dans le plus légitime orgueil qui fut au monde, divisée, rançonnée, corrompue par la servitude, elle a levé vers le ciel des mains qui demandaient justice, et, ne l'obtenant pas, elle a perdu elle-même quelque chose de la justice et le sens sacré des dons qui lui avaient été faits. Au lieu de voir dans la Papauté une victime comme elle de funestes événements, elle y a vu l'auteur ou le complice de ses maux. On lui a persuadé que, sans la présence du Chef de l'Église sur son sol et dans son histoire, elle eût, comme toutes les nations de l'Europe, conquis son indépendance et assis sa nationalité. Hélas! ce qui a fait le malheur de l'Italie, c'est et sa beauté terrestre et sa grandeur historique. Belle, tous les puissants l'ont convoitée; grande, tout ce qui aspirait à le devenir a voulu l'épouser. L'ombre des Césars a plané vingt siècles sur elle, y attirant de loin ceux qui se portaient pour héritiers de leurs droits, et ce lambeau de vieille pourpre, cent fois déchiré, a cent fois servi à l'envelopper d'un linceul. La liberté même de ses municipes, dernier reflet du monde romain, leurs jalousies, leurs querelles, le nombre de ses capitales, et jusqu'à la longue et étroite configuration de son territoire, ouvert de trois côtés sur des mers qu'elle ne put dominer toujours, tout a servi la cause de ceux qui lui payaient en servitude l'éclat de son soleil et l'éclat de ses souvenirs. La Papauté a senti comme elle, tout le long des âges, le poids de ceux qui se la disputaient, et peut-être sans cette majesté qui touchait au ciel, l'Italie eût connu bien plus tôt les chaînes qui l'ont enfin étreinte et broyée. Oui, la Papauté a retardé pendant des siècles la chute de l'Italie, et jamais l'heure de cette chute n'eût sonné, si de fatales circonstances n'eussent réuni sur une seule tête la puissance germanique et la puissance espagnole, soutenues de tout l'or des Indes. Le jour où Clément VII sacra Charles-Quint dans la cathédrale de Bologne, c'en fut fait de l'indépendance italienne; mais ce sacre était innocent de l'ère douloureuse qui s'ouvrit : il n'y avait de coupable que le mariage de Philippe d'Autriche avec Jeanne de Castille. La France elle-même ne put arracher l'Italie aux serres de l'aigle impériale, et il fallut bien du sang et plus d'un grand homme pour abaisser cette maison d'Autriche, que l'épée triomphante du général Bonaparte et les traités de 1815 devaient plus tard imposer de nouveau à l'infortunée victime de Charles-Quint.

Il est vrai, le domaine temporel de la Papauté empêchera toujours l'Italie de se fondre en un seul royaume, et de changer ses capitales couronnées en de simples chefs-lieux de départements. Mais est-ce un mal pour elle? L'Allemagne aussi, l'Allemagne ne connaîtra jamais cette unité numérique que rêve aujourd'hui l'Italie. La rivalité de l'Autriche et de la

Prusse, ainsi que le profond attachement des petits royaumes et des duchés allemands pour leur autonomie, sera un obstacle éternel à la réunion de toute la race germanique sous une seule capitale et un seul gouvernement. Et qui s'en plaint? Qui reproche à la Bavière de ne pas se donner à l'Autriche? à Francfort et à Hambourg de préférer leur liberté municipale à la gloire de se perdre dans une immense autocratie? La nationalité allemande en existe-t-elle moins? L'unité morale et fédérative qui lie tous ses membres dans un faisceau si glorieux est-elle moins forte que ne serait l'unité matérielle d'une absolue centralisation? La Suisse est-elle moins une, parce qu'elle est divisée en cantons confédérés? Les États-Unis d'Amérique sont-ils inférieurs à ce qu'ils seraient si Washington se changeait tout à coup en capitale unique et dominatrice de l'Union? Certes, voilà des exemples qui peuvent justifier la sagesse divine d'avoir placé le domaine temporel de la Papauté au cœur même de l'Italie, comme un obstacle éternel à l'unité du nombre et du gouvernement. Ce n'est point le hasard qui l'a voulu, mais le décret d'une Providence généreuse pour l'Italie, en même temps que prévoyante pour le Siége pontifical.

Si Rome eût été une île au milieu des mers, sans doute elle n'eût gêné personne, prince ou peuple, par les nécessités de son territoire. Solitaire sous la garde des flots, elle eût élevé ses dômes paisibles au sein de toutes les agitations de la nature et des hommes, et ses vaisseaux eussent porté ses ordres à l'univers sans heurter sur leur route l'ambition ni le rêve d'aucun peuple. Dieu ne l'a pas voulu. Car si Rome n'eût été que Malte, étrangère à toute la grande patrie, elle n'eût connu ni la force ni la faiblesse des choses humaines. Elle n'eût été qu'un couvent, et Dieu, qui se sentait capable de la maintenir au centre des siècles, des affaires et des malheurs, l'a jetée sur les sept collines du Tibre, là où les consuls avaient gouverné le monde, où Cicéron et les Gracques avaient parlé, où les césars, héritiers de la parole et de la guerre, avaient porté le poids de la plus vaste puissance qui fut jamais. C'était à la fois le lieu le plus illustre et le plus exposé, et c'est pour cela même qu'il fut choisi, miracle de grandeur et de péril, digne de servir de trône à la Vérité.

Mais en même temps Dieu, qui donnait Rome à son Église, ne retirait rien à l'Italie des éléments naturels d'une vie politique libre et forte. Pendant que la monarchie s'établissait ailleurs avec des nuances diverses, l'Italie fondait ses républiques, célèbres dans la guerre, le commerce, les arts, les lettres et la liberté. Qui a bâti jamais pour un peuple de plus magnifiques habitations? Qui a donné sur la terre à des hommes un séjour comparable à Venise, à Gênes, à Florence, à Pise, à Lucques, à Sienne, à Parme? Si le genre humain disparaissait tout à coup de ce monde, et qu'un voyageur, député de Dieu, vînt en visiter les ruines et les solitudes, où penserait-il que régnât le plus ingénieux, le plus riche et le plus heureux des peuples? Nul encore d'entre eux n'a pu disputer avec l'Italie de la beauté, ni de celle que Dieu lui a faite, ni de celle qu'elle s'est faite à elle-même. Fille aînée de l'Europe, elle a précédé en tout les nations modernes, et, leur initiatrice dans les voies du beau, elle l'a été aussi dans celles de la liberté. Qu'y a-t-il de plus antique et de plus semblable à la Grèce que l'histoire des républiques italiennes? Le Dante, du fond de son exil, pouvait bien gémir sur les maux des peuples libres, et souhaiter, Gibelin sublime, la domination d'un empire étranger; ses gémissements étaient ceux de Miltiade, de Thémistocle, de Phocion; ils accusent les fautes de la liberté, mais ils prouvent qu'elle existait.

L'Italie peut bien, si elle le veut, aspirer à la monarchie unitaire; mais elle ne le peut ni au nom de la nationalité ni au nom de la liberté. La Grèce était une nation libre, et c'était une confédération. La Suisse est une nation libre, et c'est une confédération. Les États-Unis d'Amérique sont une nation libre, et c'est une confédération. Il est même permis de croire que le système fédératif est le système propre de la liberté, et que plus un peuple se centralise, plus il donne au pouvoir la tentation et la facilité de tout soumettre à son action. Si Auguste, au lieu de rattacher le monde à Rome par les nœuds étroits d'une centralisation servile, avait pu ou voulu les retenir dans des liens plus généreux, qui eussent laissé aux peuples quelques sentiments de leur existence personnelle, il n'eût pas fondé l'empire romain, c'est-à-dire la plus vaste et la plus irrémédiable servitude qui fût jamais, et les Barbares n'eussent pas eu besoin d'ensevelir ce honteux édifice sous les flots de leurs invasions.

L'Italie fut libre, elle le fut la première, même sans confédération permanente, et Rome, loin de nuire à sa liberté, la défendit souvent par son alliance, ses armes et son génie politique. C'est Clément VII qui forma contre Charles-Quint cette ligue sainte où l'Angleterre, la France et tous les États de l'Italie entrèrent à l'envi l'un de l'autre, et qui, malheureuse pour Rome encore plus que pour l'Italie, amena jusqu'au Vatican la soldatesque effrénée que commandait le connétable de Bourbon. C'est Paul IV qui, vingt-cinq ans après, malgré de si terribles souvenirs, tentait un dernier effort contre le successeur de Charles-Quint, et n'ouvrait au duc d'Albe victorieux les portes de Rome, que contraint par la révolte de ses propres sujets. Ce furent là les moments suprêmes de la liberté de l'Italie, et, comme au temps d'Alexandre III et de la ligue lombarde, on vit encore au premier rang du courage et du sacrifice le Pontife romain.

Ces souvenirs sont ineffaçables. Quoi qu'il arrive aujourd'hui, rien n'ôtera de l'histoire ce magnanime passé. Il sera vrai toujours que l'Italie fut libre la première, qu'elle fonda seule en Europe de puissantes républiques, que, par sa constance militaire et civile, elle opposa aux empereurs germaniques une barrière renversée quelquefois, relevée le lendemain, et qu'elle ne succomba qu'au jour où la France elle-même fut sur le point de périr. Il sera vrai aussi, et toujours, que la Papauté fît cause commune avec la liberté de l'Italie, qu'elle eut sa part dans toutes les gloires et tous les malheurs des temps, et que, la dernière enfin, elle leva contre l'étranger un bras qui n'était plus assez fort pour vaincre, mais qui l'était assez pour sauver l'honneur. Si l'Italie ne s'en souvient plus, si, abusant d'un jour contre des siècles, elle transforme en une ingratitude systématique des reproches expiés d'avance, la postérité, plus juste, ne la suivra ni dans ses systèmes ni dans ses oublis; elle pèsera les fautes avec les services, et il restera que, de Charlemagne à Charles-Quint, le Pape siégeant à Rome, il y eut en Italie une gloire, une richesse, une civilisation, une liberté qui ont fait d'elle une seconde fois, et mieux que la première, l'un des plus beaux spectacles dont ait joui le genre humain. Tant que Venise ne sera pas morte avec le lion de Saint-Marc, tant que Gênes élèvera au-dessus des flots ses palais de marbre, tant que Florence couvrira l'Arno des splendeurs de son génie, on ne pourra croire que Rome fût une cause de décadence, de servitude et d'opprobre. Il y a des accusations qui se répondent à elles-mêmes, et des injustices qui sont l'honneur des grandes choses.

Affirmons-le donc, le domaine temporel de la Papauté, à le considérer dans son essence et son histoire, n'a rien d'incompatible avec la nationalité et la liberté de l'Italie, et Dieu, en plaçant dans cette belle contrée le centre visible de la catholicité, ne lui a demandé le sacrifice, d'aucun des biens qui font le bonheur et l'orgueil d'un grand pays.

Mais, du moins, ne dois-je pas convenir que le gouvernement temporel du pape est, de sa nature et par la force des choses, un mauvais gouvernement? Ici je touche à la partie la plus délicate de mon travail; j'espère que Dieu me fera la grâce d'y demeurer libre et respectueux, sincère et sans offense.

Le gouvernement romain, dans sa partie civile, est un gouvernement d'ancien régime. Tant qu'il n'y a eu en Europe que des gouvernements d'ancien régime, la comparaison avec les autres lui a été favorable. Il était plus doux, plus bienveillant pour ses sujets, plus avare d'impôts, allant au cœur des pauvres par une foule d'institutions dues à la charité des pontifes ou au génie bienfaisant des saints. C'était une monarchie tempérée par l'esprit ecclésiastique, un peu faible sans doute, parce qu'il transporte dans les affaires humaines la mansuétude et la miséricorde de Jésus-Christ; mais qui a, en revanche, de la culture et de la modération, le goût des lettres, des sciences et des arts, et enfin une teinte générale de paternité. Lors donc qu'il n'y avait en Europe que des gouvernements d'ancien régime, les sujets romains ne se doutaient pas qu'ils fussent plus malheureux que d'autres; une foi vive les pénétrait d'un respectueux amour pour le plus haut représentant de Dieu sur la terre, et l'humiliation d'obéir, qui pèse toujours à l'homme, était grandement adoucie chez eux par le sentiment profond d'avoir pour souverain le père de leurs âmes. Ce sentiment vivait encore à Rome dans les premières années du siècle présent ; la conduite des Romains fut admirable lors de la captivité de Pie VI et de Pie VII, et on ne peut lire sans émotion ce que les Mémoires du temps rapportent de leur fidélité à de si touchants malheurs.

Mais le retour et la mort de Pie VII marquent le terme et furent comme le dernier jet de ce vieil esprit dans le cœur des Romains. A partir de là, tout change peu à peu ; le gouvernement perd de son prestige, la robe du Pontife ne couvre plus le souverain, les passions politiques s'enveniment, et l'étranger, tantôt appelé, tantôt s'imposant, protége, l'arme au bras et la mèche allumée, ce domaine des Papes inaccoutumé depuis tant de siècles aux spectacles et aux douleurs des révolutions.

On a cherché les causes d'un si lamentable changement. Les uns n'y voient que l'effet d'une impiété croissante qui ne supporte plus d'être gouvernée par un prêtre-roi. D'autres y reconnaissent la main d'une ambition qui aspire à ranger toute l'Italie sous le sceptre d'une ancienne et célèbre maison royale. Ceux-là supposent que l'état temporel n'est atteint que de la même fièvre qui travaille tous les peuples européens, et qu'il ne faut y voir qu'un reflet de la flamme allumée par la France en 1789, et qui a gagné de proche en proche toutes les nations. Mirabeau avait annoncé que la révolution ferait le tour du monde ; la révolution tient parole au tribun qui s'était engagé pour elle.

Nous croyons sans peine à la réalité de ces causes diverses et à l'efficacité de leur action. Que le Saint-Siége ait des ennemis en tant qu'il est le centre de l'unité catholique ; qu'il ait des ennemis par le seul fait qu'il est un gouvernement ; qu'enfin il ait des ennemis comme une proie convoitée, cela doit être et cela est. Mais lorsqu'on a des ennemis, la question n'est pas de savoir qu'on en a, c'est de faire ce qu'il faut pour en diminuer le nombre et leur ôter tout prétexte de nous perdre. Jamais un pouvoir ne périt par ses ennemis, mais par cette masse flottante, indécise, sans parti pris, qui est le gros des nations, et qui, dans la bataille rangée des événements, finit toujours par décider de la victoire. Lorsque Charles X tomba, ce ne furent pas ses ennemis qui le précipitèrent, mais des hommes qui, la veille des fatales ordonnances, auraient combattu pour le sauver.

Je me demande donc quel est le grand désavantage de la Papauté devant ses ennemis, et je suis convaincu qu'il est dans cette circonstance que le gouvernement papal est un gouvernement d'ancien régime. Comparé aux autres gouvernements du même genre qui existent encore en Europe, par exemple, l'Autriche et la Russie, il leur est très-certainement préférable, parce qu'il est plus humain, plus honnête, moins fort qu'eux, et moins capable, en intention et en réalité, d'abuser de sa force. J'ai vécu sous le gouvernement papal : pour rien au monde, je ne voudrais vivre sous le gouvernement russe ou autrichien. Aujourd'hui donc encore, lorsque l'on compare le gouvernement papal aux vieux gouvernements européens, il l'emporte sur eux de beaucoup, et j'estime que si l'on offrait à l'ennemi le plus acharné des Papes le choix entre Rome, Vienne et Saint-Pétersbourg, comme résidence forcée, il n'hésiterait pas un instant à préférer Rome.

On me dira sans doute : Qu'entendez-vous par un gouvernement d'ancien régime ? Je vais répondre.

En 1789, la France se leva tout entière en faveur des trois principes qu'elle n'a jamais abandonnés depuis : l'égalité civile, la liberté politique et la liberté de conscience. Les deux tiers de l'Europe, en soixante-dix ans, ont accepté de la France cet ordre d'idées et ce programme de vie. Voilà le fait. Les gouvernements qui s'y sont conformés sont des gouvernements nouveaux ; ceux qui ne les ont pas admis sont des gouvernements d'ancien régime. Rome est dans ce dernier cas.

Mais est-il impossible qu'elle se modifie dans le sens qui prévaut en Europe et entraîne l'esprit humain ? Ses ennemis l'affirment avec une joie qui ne se déguise pas, et une unanimité qui ne connaît ni la différence des latitudes ni celle des passions. On dit à Rome : « Tu fus grande autrefois, tu marchais à la tête des nations comme la colonne de feu du désert ; rien ne t'effrayait des choses du monde, ni les clairons de la guerre, ni la fureur des rois, ni les découvertes du génie ; tu portais à la fois sur les fortes épaules le poids du ciel et celui de la terre ; et, l'œil fixé sur Dieu, tu avançais avec le genre humain dans toutes les profondeurs qui s'ouvraient devant toi et devant lui. « Mais à l'heure qu'il est, vieillard usé du temps, tu ne peux plus que te recueillir dans un cloître, te promener dans un musée, prendre le frais dans une oasis ; il te faut du repos à la porte de l'éternité, nous te le ferons. Ne songe plus qu'à la prière, aux bénédictions, à dormir ton sommeil spirituel, et sois sûr que nos respects couvriront de leur ombre ta tête vénérable et courbée. » Voilà, sans aucun doute, la thèse des ennemis de la Papauté : comment serait-elle la thèse de ses amis ? Comment avouerais-je qu'il n'y a rien à espérer de Rome, quoi qu'il arrive, qu'une muette et implacable immobilité ?

Que ceux-là le disent qui croient à la mort du christianisme et à la chute préalable de la Papauté : pour moi, qui suis sûr de la coéternité de leur durée, je suis sûr aussi que Rome fera, à son heure et dans sa liberté, ce qui sera nécessaire au salut du monde. Est-ce bien à l'Italie de le méconnaître, à elle qui a vu Pie IX courir au-devant de ses aspirations, et, le premier des souverains, lui ouvrir la perspective de son affranchissement ? C'est Pie IX qui, par la force de son exemple, arracha aux incertitudes de Charles-Albert le statut constitutionnel du Piémont. C'est lui qui, ressuscitant du tombeau de Paul IV, après trois cents ans, les étincelles ensevelies de la liberté italienne, ralluma d'un bout à l'autre de la Péninsule l'espérance et l'ardeur. Il est vrai, Pie IX n'a pas poursuivi son œuvre; mais qui l'a interrompu, qui l'a blessé à mort? Ah! l'univers le sait. Le sang du comte Rossi couvre à tous les yeux la Papauté d'une justification qui ne périra point. Ceux qui ont vu cet illustre vieillard, blanchi dans l'amour de l'Italie et les services de la liberté, tomber sous les coups d'un sicaire aux portes de l'Assemblée nationale convoquée par Pie IX, ceux-là pardonneront toujours au Pontife d'avoir désespéré de son temps. Mais l'œuvre qu'il avait entreprise à lui seul, le premier et contre tous, cette œuvre n'a pas perdu sa signification devant la postérité et la raison. Elle restera comme la preuve que Rome ne confond pas la caducité de ce qui est terrestre avec l'immutabilité de ce qui est divin; que la loi d'un empire ne prend pas dans son esprit le caractère des dogmes dont elle a reçu le dépôt; qu'elle sait reconnaître les signes avant-coureurs des grands changements, et que, docile aux leçons des siècles comme aux leçons de Dieu, elle apporte dans les affaires humaines les suggestions d'une sagesse deux fois éclairée.

Pie IX est indivisible devant l'histoire. Les contemporains peuvent le dédoubler pour l'opposer à lui-même et détruire le premier âge de son pontificat par le second. C'est leur rôle; ce ne sera pas celui de l'avenir. Un jour, lorsque l'étranger ne règnera plus sur l'Italie, lorsque, maîtresse chez elle, sauvée de l'irréligion par la liberté, elle reviendra en arrière de ses destinées accomplies, l'image d'un Pontife malheureux se lèvera devant ses regards pacifiés. Elle reconnaîtra, sous ses traits tristes et calmes, le premier héros de son indépendance, l'homme qui eût épargné à sa cause du sang, des larmes, de la honte et des regrets, et juste trop tard, si jamais on peut l'être trop tard, elle élèvera une statue au Washington que la Providence lui avait donné et dont elle n'aura pas voulu.

Italiens, votre cause est belle; mais vous ne savez pas l'honorer, et vous la servez plus mal encore. Il ne fallait, à Rome, que du temps et votre liberté reconquise. Respectée de vous, mise à part de toute question, elle eût bientôt d'elle-même incliné sa tête sacrée du côté de vos triomphes et de vos droits. Par le seul fait de l'exemple et du contact, sa constitution intérieure se serait modifiée dans le sens de la vôtre, et, sauf les nuances que chaque État doit garder comme l'inaltérable signe de la personnalité que les siècles lui ont faite, elle eût apporté à votre confédération des similitudes suffisantes, et, de plus, son nom, son antiquité, son poids dans le cœur des hommes, et enfin le consentement de Dieu. Au lieu de cela, qu'avez-vous fait? Pour un vain système d'unité numérique et absolue, qui n'intéresse en rien, je l'ai fait voir, votre nationalité et votre liberté, vous avez élevé entre vous et deux cents millions de catholiques une barrière qui grandit chaque jour. Vous avez mis contre vos plus légitimes espérances plus que des hommes, vous y avez mis le christianisme, c'est-à-dire le plus grand ouvrage de Dieu sur la terre, sa lumière et sa bonté visibles, l'empire des âmes, la pierre où sont venus se briser tous les desseins ennemis. Sachez-le bien, c'est Dieu qui a fait Rome pour son Église. Il n'y a pas un consul, ni un césar, dont la pourpre n'ait été prédestinée pour orner le trône où devait s'asseoir le Vicaire de Jésus-Christ. Vous avez mis contre vous une volonté éternelle de Dieu. Vous la trouverez, n'en doutez pas.

Hélas! qui le sait mieux que nous, Français? Voilà soixante-dix ans que nous poursuivons dans notre patrie l'édifice de notre liberté, et jamais nous n'avons pu obtenir du temps la consécration de nos efforts. Quand nous croyons avoir bâti, un vent se lève sur notre ouvrage et nous fait des ruines qui étonnent tous les témoins de nos tragiques mécomptes. Qu'est-ce donc qui nous manque? Ce n'est ni le courage militaire sur les champs de bataille, ni l'heureux succès dans les hasards, ni les orateurs inspirés, ni les grands poëtes, ni les jurisconsultes habiles à discerner le droit, ni rien de l'homme et de l'art : nous avons tout, excepté Dieu. Et Dieu nous manque parce que nous n'avons pas voulu placer dans nos fondements son Évangile, son Église et son Christ. Que serait-ce de vous, Italiens, qui vous attaquez au centre même de l'œuvre divine?

Mais ce que je dis là me fait penser que peut-être vous ne comprenez pas le rapport qui existe entre l'établissement de l'Église sur la terre et le domaine temporel de la Papauté. J'essaierai de le montrer.

Si l'indépendance d'une nation est sa vie même, si une nation n'existe plus le jour où elle est soumise aux lois de l'étranger, que sera-ce de l'Église? L'Église est une société d'âmes fondée par Jésus-Christ pour connaître, aimer et servir Dieu. Cette société doit être libre parce qu'elle vient de Dieu et qu'elle a son siége au plus profond de la conscience, là où un autre pouvoir que la liberté elle-même ne peut pénétrer violemment sans attenter à Dieu et à l'homme dans leur nature et leurs rapports. Partout ailleurs l'abus de la force est odieux, là il est sacrilége. Mon âme est à moi, je la donne à qui je veux, et si je la donne à Dieu, qui me la demande et qui l'accepte sous une loi reconnue de ma raison, qui a le droit de dire à ma raison, à ma conscience, à mon âme : Je ne veux pas? Personne, pas même le genre humain tout entier. En me défendant contre lui, je le défends lui-même, et ma victoire, si je l'obtiens de ma constance, est la victoire de ma propre liberté. La liberté de l'Église est celle de l'âme; la liberté de l'âme est celle du monde.

Mais le monde ne le sait pas toujours. Le monde a ses intérêts et ses passions; il s'agit de savoir comment l'âme et l'Église, qui sont la même chose, se maintiendront à son égard dans une juste et souveraine indépendance.

Or cette indépendance, par une adorable disposition de Dieu, tient à un seul homme. Un seul homme est ici-bas le gardien de la liberté des âmes, et s'il vient à tomber en servitude, c'en est fait de toute conscience devant la force. Caton pourra mourir à Utique, Brutus à Philippes, Thraséas aux portes du sénat : ce seront d'illustres morts protestant contre la défaite du droit, mais laissant le monde aux pieds de César et de Néron. Jusqu'ici un seul homme a été plus grand que les victorieux, et a pu sauver le genre humain de l'opprobre d'obéir à la victoire : c'est le Pontife romain. Assis aux lieux où régna la force dans sa plus sauvage et sa plus glorieuse expression, il fait de là régner la justice. Chef de l'Église, c'est-à-dire de toutes les âmes convaincues de Dieu, centre visible de leur foi et de leur amour, il a pu, l'histoire le dit, donner à qui l'a voulu deux mille ans de liberté.

C'est à cet homme, le seul de ce caractère qui ait encore été créé, qu'il a plu à Dieu de faire un trône de terre sous le trône de vérité qu'il occupe. La terre semble peu pour une si grande place et une si grande mission. Il est vrai, la terre est un tombeau; mais elle est aussi un principe de vie et d'immortalité. C'est la terre qui fait les peuples et qui est le premier élément de la patrie; c'est elle qui nourrit, vêtit, éclaire les hommes, et qui, unie à la secrète flamme de leur courage, leur fait contre la tyrannie le meilleur rempart. La terre est une place forte. Maître de la terre, on peut se passer d'un maître; sa possession nous donne le pain, le pain nous donne la vie, et la vie nous donne notre âme avec sa liberté. Aussi ne m'étonnai-je pas que Dieu en ait réservé une part à celui qui devait être, dans sa pensée, le libérateur perpétuel et vivant de l'humanité.

Mais la terre toute seule est infirme encore; elle peut aisément nous être enlevée par l'injustice et la force : la souveraineté y met le sceau du droit, de la puissance et de l'inviolabilité. Par elle la terre devient un pays, le pays un peuple, le peuple une patrie. Seigneur des hommes qu'elle porte, l'homme arrive ainsi au comble de l'indépendance, et il ne reste au-dessus de lui que la justice elle-même, et Dieu qui en est l'auteur. C'est pourquoi il convenait que le chef de l'Église fût souverain, afin que, supérieur à tous dans l'ordre de la conscience, il marchât partout ailleurs l'égal des rois, jamais leur tributaire ni leur sujet. Pour moi, me séparant même de ma foi de chrétien, et ne considérant que la dignité de la race à laquelle j'appartiens, j'estimerais encore utile à moi et au monde que la religion, qui est le plus haut sentiment de l'homme, fût représentée ici-bas visiblement par la plus haute place où puisse atteindre un de mes semblables. Je ne hais point les rois; mais de toutes les couronnes qui ont passé devant moi dans l'histoire, je n'en ai rencontré aucune qui m'ait paru plus naturelle et plus méritée que celle dont j'ai vu le douloureux bandeau sur le front du Pontife romain.

On dit que ses ancêtres, cachés dans les catacombes, étaient plus grands et plus libres encore. Oui, c'est vrai; il y eut un jour où Dieu éleva l'homme à la liberté par le martyre, et alors, quand le sang coulait de toutes parts, le père commun de ces générations immolées ne pouvait avoir de meilleur titre à les conduire que sa propre mort acceptée avec le commandement. C'était la mort qui était le pacte, la force, l'honneur, la patrie, la liberté, la souveraineté. Temps heureux, placés à l'aurore de notre entrée dans le monde, pour payer le sang du Christ par le nôtre, et nous être, à nous tous venus si loin après, une éternelle leçon! Mais le martyre, si beau qu'il soit, n'est pas l'ordre constant de la Providence, et nul de nous ne voudrait l'imposer au genre humain comme le mode nécessaire de sa liberté. Ce sang doit couler quelquefois, parce qu'il est précieux, et ne doit pas couler toujours, parce qu'il est plus que précieux. Il fallait donc le remplacer, et que la liberté, fille du martyre, eût ailleurs qu'aux catacombes un asile grand et saint. Rome fut cet asile choisi de Dieu. La liberté de l'Église et du monde quitta les tombeaux pour monter sur le trône, à la place des césars. Si les césars reviennent, la liberté sait la route, elle redescendra aux catacombes, et Tacite, réveillé au bruit de leur retour, reprendra cette plume avec laquelle il écrivit pour Dieu la vengeance des hommes.

On dit encore que Dieu fut bien lent à faire du Pontife un roi. Oui, Dieu agit lentement, parce qu'il agit naturellement. Il y a entre lui et nous cette différence qu'il y avait entre les vers de ces deux poëtes grecs, dont l'un en écrivait cent par jour, et l'autre ne pouvait en écrire que trois. « Vous allez vite, disait celui-ci ; mais vos vers ne dureront que trois jours, et les miens seront immortels. » Il en est ainsi de l'action de Dieu comparée à la nôtre. Nous créons pour un jour; Dieu crée pour les âges, et ce qu'il fait demeure sur nos ruines avec la mission de les réparer. Tant que l'empire romain subsistait, la souveraineté temporelle du Pape n'eût été qu'une illusion en présence de cette force gigantesque et unique qui opprimait tout. Mais dès que la confédération européenne se fut formée du mélange des barbares avec les débris de l'empire, alors il fut utile et possible au Pontificat d'avoir une couronne, un peuple, une patrie, et de tenir sa place dans la majesté de la république chrétienne.

Il faut aussi remarquer qu'avant la division de l'empire en peuples d'origines, de langues et de mœurs diverses, un Pape était toujours de la nation de tous, tandis qu'aujourd'hui, s'il était sujet d'une puissance, il apparaîtrait aux autres comme un étranger, un captif et un instrument.

On dit enfin que la souveraineté temporelle ne donne au Pape qu'une indépendance apparente, et que les exigences sans fin d'une diplomatie désarmée lui font une sujétion plus grande que celle d'un simple évêque gardé dans sa liberté par sa foi. Sans doute un simple évêque peut être un défenseur intrépide de l'Église; Athanase l'a prouvé surabondamment, et de nos jours l'archevêque de Cologne, Mgr Drost de Wischering, en a renouvelé l'admirable démonstration. Mais, bien que la liberté de l'Église soit sous la garde de tout chrétien, de tout prêtre, de tout évêque, elle n'est en aucun d'eux la liberté totale et suprême de la chrétienté. Leur chute ou leur martyre ne saurait être le malheur ou le triomphe universel, tandis que sur le front du Pape et dans un seul de ses cheveux blancs repose la liberté chrétienne tout entière, ce qui l'expose à des séductions et à des violences telles, qu'une longue continuité d'hommes n'est pas capable d'en soutenir l'épreuve dans une situation non protégée elle-même par un secours permanent. Ce secours est dans la souveraineté. Il est vrai qu'elle entraîne bien des condescendances; mais cela même est voulu de Dieu. Condescendre dans les choses d'un ordre inférieur, résister au sommet du devoir et du péril, ce fut toujours le caractère du pontificat romain. C'est ce mélange de tendresse et de force qui compose la nature évangélique, sublime tempérament qui fut celui du Christ et qu'il a transmis à son vicaire pour être sa figure, son glaive et son bouclier.

Il ne s'agit pas, me dira-t-on, d'enlever au Pape sa couronne, mais de la diminuer. Que répondrait la France si on lui proposait d'abaisser la sienne? Le territoire est divisible, le droit ne l'est pas. La terre est un champ qui se partage, l'honneur est une idée qui demeure ou qui périt tout entière. La volonté de Dieu avait préparé à l'Église un patrimoine, de grands hommes l'avaient servie dans ce dessein, les siècles avaient raffermi l'œuvre née de leur concours et donné au père commun de deux cents millions d'hommes un peuple et une patrie : qu'y avait-il de plus sacré? Ni la nationalité ni l'unité de l'Italie n'étaient intéressées à ce qu'on portât sur ce grand ouvrage une main qui l'ébranlât.

Des passions, il est vrai, des erreurs et des tempêtes grondaient autour du vieil édifice; mais nul n'en était étonné dans un siècle qui a vu Louis XVI tomber sur l'échafaud, Napoléon mourir à Sainte-Hélène, Louis-Philippe en exil, et on s'attendait à ce que la France, fille aînée du Saint-Siége, lui prêterait le secours du temps et celui du respect. L'Autriche arrêtée par nos victoires, il ne fallait, en effet, à Rome que du temps et du respect, armes saintes qui n'eussent coûté qu'un grand dessein dans un grand cœur. L'Italie se fût calmée dans son triomphe, l'air de la liberté l'eût rapprochée de Dieu, et Dieu de la justice; plus heureuse que la France, elle n'aurait pas eu de sang dans l'histoire de sa résurrection politique, et un jour le souvenir de Charlemagne, ravivé par la reconnaissance, eût erré sur le tombeau du prince qui eût sauvé deux fois l'Italie, d'abord de l'étranger, puis de ses propres erreurs. Maintenant faut-il désespérer? Avant-hier l'histoire écrivait une belle page, hier une page triste; demain elle tracera la troisième, et Dieu seul la connaît.

L'ÉGLISE

ET

L'EMPIRE ROMAIN

AU QUATRIÈME SIÈCLE

PAR LE PRINCE ALBERT DE BROGLIE

L'ÉGLISE

ET

L'EMPIRE ROMAIN

AU QUATRIÈME SIÈCLE

~~~

Le quatrième siècle est comme le portique des grands siècles chrétiens, de ceux qui furent marqués par des événements considérables au point de vue des droits et du règne de la vérité, par des hommes éminents dans la doctrine, par des princes d'une prédestination singulière, par des institutions religieuses qui ont exercé sur le développement ultérieur du christianisme une influence durable et puissante. Au quatrième siècle, l'événement qui domine tout, c'est l'apparition imprévue du premier prince chrétien, et, par suite, l'introduction de l'Église dans la vie publique de l'empire et de l'humanité. Jusque-là l'Église, quoique hiérarchiquement organisée et formant en elle-même une société parfaite, avait vécu au forum de la conscience, élevant déjà des temples pour ses fidèles, mais des temples obscurs, plutôt méprisés qu'acceptés par les magistrats civils. Le Panthéon ne s'était point ouvert encore pour le Dieu véritable, et si quelque empereur, soucieux de tolérance ou de philosophie, avait discerné le Christ dans l'ombre éclatante que lui faisaient ses adorateurs, il avait tout au plus placé son image avec ses dieux domestiques, au foyer solitaire de son culte privé. Les persécutions avaient bien resplendi sur ce fond mystérieux ; le sang, qui est la plus pure et la plus invincible des couleurs, quand il est répandu pour la justice, avait révélé au monde la doctrine et la hiérarchie de l'Évangile. La société des âmes, enfin, se montrait sous la société corrompue des temps et des mœurs antiques. Mais que César pût devenir chrétien, qu'il fût à la veille de l'être, que déjà, sous la pourpre qu'avaient portée tant de monstres, battît le cœur qui, le premier, malgré l'orgueil du pouvoir absolu, s'humilierait devant la croix de Jésus-Christ, c'était là une chimère qui ne venait à l'esprit de personne, ni dans le camp des bourreaux, ni dans celui des victimes. Les chrétiens, loin d'y travailler, n'y avaient pas même songé.

Ils savaient sans doute, par l'histoire des patriarches, que toutes les nations avaient été bénies ; ils avaient entendu les prophètes les déclarer *appelées*, et saint Paul lui-même, tout proche d'eux, prendre hardiment le titre d'*Apôtre des nations*. Mais ils s'expliquaient ce langage par la volonté de Dieu de sauver tous les hommes, quel que fût leur peuple ou leur condition, et plus le christianisme leur semblait universel de sa nature, moins ils concevaient peut-être qu'il se nationalisât en entrant dans la société civile et politique comme un de ses éléments. C'était une erreur. La nationalité n'est point opposée à l'universalité. Si dans les siècles païens il en avait été ainsi, cela tenait à l'impuissance de la raison et du polythéisme pour unir les hommes entre eux, mais non pas à l'essence des choses. Le genre humain est un par son origine, malgré la différence des races; il est un par sa nature, malgré la différence des aptitudes; il est un par la terre qu'il habite, malgré les frontières que lui tracent diversement les fleuves, les montagnes et les mers; il est un par sa destinée, malgré la fortune variable des parties dont il est composé; il est un, enfin, par la vérité qui éclaire son intelligence. Partout l'unité le contient sans détruire la distinction, et si la distinction l'emporte jusqu'à devenir séparation, comme au temps du paganisme, c'est le signe d'un ordre corrompu, mais non d'une contradiction réelle entre l'unité et la variété, entre l'universalité et la nationalité. Jésus-Christ, en fondant la société universelle des âmes, n'avait pas entendu détruire la société civile, et il n'avait pas entendu davantage les tenir dans un état de lutte ou de réciproque impénétrabilité. Tout est harmonie dans le vrai, et, à mesure que le christianisme se rattachait un plus grand nombre d'esprits, il devait inévitablement venir une heure où les deux sociétés, l'Empire et l'Église, se reconnaîtraient et se tendraient la main.

Mais où, quand, comment, par qui? Et puis, tout en posant comme pierre sacrée de l'alliance la distinction et la légitimité des deux ordres, tout en saluant du nom de souveraine la hiérarchie de l'un et de l'autre, il fallait bien que le chef de l'Empire, que César, en tant qu'âme rachetée par Jésus-Christ, s'humiliât de ses fautes, les confessât, en reçût la pénitence et le pardon aux pieds d'un prêtre, c'est-à-dire aux pieds d'un de ses sujets. Quel abaissement! et était-il espérable? Était-ce sans raison que Tertullien en doutait dans cette phrase célèbre : « Si les Césars pouvaient devenir chrétiens, ou les chrétiens devenir Césars? »

Il n'y a donc pas dans l'histoire du christianisme d'événement plus extraordinaire que celui-là ; il n'y en a pas qui ait dû remuer les contemporains avec autant de puissance, ni qui appelle encore aussi vivement l'étude de la postérité. Le siècle où nous sommes ajoute à cette étude un intérêt nouveau. Tandis qu'au quatrième siècle le monde tendait à se rencontrer avec l'Eglise, on pourrait croire, si l'on s'en tenait aux apparences, qu'aujourd'hui c'est le mouvement contraire qui cherche à s'opérer. On dirait qu'après quinze siècles d'union le monde est las de l'Église, l'Église lasse du monde, et que l'heure approche où l'œuvre qui porte le nom de Constantin disparaîtra dans l'avénement et le règne d'une autre pensée, soit que la Providence permette cet essai pour en démontrer l'erreur, soit plutôt que l'alliance des deux sociétés, sans périr au fond, doive prendre une forme qui, en la rendant plus souple, la rende aussi plus utile aux deux grands intérêts de l'humanité. Mais, qu'il en soit ainsi ou autrement, il est hors de doute que l'époque de Constantin nous touche en ce moment plus qu'elle ne le faisait sous Louis XIV ou sous saint Louis, et que M. Albert de Broglie, en essayant de la peindre, a pressenti qu'il irait à notre cœur et attirerait notre attention.

Ce n'était pas assurément la première fois que j'appliquais mon esprit à la connaissance de ce grand événement ; mais, je l'avoue, nul encore ne m'en avait fait saisir le côté dramatique et profond comme son nouvel historien. La scène s'ouvre par une peinture large et érudite de l'état de l'Empire et de l'Église au commencement du quatrième siècle. On mesure du regard cette immense unité romaine ébauchée par la république, achevée par les Césars, qui ont attiré à eux toute juridiction, et dont le moindre signe se fait obéir des colonnes d'Hercule au Bosphore cimmérien, des cataractes du Nil aux sommets de la Calédonie. Mais c'est en vain que leur pouvoir, servi par une multitude de soldats et par une multitude plus nombreuse encore de fonctionnaires, atteint tout homme et toute chose sur cette vaste étendue de pays. Rome est déjà morte, et rien n'est vivant autour d'elle. La poésie, l'éloquence, l'histoire, n'ont plus de voix digne d'être entendue ; les arts tombent ; la langue prend un accent et des formes qui lui ôtent son antique majesté sans lui donner de jeunesse ; le courage militaire se réfugie chez les barbares que l'Empire prend à sa solde ; les populations diminuent, et une pauvreté croissante étonne le fisc, qui se montre plus avide à mesure que ses tributaires produisent et possèdent moins : la gloire, l'intelligence, la valeur, la richesse, la vie enfin s'est retirée de ce grand corps, où un seul homme, à force d'être tout, a fini par n'être rien lui-même, si ce n'est le gardien adoré de la bassesse et de la misère de tous. Voilà Rome à l'entrée du quatrième siècle. En trois cents ans de despotisme, le peuple qui gouvernait le monde a perdu jusqu'à la pudeur de la servitude ; il ne regrette rien du passé, et il n'attend de l'avenir que le pain et le sang que lui jettent ses maîtres pour en obtenir les applaudissements qu'il donnait autrefois aux Scipions. Le sénat, jouet tour à tour de la populace de Rome et de celle des camps, fait des empereurs qui tantôt le méprisent jusqu'à l'épargner, tantôt l'estiment assez pour l'égorger, et il porte ainsi son nom, dernière image de la République, de l'opprobre qui finit à l'opprobre qui commence. Quant au prince, né du crime ou du hasard, sans aïeux comme sans héritiers, il passe sur ce trône que les Antonins honorèrent sans pouvoir le fonder, demandant au sénat des adulations qui trompent le peuple, au peuple des cris qui le trompent lui-même, et à la guerre, quand il le peut, des victoires qui trompent le soldat. Mais on ne peut pas tromper la nature des choses, et, un jour ou l'autre, une trahison préméditée ou imprévue livre le trône à un autre infortuné, quelquefois malgré lui-même, témoin ce Saturninus proclamé par les légions, et qui leur disait : « Épargnez-moi, mes amis, vous ne savez pas ce que c'est que d'être empereur. »

Il était impossible toutefois qu'il ne se rencontrât pas dans ce chaos sanglant et abject quelque homme de génie qui en fût touché et qui tentât de régénérer l'Empire. Si corrompue que soit une société, si lâches que soient des siècles, la Providence y permet encore l'apparition de l'espérance et la tentative du bien. Dioclétien joua ce rôle à la fin du troisième siècle et au commencement du quatrième. Soldat de fortune, il eut dans son âme, qui était généreuse, la révélation du mal et le désir d'y remédier. Il comprit, ce qui est admirable, que l'Empire était trop vaste, et le premier, depuis Auguste, il eut l'insigne honneur de diminuer son pouvoir pour sauver le monde. Ce trait si rare, si opposé à la passion d'agrandissement, qui est l'écueil ordinaire des princes et des peuples, a donné dans l'histoire à Dioclétien une figure remarquable, rehaussée encore par son abdication et sa retraite volontaires à la fin de sa vie ; et si, digne de lui-même jusqu'au bout, il eût résisté aux suggestions qui en firent un persécuteur des chrétiens, peut-être eût-il placé son nom parmi ceux qui ont voulu le bien des hommes, encore qu'ils n'y aient pas réussi.

L'Empire était partagé ; mais ce partage, en affermissant les ressorts de l'administration et en protégeant les frontières, avait détruit l'ombre d'unité qui restait encore au monde romain. Rome elle-même, délaissée pour d'autres capitales plus voisines du péril et mieux appropriées aux délimitations qui venaient d'avoir lieu, ne conservait plus que la majesté de ses souvenirs, et son nom, s'il ralliait encore les peuples qu'elle avait soumis et gouvernés, ressemblait au drapeau de la patrie porté par des mains étrangères, symbole de confusion plutôt que d'unité.

Tandis que cette unité, qui fait le fond de toute existence et de tout ordre, s'écroulait dans l'Empire, celle de l'Église se fortifiait et s'étendait chaque jour. *Qu'ils soient un comme nous sommes un,* avait dit Jésus-Christ près de mourir, et cette prière prophétique, arrosée du sang d'un Dieu, n'avait cessé depuis lors d'agir avec efficacité. Au lieu d'une religion divisée dans ses dogmes et dans son culte, comme était le polythéisme, le monde avait reçu la semence d'une foi sûre d'elle-même, parce qu'elle venait de Dieu, et qui, laissant de côté par l'anathème tous ceux qui la violaient ou la faussaient dans le moindre de ses éléments, s'avançait avec la multitude des esprits droits dans un progrès plein d'immutabilité. Ce que la foi donnait d'assiette à l'intelligence, la morale de l'Évangile le donnait au cœur, et l'Eucharistie, centre unique du culte, en perpétuant la présence du Dieu fait homme au milieu de ses fidèles, rattachait toutes les âmes à l'adoration et à l'amour de sa seule personnalité. En même temps, de peur que la raison et la liberté révoltées ne disposassent tôt ou tard en maîtres des choses du ciel, une hiérarchie très-simple, ayant à sa tête un pontife unique, représentant et vicaire du Christ sur la terre, maintenait, en la propageant, l'institution qui devait sauver le monde. Que pouvaient des religions sans fondement, sans lien, sans histoire, sans chasteté, contre celle-ci? Que pouvait une philosophie épuisée de disputes et impuissante sur les peuples contre cette philosophie qui parlait une langue entendue de tous? Que pouvait l'État, machine délabrée, contre cette société douce et forte qui s'insinuait par tous les pores de la conscience, en lui donnant la paix, l'honneur, la dignité, la vertu, le présent et l'avenir? Il en est de la vérité et de l'amour, qui sont la substance du christianisme, comme de la lumière et de la chaleur : on peut bien écrire contre elles, on peut trouver qu'elles ne sont pas ou qu'elles sont funestes; mais elles donnent la vie à ceux-là mêmes qui les outragent, et, en les blasphémant, on les reconnaît.

L'unité chrétienne, d'ailleurs, n'attaquait pas l'unité civile. On ne voyait pas les chrétiens prendre parti contre l'Empire, insulter Rome ou souhaiter sa chute : ils remplissaient mieux que d'autres leurs devoirs de citoyens, et, sauf les pratiques d'idolâtrie que leurs mains repoussaient, parce que leur foi les réprouvait, ils n'étaient absents d'aucun service ni contempteurs d'aucune fidélité. Il fallait, pour en faire des criminels, les poursuivre dans leur conscience, et qu'y trouvait-on ? la probité, la justice, la droiture, la pureté des mœurs, la foi et l'obéissance à Dieu, une raison cultivée, toujours prête à rendre compte de ses croyances, une paix divine dans une condition humaine. Aussi le fer et le feu n'y purent rien, et, après dix persécutions en trois siècles, l'Empire allait enfin, par la plus étonnante des révolutions, prendre la croix et l'adorer.

Tel est le préambule qui nous ouvre, dans le livre de M. Albert de Broglie, la scène du quatrième siècle. Ces deux cents pages, écrites avec fermeté et précision, quelquefois avec grandeur, renferment une apologie substantielle du christianisme. Elles accusent une foi profonde, qui émeut dans un homme encore jeune, sorti des rangs élevés de la société, et une érudition solide, qui est la preuve d'un travail mis depuis longtemps au service d'une cause vénérée.

Ce n'était ni de l'Italie ni de l'Orient que devait être appelé l'homme unique à qui la Providence avait destiné la mission de proclamer du haut du trône le triomphe du christianisme sur le monde. Il y avait en Gaule un prince modéré de caractère, qui, sommé par ses collègues à l'empire de persécuter les chrétiens, avait refusé d'obéir, et maintenu par cette résolution la gloire de son règne et la paix de ses États. Ce prince, déjà vieux, mais plus usé pourtant par les fatigues militaires que par le nombre de ses années, avait un fils, jeune homme connu déjà des légions et aimé d'elles pour sa valeur ; cher à l'Occident à cause de son père, cher aussi à l'Orient, qui l'avait vu de plus près, et qui, outre le courage, avait admiré en lui sa grâce, sa bonne mine, et ce je ne sais quoi que Dieu met sur le front des hommes qu'il prépare de loin à le servir près des nations. Il s'appelait Constantin. Quand on a suivi dans M. de Broglie cette carrière qui n'a point de semblable dans l'histoire, le sentiment qui reste est un mélange douloureux de surprise, d'estime, d'admiration, d'accablement et de pitié, qu'on ne saurait rendre par aucune expression.

Constantin fut-il sincère ? C'est la première question pour lui comme pour tout homme. Fut-il convaincu de la foi qu'il embrassait, ou bien, politique vulgaire, accepta-t-il un grand fait, qu'il jugeait accompli, sans autre mérite que de discerner où était l'avenir avec la vie ? En lisant M. de Broglie, tout calme et réservé qu'il est, on ne saurait douter un moment de la sincérité de Constantin, et c'est là l'intérêt saisissant qui nous attache d'abord à lui, intérêt sans lequel la plus magnifique existence n'est qu'une pure comédie. Auguste fut un comédien, Constantin était un croyant. Lorsqu'au pont Milvius, en face de Rome, l'âme pleine de doute sur ce qui allait arriver, il se demanda quel Dieu il appellerait à lui, cette consultation avec lui-même était vraie. Il avait vu, tout jeune, en Orient, le spectacle affreux de la dernière persécution, et en Occident, près de son père, le spectacle tout différent du christianisme paisible et honoré. Il avait vu son père mourir en honnête homme, respecté de la fortune et aimé de ses peuples, tandis qu'à l'autre extrémité de l'Empire, des morts tragiques avaient frappé tour à tour les persécuteurs de la nouvelle foi. Ce contraste lui était présent ; et, à la veille de voir son propre sort décidé par une bataille, il était naturel qu'il en fût ému. Vainqueur, il mit beaucoup de mesure dans l'expression de ses sentiments ; il ne se proclama pas chrétien, mais il ne parut ni au Capitole, ni dans les temples, ni à aucun sacrifice en l'honneur des dieux, et un édit solennel annonça bientôt à tout l'Empire que le christianisme était libre.

D'autres faits, se suivant d'année en année, sous l'inspiration manifeste de l'Évangile, trahirent l'onction secrète qui pénétrait de plus en plus le cœur du prince. En novembre 314, il défend aux juges d'infliger la peine capitale sans la confession de l'accusé ou le témoignage unanime des accusateurs. En mars 318, il écrit ces belles paroles : « Que ceux qui sont condamnés, soit aux jeux des gladiateurs, soit aux mines, ne soient pas marqués sur le front, afin que la majesté du visage, qui est formé à l'image de la beauté céleste, ne demeure pas déshonorée. » Dans le cours de la même année, il écrit au préfet Ablave : « Qu'une loi soit promptement affichée dans toutes les villes d'Italie pour détourner les parents de porter sur leurs enfants nouveau-nés une main parricide, et disposer leurs cœurs à de meilleurs sentiments. Veillez avec soin à ceci, que, si un père apporte son enfant en disant qu'il ne peut le nourrir, on lui fournisse sans délai la nourriture et le vêtement; car les soins du nouveau-né ne peuvent souffrir aucun retard, et nous ordonnons que notre fisc aussi bien que notre trésor privé subviennent indistinctement à cette dépense. » En 321, il écrit : « Nous avons appris que les habitants des provinces, souffrant de la rareté des vivres, vendent et mettent en gage leurs propres enfants. Nous ordonnons donc que ceux qui sont trouvés dans cette situation, sans aucune ressource personnelle, et ne pouvant soutenir qu'à grand'peine leurs enfants, soient secourus par notre fisc avant qu'ils tombent sous le coup de la misère. » L'année précédente, dans un décret sur la procédure pénale, il ordonnait que les procès criminels fussent examinés en toute diligence, et que, s'il fallait retenir les prévenus en arrestation, on ne leur mît point d'entraves trop serrées, pénétrant dans les chairs, mais des chaînes lâches qui ne les fissent pas trop souffrir, et qu'on ne les jetât pas dans des cachots, mais en des lieux où il y eût de l'air et du jour : « Car, disait-il, la peine de la prison, trop douce pour des coupables, est bien dure pour des innocents. » Dès 314, une loi avait déclaré *la liberté imprescriptible par son essence*, et, en 316, dans un rescrit adressé à un évêque, il était dit : « Il m'a plu depuis longtemps d'établir que, dans l'Église catholique, les maîtres puissent donner la liberté à leurs esclaves, pourvu qu'ils le fassent en présence de tout le peuple assemblé et avec l'assistance des prêtres chrétiens, et que, pour garder mémoire du fait, quelque écrit intervienne où ils signent en qualité d'acteurs et de témoins. » Enfin, deux lois de 321, plus populaires encore que les autres et destinées comme les précédentes à adoucir le sort des pauvres et des malheureux, avaient interdit de se livrer le dimanche à d'autres labeurs que les travaux pressés des champs et à tout autre acte civil que l'émancipation d'un esclave.

Cette admirable suite d'ordonnances est demeurée dans l'histoire pour y témoigner à jamais du progrès lent et sérieux qui s'accomplissait dans la conscience de Constantin sous l'empire des succès que Dieu lui avait donnés. Chaque victoire, au lieu d'éblouir cet homme, lui avait dessillé les yeux, et lorsque enfin, dix ans après la bataille du pont Milvius, le sort des armes, en condamnant encore une fois dans la personne de Licinius le paganisme aux abois, eut mis l'Orient et l'Occident dans les mains prédestinées du héros, il fut saisi d'un tel élan de reconnaissance pour Dieu et son Christ, qu'il crut devoir confesser sa foi à la face de l'univers. Il le fit dans une proclamation adressée à l'Orient, où il racontait avec une sorte d'effusion tout ce qui lui était arrivé dans sa jeunesse, et comment, du cours même des choses dont il avait été le témoin et l'acteur, il avait été amené à conclure la divinité du christianisme. Puis, cessant de parler aux hommes et se tournant tout d'un coup vers Dieu, il s'écriait : « O Dieu très-bon et très-grand, sois clément et propice envers tes créatures qui habitent l'Orient. Daigne leur apporter le salut par le ministère de ton serviteur. Ce n'est pas sans motif que je te demande un tel bienfait. C'est sous ta conduite et tes auspices que j'ai accompli tant de choses salutaires. C'est en portant ton symbole devant les armées que je les ai conduites à la victoire. Voilà pourquoi je t'ai consacré mon âme avec un mélange de respect et d'amour ; car j'aime ardemment ton nom, et ta puissance, que tu as manifestée par tant de signes et par laquelle tu as confirmé ma foi, m'inspire une terreur religieuse... Je désire gouverner ton peuple paisiblement pour l'utilité commune du monde entier. Que ceux qui sont encore dans l'erreur prennent avec les fidèles leur part de la paix générale. Le rétablissement d'un régime équitable et commun pourra contribuer peut-être à les ramener au droit chemin. Que personne n'inquiète son prochain. Que ceux qui se refusent à ta loi conservent les temples de l'erreur, puisqu'ils le désirent ; nous, nous habiterons la splendide demeure de la vérité que tu as préparée pour nous, et nous souhaitons à ceux qui ne partagent pas notre opinion de jouir comme nous de la concorde universelle.. »

Ce langage, le plus noble et le plus touchant qu'un prince ait jamais parlé à ses sujets, indique l'abîme que Dieu venait de creuser entre la puissance antique et la puissance chrétienne. Il y règne, avec l'accent d'une conviction ardente, un sentiment de tolérance qu'on pourrait appeler virginal, tant il est pur et de premier jet, et ce n'est pas le trait qui nous assure le moins de la sincérité de son auteur. Encore que çà et là Constantin ait sévi contre des hérétiques coupables de divers désordres, on sent dans tous ses actes le désir de persuader les intelligences plutôt que de les soumettre par l'action légale de l'autorité. Il tombe même quelquefois dans des discussions naïves, quoique fort sérieuses, et ce léger ridicule de la plume impériale est un gage nouveau de l'ardeur qu'il mettait à convaincre et à convertir.

Ce fut donc, je le répète, un homme sincère, et c'est là le charme tout-puissant de sa vie. Au lieu d'un sycophante couronné par le hasard des batailles et se servant du christianisme pour asseoir sa fortune, on trouve une âme vraie, un cœur d'homme, un homme croyant à ses actes, parlant, agissant sous l'empire d'une conviction qu'il partage avec d'autres créatures, et qu'il souhaite communiquer par amour du genre humain dont Dieu l'a fait le maître. Il se trompa souvent, nous le verrons; il était le premier dans cette voie, et, à moins d'une infaillibilité surnaturelle, il lui était impossible de ne pas se tromper : mais ses erreurs mêmes ont un cachet de bon vouloir, et quand il tombe sur le vrai, comme au concile de Nicée, il n'y a rien de plus dramatique et de plus auguste que l'immensité de sa joie. Après avoir eu l'étonnante pensée de réunir les évêques de la chrétienté pour décider, au nom de Dieu, du dogme fondamental du christianisme, il ne songe pas à les craindre ni à les dominer ; il n'a ni peur ni jalousie de cette puissance nouvelle, dont il vient de rassembler les éléments dans un sénat plus majestueux que le sénat romain. Ce qui sort de toute sa personne, c'est une sorte d'ivresse sublime qui arrache des larmes. Le premier entre les mortels, il voit dans sa maison la vérité vivante en une hiérarchie créée de Dieu, et de ses lèvres, que vingt ans de victoires et de paix ont rendues toutes-puissantes, il baise amoureusement les cicatrices de ces martyrs qui, après avoir témoigné de leur foi par leur sang, vont lui donner dans un second témoignage la sanction du droit et l'éternité d'un oracle.

Constantin mourut découragé et triste, dernier signe de sa bonne foi. Rien ne dégoûte les ambitieux. Comme ils font tout pour eux-mêmes, la réalité ou l'espérance du succès leur suffit toujours. Mais quand on a consumé sa vie dans un travail désintéressé, et qu'à la fin d'une longue carrière on voit la difficulté des choses l'emporter sur le désir et les efforts, l'âme, sans se détacher du bien, éprouve l'amertume d'un sacrifice qui n'est pas récompensé, et elle se tourne vers Dieu dans une mélancolie que la vertu condamne, mais que la bonté divine pardonne. Constantin avait aimé passionnément le triomphe de l'Église, non pas seulement parce que c'était le sien, mais parce que c'était celui de la vérité et du salut sur la terre ; il y avait mis sa foi et son génie tout entier. Or, par un malheur dont il ne comprenait pas bien les causes, il avait passé son règne au milieu des inextricables divisions du christianisme victorieux, incapable d'y porter remède ou d'en saisir les raisons, et ajoutant lui-même aux maux de l'Église par la passion sans prudence avec laquelle il travaillait à les terminer. Longtemps il ignora son impuissance, lui qui pouvait tout. Mais, quand il la vit enfin, ce regard tombé sur la misère de l'homme et sur la sienne propre le blessa d'un coup qui le détrompa de la terre.

On croit voir, on croit entendre ce prince infortuné, lorsqu'à bout de conjectures et de tentatives il fait venir Arius pour la dernière fois, et lui adresse cette apostrophe suppliante : « Puis-je me fier à vous ? Êtes-vous bien réellement dans la foi catholique ? » Et, sur l'affirmation avec serment du sectaire : « Allez donc, et, si votre foi est saine, que votre serment vous garde ; mais, si votre foi est impie, que Dieu punisse le parjure ! »

Cet appel à Dieu fut entendu ; mais le coup de foudre qui abattit Arius ne releva pas le courage sexagénaire du grand homme. Il y avait d'ailleurs d'autres blessures dans son âme. Père heureux dès sa jeunesse, il avait eu d'un premier et honorable amour un fils digne de lui. Ce fils avait grandi sous les yeux de son père, auquel il rappelait les temps qui avaient précédé sa fortune ; et l'Empire, en voyant dans ce jeune homme les qualités les plus aimables unies à une grande vertu militaire, félicitait l'empereur de ce que le Ciel lui avait préparé dans le premier-né de son sang un successeur qui pourrait l'égaler. Tout à coup on apprend que ce prince a été arrêté, conduit dans une ville obscure de l'Istrie, supplicié sans procès pour des causes inconnues, en même temps que le fils de Licinius, propre neveu de Constantin par sa mère, était mis à mort à l'âge de douze ans. Au bruit de cette tragédie, la mère de l'empereur, l'impératrice Hélène, accourt de l'Orient à Rome. Elle voit son fils, et lui fait discerner dans la jalousie de sa seconde femme, l'impératrice Fausta, le principe secret des malheurs qui viennent de s'accomplir. Constantin, au lieu de s'accuser lui-même de sa crédulité et d'apaiser sa conscience par une généreuse dissimulation, fait périr sa femme et ses principaux conseillers dans un carnage qui épouvante jusqu'au palais des Césars. Puis, tout couvert de ce sang et trois fois parricide, il sort de Rome pour ne plus la revoir, emportant dans son cœur un souvenir qui peut-être eût été pesant même à Néron.

Nous ne pouvons comprendre aujourd'hui dans une nature évidemment élevée comme celle de Constantin, d'aussi atroces excès. Mais c'est faute de réflexion, faute même d'attention sur des faits bien plus proches de nous. Dès que l'homme exerce un pouvoir absolu et n'a, contre les erreurs de son intelligence ou de sa volonté, aucune barrière sérieuse, il est impossible qu'il ne tombe pas un jour ou l'autre dans quelque acte de démence. Alexandre assassine ses plus chers amis ; Adrien fait un dieu d'Antinoüs ; Trajan persécute les chrétiens et écrit à Pline à leur sujet une lettre qui est un monument de délire impérial ; Théodose fait massacrer tout un peuple à Thessalonique ; Louis XIV révoque l'édit de Nantes et chasse de son royaume, par des supplices barbares, des hérétiques qui y vivaient paisibles sous la foi d'un traité séculaire. Je ne nomme que les meilleurs princes, et même les plus grands, tant le pouvoir absolu a de prise contre la raison !

Si Constantin avait eu devant lui, à Rome, un sénat, une magistrature, une opinion capable de se faire entendre et respecter, on lui eût sauvé son fils, sa femme et son neveu, et, en lui épargnant une heure d'égarement, on lui eût épargné de longues années de remords et le reproche de tous les siècles.

Mais les institutions romaines n'existaient plus, et rien ne les avait remplacées dans le monde. Un vide affreux enveloppait toutes choses, et les destinées humaines, sans ancre, sans port, sans orbite, allaient au hasard de la volonté d'un homme. Constantin, à qui la Providence avait donné le christianisme et l'Église pour point d'appui, devait naturellement songer à la régénération politique de l'Empire.

Chrétien convaincu, armé d'une foi toute jeune qui avait rempli les âmes d'un aliment substantiel, maître unique de l'Empire comme Auguste et Marc-Aurèle, il y avait dans cette rencontre d'un pouvoir sans bornes avec une religion victorieuse et divine quelque chose de si remarquable, qu'on devait en attendre un édifice plus qu'humain. Jamais le monde, pour me servir d'une expression astrologique, ne s'était vu sous une pareille conjoncture. Auguste avait vu naître Jésus-Christ sans savoir son nom ; tous ses successeurs l'avaient méconnu, beaucoup l'avaient persécuté : Constantin avait ce bonheur de le connaître et de le trouver en possession de l'humanité. Quel moment pour sauver le monde dans l'ordre temporel ! N'eût-il été qu'un homme médiocre, Constantin devait y songer, et, par une fortune ajoutée à toutes les autres, c'était un homme de guerre, de cœur et de génie. Cependant, l'univers le sait, l'œuvre sortie de cette rencontre sublime a un nom bien douloureux : elle s'appelle le *Bas-Empire!*

Fût-ce la faute de Constantin, de l'Église ou de la Providence?

Dioclétien, le premier, avait compris que l'Empire romain ne pouvait subsister tel que ses prédécesseurs le lui avaient transmis, sorte de monarchie élective, que se disputaient le sénat, le peuple et l'armée, et qui, sans autre prestige que la force au dedans, la perdait chaque jour au dehors par l'impuissance de sauvegarder l'immensité de ses frontières. Constantin, soit orgueil, soit défaut d'intuition, répudia la pensée de diviser le monde; il se crut assez fort pour en porter tout le poids et même pour en changer le centre. Ennemi de Rome, qui l'avait mal accueilli, et où respirait encore avec l'idolâtrie le souvenir du passé, il cherchait du regard le lieu où il créerait, sous son nom, la Rome de la nouvelle monarchie. Il eût pu l'asseoir à l'Occident, là où son père avait si admirablement régné, et d'où il était parti lui-même pour prendre possession de sa destinée. La Gaule, l'Espagne et la Grande-Bretagne, tenues de plus près sous son sceptre, rattachées à l'Afrique par la proximité, à l'Orient par la grande voie du Danube et de la Méditerranée, lui eussent donné des races plus jeunes que le monde grec et romain, et un territoire plus fortement composé que les langues de terre baignées par la mer d'Ionie ou par la Propontide. Mais il aima mieux l'Orient, et les côtes de l'Asie Mineure virent avec étonnement s'élever en face d'elles, tout proche de l'Euxin, la capitale improvisée de l'avenir. C'était juste l'opposé du plan de la Providence. Aussi, cent cinquante ans après la fondation de Constantinople, Rome appartenait aux barbares, et il ne restait de l'Empire, aux extrémités de l'Europe, qu'un État sans grandeur morale, en proie aux convulsions de l'anarchie civile, aux misères des disputes religieuses, et attendant de siècle en siècle, dans un affaiblissement progressif, le coup suprême qui devait le livrer au joug de Mahomet.

Tout ce qui va vers l'Orient va vers la servitude et la mort; tout ce qui va vers l'Occident va vers la liberté et la vie. Constantin ne s'en rendait pas compte. Cependant ce qui l'avait attiré aux rivages du Bosphore, c'était bien le charme de la monarchie orientale, dont il embrassa, comme Dioclétien, la pompe et les usages. Cette monarchie était alors la seule connue. En dehors des traditions de Babylone ou de Persépolis, il n'y avait que les souvenirs d'Athènes et de Rome, et qui rejetait ceux-ci devait adopter ceux-là. On vit donc à Constantinople, au lieu de la pourpre sévère que les Césars avaient portée par respect pour celle des consuls, on vit les robes traînantes de l'Asie, les diadèmes de perles, les colliers de pierres précieuses, tout cet attirail efféminé qui remplissait le vide des palais de l'Orient. Il ne faut pas croire néanmoins que Constantin n'emprunta rien aux ruines de la civilisation romaine. La seconde Rome, comme il le disait dans un langage peu modeste, eut un sénat, des consuls annuels, des patrices, noms dérobés à l'ancienne Rome, mais qui ne cachaient rien de vivant sous leur enflure, et qui même n'obtinrent jamais dans l'opinion le rang qu'y tenaient encore, au pied du Capitole, sur leur terre natale, ces débris sacrés d'une patrie qui n'était plus. Le vrai de la monarchie constantinienne était une administration civile fondée sur la division toute nouvelle des services publics; une noblesse fictive, reposant sur des titres arbitraires d'*illustre*, d'*éminent*, de *clarissime*, et autres de ce genre; une armée où l'on avait fait disparaître les restes déjà mutilés de la légion romaine, et qui n'était plus qu'un amas de troupes, dont les unes s'appelaient *palatines,* les autres *de la suite impériale,* celles-là troupes *des frontières;* enfin, au-dessus de cette hiérarchie calculée pour abaisser, même quand elle élevait, un conseil d'État composé de tous les chefs des services publics et d'un certain nombre de conseillers indépendants, lesquels, tous ensemble, prenaient la dénomination de *consistoire sacré.* En deux mots, des noms antiques sans valeur, des nobles sans aïeux et sans postérité, des cérémonies, des titres, et, par-dessous ces voiles transparents, une personnalité unique servie par un peuple de fonctionnaires choisis et révocables.

Telle était l'institution qui eut Constantin pour fondateur, Constantinople pour capitale, Mahomet pour terme, et le Bas-Empire pour nom.

On dira que le génie de l'homme ne pouvait pas davantage en de tels temps : heureux ceux qui n'ont pas de génie quand il n'y a plus de vertus!

Mais l'Église était là pourtant, l'Église naissante, l'Église éprouvée par trois siècles de martyres, l'Église qui venait de vaincre le monde et de s'asseoir avec Constantin, son héros, au sommet des choses humaines. Comment fut-elle assez corrompue pour accepter la solidarité du Bas-Empire, ou assez faible pour ne rien pouvoir à l'encontre? C'est là ce qui me touche, et ce qui, tout le long de l'histoire écrite par M. Albert de Broglie, m'a tenu dans la crainte et l'anxiété.

Deux hommes, sous Constantin, représentaient l'Église militante : saint Athanase et Eusèbe de Nicomédie. C'était d'avance, et en deux hommes, toute l'histoire de l'épiscopat, et, dans l'histoire de l'épiscopat, toute celle de l'Église.

Il est probablement impossible qu'on revoie jamais un évêque comme Athanase. Dieu l'avait fait pour défendre la divinité de son Fils, et, aucune question de foi ne pouvant égaler celle-là, il est à croire qu'aucun autre homme ne recevra jamais le caractère que reçut devant son siècle, et que conserve devant la postérité, l'héroïque adversaire de l'arianisme. On le vit cinquante ans, plus fort que tous les pouvoirs, commander à Nicée par son éloquence, à Tyr par son intrépidité ; arrêter l'empereur à cheval pour lui dire la vérité que personne ne lui disait ; résister aux ordres, aux menaces, aux supplications ; passer incessamment du trône épiscopal à l'exil, et de l'exil à son siége, toujours calme et inflexible, ne sacrifiant rien à la popularité, et mourant populaire, après avoir épuisé dans un demi-siècle de combats toutes les vicissitudes du corps sans aucun ébranlement de l'âme. En face de lui, et son constant antagoniste, était Eusèbe de Nicomédie, esprit souple, orateur et écrivain de quelque mérite, prélat de palais, aimant la faveur, et incapable de comprendre que, si Jésus-Christ n'était pas Dieu, le christianisme n'était rien. Il avait vu poindre Arius, et l'avait pris dès l'origine sous sa protection, soit que l'hérésiarque l'eût séduit par ses flatteries, ou plutôt parce que l'arianisme allait à son cœur, comme il allait au cœur d'une foule de ses contemporains qui avaient accepté le christianisme victorieux, mais qui n'en avaient point reçu la véritable onction.

Entre ces deux hommes, l'évêque-courtisan et l'évêque apostolique, Constantin eut le malheur de préférer celui qui le trompait. Il ne discerna pas, lui qui avait assemblé le concile de Nicée et vu tant de martyrs, où était dans son siècle le véritable homme de Dieu et de la vérité. Non qu'il fût arien; mais après avoir adoré dans un assentiment mêlé d'orgueil, parce que c'était aussi son ouvrage, la définition du concile, il crut qu'on avait tort d'insister sur un mot : il devint le jouet du mensonge coloré par des explications subtiles et des serments effrontés.

Ce choix de Constantin décida du sort de l'Église grecque. Il fut écrit quelque part que la lignée d'Eusèbe l'emporterait sur la race d'Athanase, et que celle-ci produirait en vain, pour sauver l'Orient, des hommes tels que les Cyrille, les Chrysostome, les Basile et les Grégoire. Quand on est le premier d'une chose, on lui donne l'impulsion, et elle va sous ce premier coup. D'Eusèbe de Nicomédie à Photius il s'écoula cinq siècles; mais la suprématie avait été donnée à l'épiscopat courtisan sur l'épiscopat apostolique, et cette déplorable tradition n'avait besoin que de temps pour produire, comme son effet naturel, le sophisme et la mort.

Voudrait-on qu'une Église particulière ne souffrît

rien d'une situation fausse qui lui est faite persévéramment? Il n'en peut être ainsi. Les chrétiens sont sous la loi de la liberté et sous la loi logique qui lie les principes à leurs conséquences. Tout pays où n'existent pas d'institutions sérieuses, où la dignité humaine est sur la pente de la servilité et de la corruption, n'aura jamais d'Église pure, intacte, dévouée. Bienheureuse même si elle conserve sa foi! L'Église grecque nous en est, depuis mille ans, un témoignage authentique non moins que douloureux, et, entre tant de malheurs qui pèsent sur la mémoire de Constantin, nul n'a surpassé celui-là.

Mais si Constantin se trompait, si derrière lui l'Église grecque manquait à sa mission, la Providence ne se trompait pas, et son œuvre ne lui manquait pas non plus.

Constantin avait voulu perpétuer l'Empire, et par lui le pouvoir absolu : la Providence voulait renverser l'Empire et fonder les nations, afin que l'humanité, divisée en groupes naturels selon les races, les penchants et les territoires, échappât à la puissance d'un seul, et pût toujours, dans l'avenir, trouver un asile contre la persécution du droit et de la vérité. Constantin avait choisi l'Orient comme le lieu propre du luxe et de la servitude : la Providence avait élu l'Occident comme le séjour de la force, du travail et du libre arbitre exercé et maintenu par le combat. Constantin avait répudié Rome, parce que Rome avait un nom qui précédait le sien et un passé qui importunait son génie : la Providence avait accepté

Rome, et elle se préparait à y placer, entre les os des martyrs et la majesté tombée des persécuteurs, le siége visible du principat religieux et la chaire inébranlable de l'apostolat. Constantin avait préféré Eusèbe à Athanase : la Providence avait réprouvé Eusèbe, prédestiné Athanase, et elle marquait de loin, tout autour de Rome, les églises où devaient enseigner les descendants et les imitateurs du grand évêque d'Alexandrie. Constantin avait fait une œuvre humaine, étroite et périssable : la Providence allait faire une œuvre divine, immense, immortelle. Constantin manquait au monde : Dieu lui restait.

Jusqu'ici j'ai peu nommé M. de Broglie, et cependant je ne me suis pas éloigné de lui un instant. C'est son travail qui a été perpétuellement sous ma plume, autant que l'on peut en quelques pages reproduire les traits d'un écrit qui embrasse deux volumes, et que l'on peut faire passer sous son propre style les idées et le style d'un autre. Aussi ai-je moins cherché à remplir cette tâche ingrate qu'à ouvrir au lecteur la perspective du siècle de Constantin, telle qu'elle m'est apparue en suivant le regard de mon noble et ingénieux guide. J'ai voulu, par l'expression des sentiments qu'il m'a inspirés, des pensées qu'il m'a fait naître, donner une image, ou plutôt une ombre de ses pensées et de ses sentiments, et inviter ceux qui s'intéressent aux mystères de la Providence, comme aux destinées du monde, à lire un ouvrage où ils rencontreront, dans un grand sujet, le charme du style, la solidité de l'érudit, la raison calme et grave de l'historien, et, par-dessus toutes ces qualités naturelles, la foi aussi tendre qu'énergique d'un chrétien qui a délaissé les plaisirs du monde pour travailler à l'avénement du règne de Dieu.

M. Albert de Broglie appartient à cette rare jeunesse en qui l'illustration du sang a servi le goût des choses élevées, et qui a cherché dans les lettres un héritage qu'on n'eût pas cru le sien. Là même, sans abdiquer ni sa foi ni la gloire, il eût pu consacrer ses heures aux spéculations d'une science profane ou purement philosophique; mais, persuadé que le christianisme fait le sort du genre humain, et que hors de lui rien de fort, de durable et d'heureux n'a l'espérance de s'établir, il a jeté dans cette voie tout le travail de son existence et tous les devoirs de son talent. Il ne nous appartient pas de l'en féliciter, puisque nous combattons sous les mêmes enseignes que lui, mais nous pouvons nous en réjouir. L'histoire est une des branches de la science qui, en dévoilant ou en obscurcissant la trame des choses morales, peut davantage affermir ou ébranler la vérité. Il ne suffit pas, pour y servir, d'une bonne volonté sérieuse et de la connaissance matérielle des faits; il y faut une pénétration rare, une sincérité contre soi-même, un discernement profond de la part de Dieu et de la part de l'homme, et, dans l'expression des causes saisies, de l'ordre, de la sobriété, du nerf et de l'éloquence. M. Albert de Broglie a sur son front l'aurore de ces grandes qualités. Il voit, il entend, il peint, il anime ; la foi l'éclaire de tout son génie, et une raison honnête le contient partout dans une mesure qui satisfait. Sa sévérité n'incline pas vers ceux qu'il condamne, et sa modération ne désarme jamais la justice. Il avait à faire revivre sous ses véritables traits l'un des hommes assurément le plus complexe qui ait paru dans l'histoire, et le plus diversement jugé. Il l'a fait avec une touche originale après tant d'écrivains, et, sans donner à cette figure une grandeur uniforme, il l'a mise à part dans un mélange qui étonne et apprend beaucoup.

« Constantin, dit-il en terminant, avait vécu soixante-trois ans deux mois et vingt-cinq jours ; il avait régné trente ans neuf mois et vingt-sept jours. Dans le cours de cette vie et de ce règne, l'empire avait changé de forme et d'esprit. Si la postérité mesurait la gloire à l'importance des services rendus, la renommée de Constantin serait sans égale dans le monde ; car nul prince ne prit part à une plus grande et plus bienfaisante révolution. Si haute n'est pas pourtant la place que Constantin a gardée dans la mémoire des hommes : son nom est demeuré un objet de curiosité et de controverse beaucoup plus que d'admiration. Il n'a point pris rang dans le petit nombre des grands hommes dont le génie fait oublier les crimes. Instrument du triomphe d'une doctrine qui est destinée à demeurer un signe éternel de contradiction parmi les hommes, il avait été violemment haï, aimé sincèrement, bassement adulé. C'est le sort de tous ceux qui froissent ou qui flattent des passions ardentes. La reconnaissance s'est effacée : les inimitiés seules ont survécu avec la vivacité des premiers jours. Il s'est trouvé plus d'un historien incrédule pour redire les calomnies de Zozime : nul chrétien n'oserait se compromettre jusqu'à se faire l'écho des complaisances d'Eusèbe. Si l'Église d'Orient, préludant au schisme par la servilité, n'a pas craint d'élever le césar chrétien sur ses autels, Rome, plus fière avec les puissances de la terre, sans être moins reconnaissante, n'a jamais hésité, tout en gardant mémoire de ses services, à lui infliger les blâmes qu'il a mérités.

« Ce jugement des âges modernes, si différent de l'admiration contemporaine, s'explique par la différence même des points de vue. Tenir trente ans dans la paix et la soumission un empire qui sortait d'un demi-siècle d'anarchie, montrer une image d'Auguste ou de Trajan aux hommes qui n'avaient connu que des soldats de fortune aussi promptement élevés que détrônés, faire sentir le poids salutaire de l'autorité à une génération nourrie dans les luttes civiles, et dont les yeux, en s'ouvrant, n'avaient vu que des combats et des supplices, ce n'était point une médiocre preuve de génie. Les peuples, qui respiraient à l'ombre de cette protection inattendue, cédaient à une illusion naturelle en prenant pour une renaissance de gloire ce qui n'était qu'un temps d'arrêt sur la pente fatale de la décadence. Mais l'événement a détrompé le monde. L'abîme fermé par Constantin s'est rouvert sous les pas de ses fils mêmes. Indulgente pour l'audace heureuse de la jeunesse des peuples, la postérité n'a ni attrait ni justice pour les efforts ingrats de leur décrépitude. L'organisation impériale de Constantin, plus durable qu'illustre, faite pour traverser, non pour prévenir, des siècles de corruption sociale, pour suppléer, par un mécanisme savant, aux vertus civiles, mais non pour les raviver, n'offre rien qui parle à l'imagination des hommes. Ce peut être une nécessité, et même un bienfait, mais ce ne sera jamais un titre de gloire que d'avoir fondé le Bas-Empire.

« En affranchissant l'Église ou en partageant son trône avec elle, Constantin a fait une œuvre plus féconde, dont les résultats nous environnent. Il a inspiré de l'esprit chrétien ces fortes lois romaines qui servent encore de fondement à toutes nos sociétés ; il a déposé dans le sein de la civilisation mourante le germe de sa résurrection. Mais tel est pourtant le danger de l'alliance des pouvoirs humains, que l'Église, affranchie et puissante avec Constantin, paraît souvent, à l'œil qui la contemple, moins touchante que l'Église obscure et persécutée des premiers âges : son front brille d'un éclat moins lumineux et moins pur sous le diadème impérial que sous l'auréole des martyrs. La persécution chasse du sein de l'Église tous les éléments impurs ; le crédit et la faveur les font accourir et pulluler. L'ardeur des discussions intestines, la bassesse des prélats courtisans, le mélange des passions humaines, la douloureuse intervention de la force dans les débats de la religion, ont fait demander à des chrétiens mêmes si Constantin avait rendu à sa foi un service dont on puisse se féliciter sans partage. Gardons-nous pourtant de pousser trop loin un doute pusillanime qui fait injure à l'humanité et à l'Église. Le sort de cette terre serait trop cruel si le vrai et le bien n'y pouvaient triompher, même un jour, sans perdre leur efficacité sainte ; et ce serait une doctrine bien impuissante que celle qui ne pourrait gouverner les hommes sans se corrompre elle-même. Si la persécution est utile pour passer au creuset le courage et la vertu des individus, c'est le succès, au contraire, qui est l'épreuve véritable des institutions et des idées. Malgré des schismes qui n'obscurcirent jamais toute sa lumière, malgré les inévitables abus nés de la faiblesse humaine, dont ne préserve pas l'infaillibilité doctrinale, l'Église traverse victorieusement depuis quinze siècles cette épreuve. En lui permettant de répandre par mille canaux divers les trésors de dignité, de vérité et d'amour qu'elle renfermait dans son sein, Constantin hâta de quelques années le progrès du monde. C'est la plus haute récompense qui puisse être accordée aux efforts d'un homme. »

Le lecteur se demandera peut-être ici pourquoi Dieu, qui avait prédestiné Constantin à être le premier prince chrétien et à commencer la tradition de l'alliance entre la société humaine et la société divine, ne lui avait pas départi un caractère sans faiblesses et un génie sans obscurités. Il semble que cet homme, choisi pour un tel acte, eût dû ouvrir la carrière des rois nouveaux avec la majesté de Charlemagne et la perfection de saint Louis. C'est ainsi sans doute que les fidèles des premiers siècles se le fussent représenté, si, du sein des catacombes, ils avaient pu prévoir que la couronne du monde tomberait sur la tête de l'un d'eux. Un moment même, le lendemain de la bataille du pont Milvius, quand Constantin entra dans Rome orné de sa jeunesse et de sa victoire, et qu'au lieu de monter au Capitole pour y présenter les aigles, il traversa des chemins plus humbles ayant devant lui le signe de la croix; à ce moment-là, les chrétiens purent croire que la vertu même allait régner sur la terre au nom du Christ victorieux. Hélas! c'était une illusion. Dieu, qui avait élu le fils de Constance-Chlore, lui avait laissé les défauts de sa nature, et c'était à lui de les corriger sous l'effusion de la grâce qu'il avait reçue. David lui-même, l'aïeul du Christ, n'avait pas été sans tache, et, quels que soient les desseins de la Providence, la liberté humaine y conserve sa part et ses écueils. Peut-être aussi Dieu ne voulait-il pas que le premier césar chrétien, je ne dis pas le premier roi chrétien, pût jamais passer pour avoir accompli l'œuvre dont il n'était qu'un instrument. Ses faiblesses et ses crimes, en ternissant sa gloire, ont laissé au christianisme toute la sienne, comme chaque jour encore nos fautes, en faisant voir le peu qu'est l'homme, rendent témoignage à Celui qui maintient au milieu de nous par sa vertu la voie de l'Évangile et le souffle de la rédemption.

TABLE

Considérations sur le système philosophique de M. de la Mennais. 1

Avertissement. 3

Préface. 5

Chapitre premier. — Exposition du système philosophique de M. de la Mennais. 35

Chapitre II. — De l'autorité du genre humain telle qu'elle était reconnue dans l'Église avant M. de la Mennais. . . . 45

Chapitre III. — Que la nécessité d'une autorité enseignante et infaillible a toujours été la base de la défense du christianisme, mais qu'on plaçait cette autorité dans l'Église, et non dans le genre humain. 53

Chapitre IV. — De la philosophie dans l'Église avant M. de la Mennais. 77

Chapitre V. — Platon. 83

Chapitre VI. — Aristote. 91

Chapitre VII. — Descartes. 97

Chapitre VIII. — Doctrine de saint Thomas sur l'usage de la philosophie dans l'Église. 105

Chapitre IX. — Résumé de ce qui précède, et définition de la certitude. 113

Chapitre X. — Que le système philosophique de M. de la Mennais est inutile à la défense du christianisme. 119

Chapitre XI. — Que le système philosophique de M. de la Mennais renferme le plus vaste protestantisme qui ait encore paru. 141

Chapitre XII. — Conclusion. 157

Discours prononcé devant la chambre des pairs dans l'affaire de l'école libre. 167

Discours prononcé a la distribution solennelle des prix de l'école de sorèze. 189

Discours sur le droit et le devoir de la propriété. . . . 211

Discours sur les études philosophiques. 237

Discours sur la loi de l'histoire. 265

De la liberté de l'Italie et de l'Église. 303

L'Église et l'Empire romain au quatrième siècle. 339

1331. — Tours, impr. Mame.